武汉大学哲学学院"十四五"规划教材

中国哲学智慧

储昭华 主 编 秦 平 副主编

人民出版社

目 录

导　言

中国哲学智慧的独特魅力

究竟何为哲学智慧？与西方哲学等相比较，中国哲学智慧又有什么样的独特魅力？要介绍中国哲学智慧，须先对这一问题给出应有的阐释。

而这又恰是最难回答的哲学问题。

西方哲人奥古斯丁，在被问到何为时间的问题时，曾感叹说：你不问我，我以为自己熟知此事。你一问起，我才发现其实对此并不真的认识。岂止时间问题？这一感慨，何尝不适用于一切哲学问题！

究竟何为哲学智慧问题，更是如此。

在西方文化语境中，哲学即是爱智慧之学。发源于古希腊的 Philosophy，其含义就是智慧之学或爱智之学。然而，如何理解哲学，究竟何为智慧，在西方哲学史上，不同时期、不同流派的哲人们给出的回答可谓言人人殊，应有尽有。几乎每一位哲学家，都有其特有的阐释。甚至同一个人，在不同的语境下，回答也迥然不同。最突出的如尼采，甚至认为唯有他的思想才是真正的哲学。

在这背后，所隐含的问题其实是：对于意欲追求智慧的人来说，又该如何去爱、去追求，才能保证所获得的是智慧，而不是别的？

进一步追问下去，问题就更复杂了。是否像一些人所坚持的那样，只有源自古希腊的西方哲学所特有形态或致思理路，才配称哲学？如果这样，则所谓"中国哲学智慧"这一概念就值得质疑。如果不是，那便涉及不同民族、不同文化的差异问题。哲学应该既有共性，也应有不同的体现形态，不同形态各有其特征。"中国哲学智慧"这一富有特色的表述，既不是同义叠加，更不是伪概念，恰恰凸显出其既有普遍的共性，更有其鲜明的特质。

在此导言中，我们将依次围绕这些问题，为"中国哲学智慧"概念给出简要的阐释或刻画，以此作为这一课程的理论基础和评判准则，同时由此确定我们所要介绍的对象和内容范围。

一、何谓智慧

智慧作为至高至上之道，无论是从逻辑上说，还是就历史来看，都难以对其给出普遍公认而确定无疑的定义，正如庄子所说的那样："道不可言，言而非也。"（《庄子·知北游》）难言又不得不言，决定了我们对智慧的刻画也只能是"强为之言"。

较有效的方式通常是：从智慧的源起和发生机制切入，通过总结分析其与其他具体知识的根本区别，来试着揭示其本质特征，即通过与自然科学和其他社会科学或人文科学的对比，刻画哲学作为爱智之学，其最突出的根本特征究竟何在；在此基础上，进而去回答应该如何去爱、去追求，才有可能获得所期望的智慧。

按照亚里士多德的说法，与对各种具体事物的认识不同，哲学源于人的惊异和闲暇。闲暇是外部条件，真正的内在动力是惊异。因什么而惊异？对什么惊异？亚里士多德所说的惊异，当然不是对新奇、意外事物的惊讶，而是来自人心深处的对本源力量、最高法则和无限之物的遐想、敬畏和向往。

而各门具体科学，尽管彼此之间各不相同，皆有着具体、确定的研究对象和相应的研究方法，是关于某个对象、某个领域的具体知识。在这个意义上，我们不妨将各门具体科学归为关于"有"的学问。从这一视角来看，哲学作为爱智之学，则是关于"无"的学问——其对象完全开放而敞开，其方法则是不断反思、追问和超越……智慧之为智慧，就在于其以"无"为根本特征。

（一）智慧：向"无"的追问与超越

所谓"无"，当然不是指的完全的空无或虚无，而是指所追求对象的无形非显性、非在场性与非现成性，以及追求方式的超越性。这种"无"，主要可从两个维度来理解。

1.（逻辑）空间维度上的"无"：对本源的追问

各种具体科学的研究，总是针对自然或社会的某一对象或领域，以所收集到的各种实证材料、文本、数据等为依据，探究其中所蕴含的内在规律，由此获得的结论最终也必须接受逻辑和事实的验证。

哲学当然也不可能脱离现实。但哲学要透过直接呈现的现象，探究隐于其之后的本质；从已展现的有形可见形态，洞察使其得以形成的本源和隐含于其下的基础；其对象不是感性的个别，而是理性层面的普遍共相；不是偶然因素，而是最普遍的必然规律。对文本来说，要理解哲学智慧，不能只停留于语言的表层语义，而是要去领悟其所蕴含的深层语义，洞察其所隐含的潜在趋势。

这种对万物所以源的追问，不同于科学意义上对自然和人类起源的追溯，不是单纯逻辑或认知层面的深化，而是对真正的本源问题——即存在之源和价值之源的追问与反思。其方法不是观察，不是实验，而只能是不断地追问或反思。

2.时间维度上的"无"

随着认识的深化、学科的发展，各门具体科学也同样深入到对所谓本质、规律、普遍性与必然性的探究。从这一角度说，各门具体科学也必然呈现出与哲学融合、向哲学升华的趋势。其实，更能体现哲学作为爱智慧之学特征的，更多的应是时间维度上的"无"。概要说来，这主要包含两层意蕴。

其一，向未来的敞开、超越。

哲学之所以被尊为智慧之学，就在于其意义并不直接显示、体现于当下，而是随着时间而不断展开、生成。一个哲学概念、命题论断和理论，并不是对既有的事实世界的直接反映。其意义，不在于总结、揭示出什么规律——因此它本质上不是单纯的知识，而是面向未来，在于对后世的启迪和影响；它的意涵，也不是现成、固定的，而是通过后世的阐释而不断开显、生成的。

要研究、评判一个哲学家的思想及其意义，不是单纯看哲学家已经说"了"什么，而是要洞察其潜在的思想趋势，看其所展示、生成出的潜在的可能的世界。换言之，衡量一种思想的意义，不是看其既有的含义，而是要看其未来可能形成的效果。

这决定了，哲学智慧，必然朝着未来而彻底敞开、不断超越。

所谓敞开、超越，在这一层面上指的是，哲学智慧，无论是其意涵，还是其意义，都既不是僵死不变，也不是现成的，而是不断开启出来的。它是动词不定式（to be），不是名词。任何既有的洞察，既是之前探索的成果，也是此后探索的新的起点，都是智慧的化身，但并不等于智慧本身，而只是无限敞开过程中的一个路标而已。

从更广的视域看，任何既有的探索成果作为一种存在者，既是智慧的一种显现，而同时构成了对智慧的一种遮蔽；因而它们既是继续前行的出发点、向上攀登的阶梯，又可能蜕变成一种障碍或羁绊。

从这个角度说，所谓智慧，就在于恰当的追求过程之中，而不是一种现成之物。正是在这个意义上，智慧与爱智慧乃是一体之两面。

哲学解释学所着力强调和追求的多元性、无限开放性，正是哲学智慧这一特征的突出体现。作为爱智之学，哲学不是现成智慧的汇集，而是永远处于不断开启、超越的过程之中。所谓"测得出是智商，测不出的是智慧"之说，的确不无道理。智商之所以能被测出，是因为每一个问题，都有确定的答案。而智慧之所以不能测出，就在于它面向未来无限敞开，不可能有一成不变的答案。

其二，哲学智慧更是一种价值的追求。

所谓哲学在时间维度上注定面向未来，其更核心的意涵在于，对哲学来说，重要的不是揭示实然事实世界的本质、规律，而是要探索并指明应有的"应当"。也就是说，哲学应是关于应当如何的学问，是对应然价值的追寻，以此为人们建构一个意义世界，为人类社会的前行指引所应有的方向。

在西方哲学史上，苏格拉底的"认识你自己"箴言众所周知，影响深远。如果只是从认识论层面来理解这一命题，无疑失之片面。价值论才是更深的或真正的意旨所在——人应该清楚地领悟到你是何种存在物，应该如何作为才能成为真正的人。它与苏格拉底的另一论断——美德即知识，乃是相互印证、相互统一的。它告诫人们应从自身中发现——确切地是选择、确立价值之源；以此为基点，自觉地追求德性的完善。同样，柏拉图的理念，在共相的含义之上，更意味着一种纯粹、理想的存在者、人所应追求的目的。

关于何谓"哲学家"问题，尼采有一个精辟的论述：哲学家"乃是发号施令者。他们说'事情就该这样！'唯有他们才能规定'方向'和'目的'，规定什么于人有益，什么于人无益……一切知识对他们来说不过是用于创造的手段"①。所谓"发号施令"，就是要摧毁一切腐朽的价值，"抓起一把锤子，把新的价值敲进世界之中"②。"哲学家的使命就是：他们必须解决价值的难题，必须确定各种价值的档次。"③ 对尼采来说，这决定了哲学所追寻的真理，决不是要揭示什么"本来如何"，而是要向世人指明"应当如何"。

对中国文化来说，哲学，从其内容属性来说，被称为形上学，而就其根本旨向而言，则被称为大学之道，或曰道学。何谓"道"？《说文》的释义是：

---

① ［德］尼采：《权力意志：重估一切价值的尝试》，张念东等译，商务印书馆 1991 年版，第132 页。

② ［德］尼采：《我妹妹与我》，陈苍多译，文化艺术出版社 2009 年版，第 163 页。

③ ［德］尼采：《论道德的谱系善恶的彼岸》，谢地坤、宋祖良等译，漓江出版社 2000 年版，第 36 页。

"所行道也。从行（辵）从首。一达谓之道。"如何理解？段玉裁的解释是："道者人所行。故亦谓之行。道之引申为道理。亦为引道。从辵首。首者、行所达也。"尤其值得注意的是关于"首"的解释。这意味着，"道"、道理必然蕴含着、指示着特定的方向，朝着特定的方向引导。换言之，道意味着价值评判和导向。无方向、无价值导向的道不构成真正的大道。

所以，金岳霖对哲学的诠释是："哲学从来不单是一个提供人们理解的观念模式，它同时是哲学家心中的一个信条体系。"[①] 金岳霖所说，当然不只是针对中国哲学，而是像苏格拉底、柏拉图、尼采等一样，揭示的是哲学本身所应有的本质特征。

对孟子人性论、儒家仁义学说、庄子及道家"道法自然"及现代新儒家来说，它们只是对社会现实的直接反映吗？恰恰相反，它们是针对其时社会的弊端而提出的破解之道。正因为看到"攻城以战，杀人盈城；攻地以战，杀人盈野"（《孟子·离娄上》），所以孟子才提出性善论主张。所谓人性善，并不是实然意义上的总结概括，而是应然意义上的应当。每个人都应当由此四端为基点，不断完善自身，才能真正成其为人。

所谓"哲学是时代精神的精华"，应该从这一视角来理解。所谓"时代精神"，不是指该时代的各种表象或假象，而是指的其内在的本质、普遍必然规律；不是指的现成在场的存在者，而是指的未来发展趋势。当我们说哲学是对时代精神的反映，是时代精神的精华，其真正的意蕴在于：哲学应反映时代的本质，而不是对时代表象的简单摹写；不是对实然之物的直观反映，而应面向未来揭示时代的发展趋势，确立合理的应然，为时代的发展提供方向和路径指引。

其三，哲学智慧为什么会相互矛盾、对立。

面对哲学，很多初学者往往会有这样的困惑——既然都是追求智慧，何

---

① 《道、自然与人——金岳霖英文论著全译》，生活·读书·新知三联书店 2005 年版，第59 页。

以这些先贤圣哲的思想会迥然相异，甚至截然对立呢？一派所孜孜以求的智慧，另一派却大加嘲讽和抨击，斥之为谬论歧途。至于具体论断，就更是各执一词，相互否定拒斥。以先秦诸子为例。孔子和儒家极力倡导"仁者爱人"，孟子宣称为此"虽千万人，吾往矣！"（《孟子·公孙丑上》）可是庄子却投之以睥睨的眼神，提醒世人："爱民，害民之始也！"（《庄子·徐无鬼》）认真研读其文字，便不难发现其论断和证明的确令人深思。不同学派之间相互攻讦，倒也罢了。同一学派之间的相互批判，也不含糊。如荀子批孟子，"僻违而无类，幽隐而无说，闭约而无解"（《荀子·非十二子》）。对孟子的性善论更是大加抨击，并针锋相对地提出性恶论；甚至同一个人，在不同的时期乃至不同的场合立场、观点也有很大变化、差异，也会相互矛盾。在同一部《道德经》中，既有"九层之台，起于累土"（《道德经》第六十四章）之论，又有"为学日益，为道日损"（《道德经》第四十八章）的警示……

那么，到底哪一种才是真正的智慧呢？如果都是智慧，那如何认识这些相反的智慧之间的关系呢？

只要我们真正领悟出哲学是面向未来的学问，就会认识到答案早已蕴涵于其中：既然面向未来，注定是不断否定、不断超越而无限开放的；既然哲学是价值的追求，而不同的哲人、针对不同的问题，便会有不同的价值追求，"此亦一是非，彼亦一是非"。结论和选择也注定是多元的。所以，自古以来，哲学家们对何谓哲学总是各有不同的回答，也将始终不可能有统一、确定的回答。这样，哲学作为爱智慧的学问和过程，不仅难免且必然会相互矛盾。

从某种意义上说，真正的哲学意义上的智慧，正如尼采所提出的那样，毋宁说更是一种谎言，一种睿智的谎言："究竟什么是人的真理——不可驳倒的谬误便是。"①

从知识论层面说，它超越表象和世俗现实，因此是一种超凡脱俗的深刻的谎言。从价值论层面说，哲学智慧超越当下的现实，对现实世界永远持审

---

① ［德］尼采：《快乐的科学》，黄明嘉译，漓江出版社2007年版，第165页。

察、批判态度，力图矫正现实，展望未来，指引前行的方向，因而是一种面向未来的、求善的谎言；一种不满足于揭示本来如何，而更着眼并追求应当如何的灯塔式谎言。告诉人们"人都是要死的"这一真相，只是一种知性的真诚；引导人应当不断完善自身、不断超越乃至追求永恒，则是一种智慧的谎言；柏拉图的理念、启蒙运动的理想等都应这样来理解。尼采之所以将真理喻为谎言，更多的是在这个意义上说的："真理就是谬种。而没有这个种类，特定的有生命的种类就无法生活。"①

（二）哲学之"无"与科学之"有"的矛盾统一关系

1. "有"源于"无"，"无"因"有"而显

当我们说，哲学是关于"无"的学问，迥然有别于各种具体科学时，如果因此而将哲学与关于"有"的探索的具体科学截然分离乃至对立起来，则会陷入另一种谬误。

事实上，无论从历史演进的角度说，还是就它们相互的逻辑关系而言，哲学之"无"与科学之"有"之间，都绝非相互对立，而同时又是相互联系、相互转化的。

二者之间的区别乃是动态的、开放的，不断转化的；而不是静态的，一成不变的。当哲学探索获得某种确定的成果，这种成果本身便转化为科学；反过来，对科学问题的进一步追问、超越，便进入到哲学的领地。所以，在西方哲学史上，亚里士多德将哲学称为第一科学；康德、黑格尔直到胡塞尔都追求作为科学的形而上学。

从这个角度说，哲学智慧，既不是脱离现实尘世的神秘的"天启"，也

---

① ［德］尼采：《权力意志：重估一切价值的尝试》，张念东等译，商务印书馆 1991 年版，第 610 页。

不是空洞无物的"虚无"。不是单纯的"0"，而是"无穷大"。它植根有限、现象、经验、现实尘世，而又是对有限、现象界的超越。

2."有"以养人，"无"以成人

哲学智慧对人意味着什么？

如果说，各门自然科学以其对自然的认识与改造而不断改善人的物质生活，各门人文、社会科学以对社会的认识和改造而使人的各种具体需求得以满足的话，那么哲学作为智慧之学的突出价值则在于，通过对人的灵性的陶冶和引导而赋予人生以意义，使人得以不断升华，成为真正的人。

"人生有无意义"？古今中外，人们为这个问题一直争论不休。各种所谓的解答可谓应有尽有。其中绝大多数都是隔靴搔痒，言不及义。回答这一问题的关键在于，如何理解"意义"，及与之相应的"有"的真正意涵。

如果所谓"意义"，指的是某种既定的含义，那人生确然没有真正的意义。

人生的意义，肯定不在于某些有形可见的存在物如金钱、美色、声名等之中，也肯定既不是某种现成之物，也不是一成不变的结果，而同样在于不断超越的过程之中，以及对这一过程的体验。

对每个人来说，哲学智慧对其人生的指导意义亦在于此。人们常说，人生成功、幸福与否，完全取决于其最初的选择。选择，当然具有奠基意义。但决非完全取决于某个既有的选择，同样也取决于其后对信念的坚持和不断的努力。所谓人生选择，并不一定是最初的选择本身是否正确、合理，更多的是通过其后的正确行动，才使得当初的选择变得越来越合理，乃至越来越理想。以此为基础，不断完善自身、不断超越既有之境，才能赢得完美的人生。

对于人的灵性维度的人来说，哲学的意义还不止于积极的促进作用。正如人的肉身既需要营养，也必然会产生疾病，需要治疗一样，人的精神也是如此——既需要引导、陶冶，也难免发生创伤、异化、畸变，陷入迷狂之中。对于后者，哲学将承担起探明病源，从根源处加以矫正、医治的使命，发挥出比心理学、文学艺术更重要的作用。在这个意义上，人们也将哲学称为"医学之医学"。

这样来看另一个众说纷纭的问题——哲学到底有没有用？答案也就不言而喻：如果所谓的"用"，指的是某种具体的收益和功能的话，那么，哲学作为智慧之学确然无有所用。任何从具体功能或效益意义上为哲学给出的辩护，都恰恰是对哲学的贬损，结果适得其反。在这个层面上，哲学非但不高于各门具体科学和技艺，反而始终处于劣势。

如果所谓"用"，指的是提升人生的境界，领悟并开启人生的意义，那么，哲学无疑是最有用之学。这是所谓"无用之用，是为大用"的真正含义。

由此来看，希腊哲人泰勒斯因观天而跌进沟中的故事，其实是个隐喻：哲学之为智慧，面向的乃是无限的天。它未必能直接指导我们处理各种具体事务，但给我们展示的乃是无限广阔的未来和意义世界。

3."道可道，非常道"："可说的"与"不可说的"

在追求的过程之中，作为特定时空追求过程的具体体现和成果，哲学智慧总是通过特定的哲学家和流派，以某个特定的概念、方法、命题和理论体系体现出来。它们是哲学智慧的肉身化形态，是她的"化身"。而这一切在特定的时空中又必然以"有"的形态现身，有形、可证、具有确定性。具体地说，它们又必得以有形可见、可听、世所公认的语言体现、表达出来。

这就构成了智慧之"无"、大道之"无"与语言之"有"的矛盾关系。赫拉克利特说"一切皆变"、"人不能两次踏进同一条河流"——水在变、人在变，二者之间的关系在变，更重要的是，人的认识、领悟也在变。追求"大道"的智慧，总在不断地超越自身。从这个角度说，大道与智慧是不能言说的。然而，为了清晰有效地表述和传达，我们又不得不以概念的方式加以界定，以特定的语言——口语和文字加以言说。当我们这样理解和传递时，其实，已经是言不尽意，发生了蜕变和扭曲。

正因为如此，在中国哲学史上，老子在《道德经》第一章，一开篇就告诚人们："道，可道，非常道；名，可名，非常名。"同样，庄子也反复强调："道不可言，言而非也。"(《庄子·知北游》)"意之所随者，不可以言传也"(《庄子·天道》)，主张"至言去言"(《庄子·知北游》)。真正的智慧，应该是得意而忘言。佛祖为什么拈花微笑？禅宗为什么不立文字，教外别传，以公案，甚至棒喝喻禅、崇尚顿悟？……其奥秘皆在于此。

然而，在老子那里，大道既超越，又存在于万物及其演变过程之中，以具体的法则体现出来，后者构成现实经验世界的"常道"。庄子也坚持道在万物之中，既推崇"以道观之"("大知"、"大言")的超越追求，也同样肯定"以物观之"("小知"、"小言")的必要性和合理性。在揭示二者本质差异的同时，又肯定二者之间的矛盾统一关系。

在西方哲学史上，海德格尔给"存在"打"X"的独特书写，同样意在警示这一矛盾：作为哲学致思对象的"存在"本质上是不能言说或标识出来的，一旦以声波或线条、符号的方式加以标识，就已然不是存在本身，而沦为"存在者"。而如果真的彻底不予言说，只是像佛祖那样拈花微笑，那又如何将此"智慧"传达给世人？因此，只得以这种特殊的、吊诡方式告诫世人：智慧本不能言说，又不能不以有形、通俗的话语言说、表达，因此又必须强为之言。

这种矛盾统一关系，正是哲学之"无"与科学之"有"之间关系的集中和突出的体现。哲学作为"无"的学问，既迥然有别于探索"有"的各种具体科学，又是与后者密切相关、相互统一的：一方面，随着关于"有"的探索的不断深化，最终也将面临终极性的问题，升华为关于"无"的学问。形上学的本义就是"物理学之后"(Meta-Physic)；诸如自然哲学、科技哲学、生态哲学、政治哲学、法哲学等等便是从具体学科中升华出来的。另一方面，随着哲学的不断发展，之前属于哲学研究的对象、哲学领域的问题，作为具体的对象，也会逐渐淡去哲学智慧的"无"的特性，而开始与具体学科靠拢、接近。

更重要的是，这也提示我们，既要重视既有的智慧追求的成果，认真探究各种哲学论断、理论，也决不能将它们等同于智慧本身，执著于此。正如禅宗所启示人们的那样，所有的经文、公案、开示、棒喝等，都如同以手指月一样，指引世人去观真谛之"月"，决不能舍本逐末，将目光和心思局限于指月之手指。

如果这种追求过程彻底停止下来，思维僵化不变，固守以至迷信既有的成果，甚至将某种主张教条化、绝对化，当成评判一切事物的准则和其后演变过程的主导时，原有的真理或智慧，也就势必逐渐变质，沦为谬误。

老子关于"为学日益，为道日损"的警策，就是针对这种随时可能陷入的歧途而发的。

这也是我们领悟哲学之"无"及其与"有"之间矛盾关系的最大的指导意义所在。

二、中国哲学智慧的共性与特色

中国传统文化中蕴涵着无穷的智慧。这些智慧启迪、滋养着一代代华夏文化传人，使之得以生生不息，日新不止。但这种智慧，究竟如何定性定位、是否属于哲学智慧，近代以来却不时受到中西方哲人们的质疑，关于这一问题的争论至今依然存在。这是一个不容回避的事实。与西方哲学智慧相比，中国哲学智慧在何种意义上具有普遍性？又有着怎样的差异和特征？这是我们必须加以辨析并厘清的另一个重要问题。

（一）中国究竟有没有哲学

1. 汉语"哲学"概念的演变和最终定型

作为探求无形、普遍、超越性存在的学问，哲学在中国文化中的形成、演进历程，与西方一样悠久。从先秦到明清时期，先后出现的"道学"、"形上学"、"道术学"、"玄学"、"理学"等各种概念，其实都是哲学智慧的不同体现形式或各个历史时期的不同表述，分别从不同的层面、角度反映出哲学的某一特质。按照《易经》说法，"形而上者谓之道，形而下者谓之器"，在这个意义上，"形上学"或"道学"即是哲学。而根据《道德经》的定性，这种"形上学"无论其对象还是其表现形式，总是虚玄超妙，"玄之又玄，众妙之门"，因此也被称为"玄学"。它们构成了中国哲学的前史。

对作为西学之根基、精髓的"哲学"，中国学人有一个认识逐渐深化的过程。明清之际，随着西学东渐，西方哲学逐渐传入中国。"哲学"，最初被音译为"斐禄所斐亚之学"，后意译为"格物穷理之学"、"格物穷理之道"、"人学"、"穷理之学"、"理科"或"理学"、"爱知学"等。现代汉语中的哲学，则源自近代日本哲学之父西周对 philosophy 的翻译，是在以"东学"（日本译介）为桥梁而展开的西学中渐过程中，而被转引入中国的。

2. 西方哲人的评判

随着中西文化交流的发展，双方相互认识的不断深化，对中国文化中这种探究、追求普遍、超越之道的学问，如何定性和定位，是否属于西方文化语境中的哲学，西方哲人们一直有着不同的评判。黑格尔在《哲学史讲演录》中，对《易经》评价较高，"中国人也曾注意到抽象的思想和纯粹的范畴，古代的易经（论原则的书）是这类思想的基础"。对老子及道家思想，黑格尔也较为重视，有较充分的介绍和评述。相形之下，对孔子及《论语》中的思想则评价不高，认为其中只是一些关于道德实践的准则，而无思辨理性："孔子只是一个实际的世间智者，不能算是哲学家。""《论语》只是一些善良的、老练的、道德格言或教训，而不是思辨的哲学。"在黑格尔看来，包括《易经》在内，中国思想就整体而言，"他们达到了对于纯粹思想的意识，但并不深入，只停留在最浅薄的思想里面。这些规定诚然也是具体的，但是这种具体没有概念化，没有被思辨地思考，而只是从通常的观念中取来，按照直观的形式和通常感觉的形式表现出来。因此在这一套具体原则中，找不到对于自然力量或精神力量有意识的认识。"①这在很大程度上，意味着将中国哲学逐出真正的哲学范畴之外。黑格尔的这一立场和倾向，在西方哲学界具有很大的代表性，深刻影响着西方思想家对中国哲学的认识。当代法国哲学家德里达也提出，中国思想更多的是道德理性，而缺乏真正的、是之为是的本体论和与之相应的知识论。受此引发，前些年，在中国哲学界，又再次兴起了一场关于中国有无哲学或中国哲学是否属于严格意义上的哲学的大讨论，其中争议最大的是关于中国哲学有无真正的本体论的辩论。

3. 中国哲学的证成与"中国哲学史"学科的诞生

与之相对，近代以来，严复、梁启超、王国维等一代代学者则分别从逻辑义理角度和历史角度，不断申述、证明中国哲学的存在及其意义。他们一致认为，东海西海，人同此心，心同此理。华夏民族当然有着对自然、人生和世界的哲学反思，富有自己的哲学智慧。胡适和冯友兰进一步指出，凡研究人生的切要问题，从根本上着想，要寻求一个切要地解决这一问题的学问，就是哲学。哲学是对于人生的有系统的反思、思想。人人其实都有哲学的思考。基于这一立场，胡适借鉴西方哲学的理路和方法，对中国传统思想展开了新的阐释，写作了第一部《中国哲学史》。这部未完成的著作，其地位和影响远超略早问世的谢无量的同类作品，被认为是中国哲学史学科的真正的奠基之作。沿着其开启的方向，冯友兰进一步推进了这一工作，使中国哲学史作为一门新的现代学科最终得以诞生。

然而，中国哲学究竟是"中国的哲学"还是"哲学在中国"？对于这一问题，中国哲学家们则一直有不同的回答。基本上分为两个阵营：其一是不否认中国哲学有其固有的特征，但更强调中国哲学与西方哲学之间的普遍相

---

① [德] 黑格尔：《哲学史讲演录》第 1 卷，贺麟译，商务印书馆 1959 年版，第 120、119、120—121 页。

通性；其二是肯定中国哲学的普遍共性，但更注意凸显中国哲学的特质。冯友兰可谓这一阵营的代表。他认为："'中国哲学史'讲的是'中国'的哲学的历史，或中国哲学的历史，不是'哲学在中国'。我们可以写一部'中国数学史'。这个史实际上是'数学在中国'或'数学在中国的发展'，因为'数学就是数学'，没有'中国的'数学。但哲学、文学则不同。确实是有'中国的'哲学，'中国的'文学，或总称'中国的'文化。"① 冯友兰的《中国哲学史》就是基于这一立场而撰写的，是一部较有代表性的关于中国的哲学的发展史。

（二）中国哲学智慧的特征

作为华夏民族理性思维的结晶，中国哲学与西方哲学一样，有着哲学智慧的共性，与西方哲学有着内在相通性，也必须指出的是，正如不同民族的文化一样，中国传统的哲学智慧，又有着不同于西方哲学的一系列突出特性。

中国哲学究竟有着什么样的特征？对此，近代以来，人们则众说纷纭，有着各种不同的概括总结。其中许多说法，如所谓中国哲学对天人合一、生生不息的强调等等"特征"，其实西方哲学同样具有，甚至不亚于中国哲学。本课程试着从主旨核心、致思理路和演进方式三个层次，做一个简要的特征描述。

1. 强烈的现实关怀突出的伦理特征

西方哲学起源于古希腊。古希腊哲学，按照亚里士多德的总结，最初源于对自然的惊异，以探索世界和人自身的最终奥秘为旨向，以追求真理为目标。体现在哲学的构成上，乃是以本体论、知识论为根本，在此基础上，引

---

① 冯友兰：《中国哲学史新编》第 1 册，人民出版社 1982 年版，第 39 页。

申、确立起价值论。与之相应地，其所谓方法论，主要是指关于认识世界的方法论，因此以几何学为基础的逻辑学占有很重要的地位。

中国哲学发源于先秦时期的诸子百家，经两汉经学、魏晋玄学、到宋明理学达到理论高峰。从明清到近代，随着西方文化的输入，在西方哲学的影响下，逐渐汇入现代哲学的整体潮流之中。从其最初形态来看，诸子百家之间相互争鸣，有着不同的致思理路。以老子、庄子为代表的道家与孔子所开创的儒家，分别代表着两种迥然相异的理路。但从总体上说，儒家的理路更占有主流地位、更具有代表性。秦汉之后，随着"罢黜百家、独尊儒术"方略的提出和逐渐贯彻，包括儒家哲学在内的儒家文化最终成为中国古代社会占主导地位的意识形态之后，更是如此。

因此，所谓中国哲学的特征，乃是从整体上、就其主流，且相对于西方哲学的主流而言的。确切地说，指的是以儒家哲学为主导的中国哲学的本质特征。

与西方哲学相比，中国哲学更多地源自对人的境遇、命运的强烈关切，以对人生存的意义、人与人之间的伦理关系和现实秩序的探究为重心，以范导人心和行为、造就理想人格和社会秩序为旨归。体现在理论构成上，则是以价值论为本（体），以知识论为用。道德哲学或伦理学占有核心的地位，以至被一些研究者定性为道德本位主义（道德中心主义）。与之相应地，中国哲学的方法论本质上更多的是为证明或确立价值诉求合理性的论证方法，而不是一种纯粹追求真理的方法。虽然先秦时期四大显学之一的墨家曾经提出了一整套堪称先进的逻辑学和知识论，但由于被认为无助于敦化人心和治国经世，秦汉之后便迅速从中国哲学舞台上退隐了，直到近代才重新被发掘出来，加以弘扬。

2. 内在超越的致思理路圆融不分的诗性思维

对西方哲学和西方文化来说，创生一切、主宰万物的本源存在和力量——诸如大写的自然、神或上帝等他者，作为超验的存在，乃是完全外在超越于人、经验世界、尘世、理性之上，与后者完全隔断，不发生直接联系，因而，永远是人所敬畏、信仰、崇拜的对象。

依据这种将超验存在和经验世界、人与神截然分开的致思理路，西方哲学和西方文化将认识与信仰、启示与理性、此岸与彼岸判然区分开来，体现在现实中，就是使将属于灵性的宗教信仰与尘世的政治等世俗事务作为不同的领域也加以分离，这就是所谓的政教分离。

这一致思理路在力举神（上帝）和超验存在的至上性，确立起信仰的纯粹性和神圣性的同时，明确凸显出人的理性和德性的有限性。它意味着，人的理性和能力无论多么发展，都决不能与造物主或神相提并论；人无论如何自我完善，也决不可能达到神的境界。

与此相一致，在以追求真理为宗旨的西方哲学中，其方法论总体上更多地以分析方法见长。本体论、认识论、价值论层次分明，脉络清晰；其说理和论证，基本上依逻辑规则和脉络展开，力求概念明晰，主题集中，判断和推理有据……相互之间的辩驳和论争，也是如此。有鉴于此，牟宗三将西方哲学定性为分解尽理的精神。一部西方哲学发展历程，就是依此而由分到合，由合而分，得以不断深化的。

而中国哲学则显著不同。

在中国哲学中，所谓超越性的存在，决不与经验的世界相分隔，更不与人的世界相隔绝。在道家那里，道作为创生一切的源泉，主宰万物运行的最高力量和法则，又存在于万物及其演化过程之中，包括人类自身及其活动之中，以德的形式体现出来，并发挥作用。人类社会应自觉地效法、遵循大道，才能远祸而得福。对儒家来说，一方面，天道、天命超越而内在，既主宰一切，又下贯于现实世界之中：天命体现于人自身之中，便是人的天命之性即内在德性；天道下贯于人类社会，即是伦理道德法则和政治秩序。正如牟宗三所总结的那样："天道高高在上，有超越的意义。天道贯注于人身之时，又内在于人而为人的性，这时天道又是内在的（Imannent）。因此，我们可以用康德喜用的字眼，说天道一方面是超越的（Truanscendent），另一方面又是内在的（Imannent 与 Truanscendent 是相反字）。天道既超越又内在，此时可谓兼具宗教与道德的意味，宗教重超越义，而道德重内在义。"① 另一方面，人不仅能够体悟天命，自觉地遵循天道，"尽心、知性则知天"，更能以自身的能动性，不断地完善自身，最终抵达天命，达到圣人的境界，"人皆可以为尧舜"。这样，超越性的天（天命、天道）与人双向互动地融合统一起来。其他流派如墨家、禅宗等亦是如此，只是体现形式各有不同而已。这种致思理路与西方哲学可谓迥然相异，也因此形成了不同的文化效应。

延伸、体现到具体的思维方式上，中国哲学虽然也有概念辨析，严格推论——如先秦的名家思想、墨家思想，以及儒家中的荀子思想，后世如戴震思想等，可谓其中较突出的代表，但总体而言，其思维方式和说理方式不以条分缕析为上，而更具有诗性思维的特质——价值为先，事理为用；不重分解尽理、更重圆融统一；不重严密解析，更重自我领悟，直接把握微言大义；不重推理、论证、逐步转化，讲究当下直断；不做内外、层次之分，追求内在超越和升华……由此而求天与人、实然与应然、本体与功夫、知与行等等的融合统一。也正是有鉴于此，牟宗三将中国哲学定性为综合尽理之精神。

这种诗意的思维方式中，蕴涵着无穷的诗性智慧。它在很大程度上，可能不利于科学精神的发展和技术的进步，但无疑有其特有的价值，需要理性全面地认识、评判其是非得失。

3. "六经注我"的演进方式

黑格尔在《哲学史讲演录》序言中曾对西方哲学的演进模式有过形象而生动的描述：在常人看来，哲学是如同一个相互征战的战场，一个先行者被后来者征服、毁灭的坟场。各种不同观念较量之后，留下的只是一堆堆枯骨。黑格尔告诫人们，其实这只是外在的表象，实质上哲学的发展乃是一个

---

① 牟宗三:《中国哲学的特质》，上海古籍出版社 1997 年版，第 21 页。

各种思想相互争论又相互联系的有机整体，是既有否定又有肯定、吸收，不断丰富、不断超越的进步历程。

黑格尔的描述和分析，正揭示出西方发展演进的普遍模式：形式上相互否定甚至依次加以颠覆，而实质上则是相互砥砺，相互吸收、不断融合，二者对立统一，推动着西方哲学不断拓展和深化。亚里士多德明确表示："吾爱吾师，吾更爱真理"；尼采对苏格拉底以来的西方的理性主义传统几乎持彻底否定态度，宣称只是到他这里，哲学才真正诞生。而在这种批判和否定背后，亚里士多德对其师柏拉图的思想多有继承和发展；尼采的思想同样不是无源之水，而是在反思西方传统哲学的基础上实现的飞跃和超越。

而中国哲学的发展演进模式则迥然不同。除了先秦的百家争鸣阶段各家针锋相对，相互直接批判，明确亮出自身立场和观点之外，其后以儒家哲学为主导的中国哲学，基本上都是以传承、注释、解说的形式，来推进、发展前人的思想，曲折婉转地提出自己新的主张。这就是中国哲学所特有的"六经注我"的发展演进模式或风格："吾何注六经？乃六经注我。"（陆九渊）从孔子的"述而不作，信而好古"，到朱熹的《四书章句集注》，再到康有为的《孔子改制考》、《新学伪经考》，除了特殊时期的少数哲人和某些文献如明朝的李贽有所例外，基本上始终以这样的方式推动着中国哲学的发展。

三、学习中国哲学智慧的意义与方法

（一）学习的意义

众所周知，学习哲学的真正意义，不在于掌握多少哲学知识，而是通过领悟其中的理论得失，总结其经验教训，使自身的理论思维能力得以锻炼和增强，获得一种更高的视野和方法。在这个意义上，人们说，如果将各种具体知识比作金子的话，那么哲学智慧就是教人们如何获得更多金子的点金术。

中国哲学智慧，就其具有的普遍性而言，对于研习者当然也有着同样的意义。而就其作为中国的哲学来说，则还有着特殊的意义。

1. 更深入透彻地领悟地认识中国传统文化

正如西方哲学构成西方科学乃至西方文化的根基或母腹一样，中国哲学同样是中国文化形成和演变的根本所在。华夏民族何以形成如此独特的文化传统？其本质和精髓何在？对于博大精深的中国文化来说，要解开这一奥秘，除了从历史演变的角度加以探究之外，另一个更重要的路径，是从逻辑上探明其深层根基和贯穿始终、起指导作用的思维方法。如果说，面对现代的挑战，中华传统文化的确有其需要变革和完善之处，那么，其根源何在？如何才能真正有效地推动其向现代转化？毫无疑问，必须深入到中国传统文化的根基——中国哲学层面，弄清其构成的逻辑结构和演变脉络，才能达到这些目的。

2. 提升人生境界，促进自我完善

中国哲学的以价值论为本、以造就理想人格和社会为旨归的特征，使得研习者能够通过有批判性的学习，不仅能锻炼自己的理论思维能力，更能为自己的内在德性的激发和弘扬获得启示、动力和指引，由成德而促成人，进而提升自己的人生境界，得以不断自我完善。

（二）如何学习、领悟中国哲学智慧

1. 以先秦哲学为本

德国哲学家卡尔雅斯贝尔斯曾提出著名的人类文明轴心说。他认为，在公元前 800 年至公元前 200 年，尤其是公元前 600 年至公元前 30 年之间，

是人类文明发展的轴心时代。古代希腊、古代中国和古代印度在这一时期所诞生的一系列伟大思想，奠定并塑造了各自文化传统，决定了其各自的发展进程。这一理论以其充分的历史依据，而得到广泛的肯定，并成为很多思想史叙述和研究的重要参考、指引。

对中国古代哲学智慧来说，这一理论尤其具有解释效力和学习、研究上的指导意义。先秦时代特别是春秋战国时期形成的诸子百家、它们之间的相互争鸣以致最终合流，对中国所特有的古代哲学智慧及其特征的最终形成，无疑具有重要的奠基意义。它们从宗旨、理念、方法论等各个层面为其后中国哲学智慧奠定了基础，开启了方向，决定了其发展趋势。它们不只是中国哲学智慧的一般意义上的开端、起点，而是中国哲学智慧及其特征形成、演变的思想和历史之本源。其后的各家各派，乃是在此基础上的拓展和深化。如果说，古希腊之后的西方哲学都是柏拉图的注脚的话，那么先秦之后的中国哲学智慧则是以儒家为主体的合流和深化。应是在这个意义上，英文世界将宋明理学成为"新儒学"。

对于研究和学习来说，要认识中国哲学智慧，必须充分重视先秦哲学这一本源。把握它，就能知其源，得其本，悟其所以源。相反，就会不知其源而偏其根本，不得要领，甚至茫然无从。

2. 认真研读代表性经典

哲学智慧是关于"无"的学问，而智慧的成果则是以"有"的形态体现出来。哲学智慧成果的结晶便是历史上丰富的经典文献。要领悟哲学智慧之"无"的真谛，也必须通过研读经典这种具体"有形"的方式去进行。学习中国哲学智慧，当然也不例外，同样需要循序渐进地、认真研读中国哲学经典，才有可能领略中国哲学智慧的独特魅力。

3. 批判性地借鉴、运用，自觉并勇于超越

每一种哲学或智慧，都是针对特定层面的特定问题而发明的，都可谓一

种良药。如上所述，它们都有其由以形成的社会历史条件和思想文化背景，不能脱离这一切而孤立理解。与之相对地，它们都各有其针对性，因而既具有普遍的启迪意义，又难以避免地带来这样那样的局限性。

从发展演变的过程来说，每一种既有智慧既是进一步追求的阶梯和基础，又可能是升华的障碍或阻力，因此，所谓求智慧，必须不断地超越既有的成果，彻底地向"无"敞开。所以，决不能迷信、教条化。因此无论是讲授还是学习，都应重在总结成功经验，从中获得有益的启示；同时分析其缺陷与失误，从中吸取教训。两者结合起来，为我们前行提供应有的借鉴和指引。

3. 创造性转化、创新性发展

学习、领悟的最终目的在于创造性地继承并发展中国传统哲学智慧，进而为人类未来文明的建构做出我们的应有的贡献，这就需要我们要将"我注六经"与"六经注我"统一起来，激发中国传统哲学智慧的活力，促进其创造性转化。

（三）本课程讲授要领

借鉴卡尔雅斯贝尔斯轴心理论，并基于对中国哲学智慧的演进历程和思想实际的认识，本课程着重选择集中介绍中国传统哲学中的具有奠基地位、最有代表性的哲学家和流派；在介绍这些哲学家的思想时，也不面面俱到，而重点介绍其最富特色、具有启示意义的思想和方法；

在如实介绍的基础上，适当加以评析，总结其理论意义，分析其缺陷和理论教训，使学生在增进对中国哲学及中国文化的认识、拓展视野的基础上，学会思考、分析问题，获得自己特有的领悟，由此不仅像学习西方哲学一样使自己的理论素养到有效的锻炼和提高，且能使人生境界得以提升，如此获得的才是真正的中国哲学智慧。这是本课程教学的最终目标所在。

第 一 章

儒家开创者：孔子的仁学

"怎么孔子的形象各不一样，差别好大啊？哪个才是真的呀？"

随着弘扬传统文化热潮的兴起和不断高涨，作为中国传统文化主导的儒家及其创始人孔子理所当然地日益为人们所尊崇。作为一种具体体现，不同材质、神态各异的孔子塑像在神州大地重新矗立起来，以供人们拜谒。观摩多了，参观者往往不由得生出上述疑惑和感慨。

这的确是个问题，而不只是戏言。塑像形态的差异作为一种符号，表征着孔子形象与影响的巨大差异。这种困惑和疑问，也不是偶然的、个别的，而具有相当的普遍性。其实，它道出了如何认识孔子及其智慧首先所面临的难题。

在华夏文化演进过程中，不同时期、不同主体，基于各自的立场和价值取向，塑造、建构出各不相同的孔子，赋予其不同的形象、身份和地位，或是手捧书卷的慈祥可亲的智者、师者，或是巍峨庄严、只能仰视的圣人……对于 21 世纪的华夏文化传人来说，他所面对的注定是不同时代、不同流派、不同角色所塑造的迥然不同甚至截然相反的孔子。

在各种形象和"定位"当中，最有代表性的，主要是两种：其一，是胸怀救世之志，却被视为丧家之犬，最终以思想理念传世的思想家孔子；其二便是被尊奉为大成至圣先师的孔圣人。与之相应地，学者们也将儒家进行了各种不同的区分：作为经学的儒家与作为哲学的儒家、思想文化儒家与政治儒家……二者之间既有重要的差异，不能混为一谈，又显然有着深刻的内在联系，不能完全分割乃至对立起来。

究竟哪个才是真正的孔子？孔子及儒家的这些形象和定位、定性之间有什么样的内在差异和联系？这涉及如何认识孔子及其思想的问题，更关乎对儒家及其地位、意义的认识和评判。要认识儒家，必追根溯源于孔子。因而，也只有从孔子那里，才能找到问题的谜底或破解难题的钥匙。

本书对孔子思想及其意义的介绍，毫无疑问着重于前者，即明确针对作为哲学家的孔子而言的，通过分析其思想的倾向和演变趋势，揭示其最终演变的内在必然性，着力发掘作为哲学家、思想家孔子给华夏传人留下的智慧遗产，总结其理论意义和教训，从哲人孔子那里寻求对世人的启示。

一、为什么是孔子

儒家学派的诞生，从更广的视野来看，乃是华夏文化演变的必然趋向；而就具体的历史背景而言，则是时势发展的必然要求和结果。伴随着礼崩乐坏，诸侯纷争日趋激烈，传统的伦理和社会秩序开始崩解，人们从肉身生存到精神世界都开始陷入深重的危机之中。如何破解这种危机，重建社会生活的秩序，既是时代的迫切要求，也是人心最普遍深沉的关切。胡适在总结分析先秦各家之所以兴起的内在根源时曾指出："吾意为诸子自老聃、孔丘并于韩非，皆忧世之乱而思有以拯济之，故其学皆应时而生。"[①]这一评析尤其切合孔子与儒家。

孔子何以会成为儒家学派的创立者？其对中国历史与文化的深远影响究竟体现在何处？这与孔子的身世有关，更取决于孔子的志向与追求，是诸多因素综合作用之下孔子所选择和造就的。

---

① 胡适：《诸子不出于王官论》，见姜义华编：《胡适学术文集·中国哲学史》上册，中华书局 1991 年版，第 596 页。

（一）孔子身世

《史记》将孔子列入世家系列，与诸侯国君等观。在西汉时期，便将孔子置于如此高的地位，司马迁的远见卓识由此可见一斑。其关于孔子的身世、事迹的记叙也可谓详尽。《史记·孔子世家》载：

> 孔子生鲁昌平乡陬邑。其先宋人也，曰孔防叔。防叔生伯夏，伯夏生叔梁纥。纥与颜氏女野合而生孔子，祷於尼丘得孔子。鲁襄公二十二年而孔子生。生而首上圩顶，故因名曰丘云。字仲尼，姓孔氏。

孔子的先祖原为宋国贵族，宋为殷王室的后裔，只是到孔子父辈时家道已完全衰落。孔子三岁时，父亲叔梁纥便病逝，只能与母亲相依为命。人生第一大不幸，降临到年幼的孔子身上。十三年后，尚处弱冠之年的孔子，又一次经受丧母之痛。

在孔子跌宕起伏的人生历程中，真正从政的时间并不长。给世人留下更深刻印象的应是两件事：其一是有教无类，广收弟子设坛讲学，号称有弟子三千，贤者七十二。通过传道解惑，教学相长，阐扬其思想主张，使儒家学派得以卓立于百家之首，最终成为华夏文化的主流。其二是周游列国的坎坷而神奇的经历。在鲁国不得一展其政治抱负后，孔子率一众弟子，试图向其他诸侯国国君宣传其仁政主张，以实现其政治与社会理想。然其理念与智慧并不为主政者所欣赏、认同，而反遭拒斥，颠沛流离，最终无功而返。

晚年孔子回到鲁国，致力于删《诗经》，作《春秋》，编《书》传《易》，为儒家和华夏文化奠基定向。风烛残年之时，人生的另一大不幸，再一次降临到他身上。先是其唯一的儿子孔鲤，先他而逝；随后最欣赏的门生颜回，最信任的学生子路也相继因贫病或政局巨变而惨死。老来丧子，师送弟子，这对孔子的打击不难想象。一年后，一代圣哲孔子怅然离开了人世，享年73岁。

在孔子的这种特殊身世中，其实就隐含着孔子之所以成为儒家创始人的一些重要信息。

其一，对社会和民众生活的切近而深刻的洞察。早年丧父，家道衰落，"吾少也贱，故多能鄙事"（《论语·子罕》），这种境遇的变迁和由此而堕入卑贱的地位，使孔子得以直接观察并切身体验到社会失序、世道动荡给民众造成的苦难，深切感受到整个社会对稳定的社会秩序的期盼。

其二，鲁国的文化背景与礼乐传统的影响。

孔子出生地鲁国，原为周公旦之封地，礼乐文明贯彻得最为完备，而且对周代文物典籍保存得也最为完好，素有"礼乐之邦"之称，"周礼尽在鲁矣"、"内其国而外诸夏"、"内诸夏而外夷狄"：其中的"国"指的就是鲁国。最深厚的礼乐文化传统，加上其时礼乐文化逐渐下移，开始散落民间。这些为孔子思想的形成提供了近水楼台、得天独厚的有利条件。贵族血统可能具有的特有气质，加上从小受礼乐文化的熏陶，对孔子价值观念的形成应有着不可忽视的重要影响。

（二）对人文精神的弘扬

既然是殷人的后裔，而殷商实为周人所灭。如果按狭隘的族姓观念和情感解释，孔子对周人及其理念和礼乐制度即便无怨愤之情，至少也难以倾心向往。然而，众所周知，孔子终其一生都为弘扬周文、复兴周礼而呼吁奔走，晚年为不复梦见周公而怅然。孔子为什么远先祖而崇周文？这何尝不是理解孔子及儒家宗旨的一个重要窗口。答案就在于，与殷商文化截然不同，周人的敬德保民、明德慎罚的理念和制度，体现出对人特别是对民的重视与关怀，蕴涵着鲜明的人文精神。孔子真正所要传承并着力加以弘扬的不是抽象的周文，确切地说，是周文所展现出来的这种人文精神。

文献与考古发掘均表明，殷商文化非常尊崇、迷信上帝与鬼神。《礼记·丧记》载："殷人尊神，率民以事神，先神而后礼。"无论巨细，无事不卜，以所谓神灵之意，而不是人心向背作为判定是非和政事的根本准则，其中尤寄望于自身祖先神的护佑。与尊神相对应的，便是殷商文化对人的漠视和践踏：动辄将成百上千的牲畜用于祭祀，必然有害于生产和民生，而对弱者、败者和异族的残害和屠戮更令人发指。无数战争的俘虏、奴隶、异族等作为人牲和人殉，用于祭祀和各种仪式。据现存甲骨文的记载，便有 9 千多人次之巨。

基于对殷商覆灭的内在原因的分析和对其中教训的深刻总结，周人清醒地认识到，上天不会不辨善恶地永远护佑某个族姓和君王，也不会以是否慷慨献祭和虔诚而一味偏袒，而是以是否敬德保民来评判和取舍，"天命靡常"，"惟德是辅"。正是由于失德暴虐，丧失民心，才导致殷商为天命所弃，最终覆灭。为此周人将致思的重心从上天转到人世，以民心作为是非、得失的准则，"天视自我民视，天听自我民听"（《孟子》引《尚书·泰誓》）。与之相应地，将为政之本从上帝、神灵转向对民众的现实境遇的关切，以重民、安民、保民为重。体现在政治实践上，周人不仅严格控制祭祀的规模，更极大地减少了人殉和人牲；明德慎罚，注重以礼乐制度教化民众；宽容、仁慈地对待弱者和被征服者。孔子的先祖非但未遭到彻底灭绝，反被封土建立宋国便是明证……

以礼乐为核心的周文，其意不仅仅在于维护当下的政治、社会秩序，也不仅仅在于维护周人自身的长久统治地位，就整体而言，按照王国维的阐释，其宗旨和意义更在于由此确立华夏民族为一个伦理道德的共同体："皆周之所以纲纪天下。其旨则在纳上下于道德，而合天子、诸侯、卿、大夫、士、庶民以成一道德之团体。周公制作之本意实在于此。"[①] 而对人来说，则无论就其理念而言，还是在具体实践上，都昭示着对人、人的价值的尊重，对人所应有的尊严的维护，体现出鲜明的人文精神。

正是这一点，使孔子彻底摆脱狭隘的族姓观念的束缚，而倾心景仰周文，并始终以弘扬、复兴西周的礼乐文化为使命。所谓孔子对时代主题和发

---

① 王国维：《观堂集林》，河北教育出版社 2003 年版，第 231 页。

展趋势的把握，其核心内涵乃在于此。当我们说，孔子以其对仁的深刻阐发而为礼乐提供证明，对礼乐加以定性，从而为礼乐奠基与指引方向时，其真正的意蕴也在于此——其根本宗旨不是别的，就在于爱人。

珍视人的生命和利益需求，是人文关怀的重要内容和应有之义，但孔子所要弘扬的人文精神，其意涵还不止于此。在此基础上，孔子更注重人的道德人格上的自我修为和完善，强调每个人自身的内在能动性。这不仅是一种应然，更有着现实的基础和动力，因为人有着自觉、能动的主体性，"人能弘道，非道弘人"（《论语·卫灵公》）。孔子认为，这是人的尊严和价值的更高体现，如此，人才真正成其为一种积极能动的主体。

孔子对此有着充分的信心，以激发、确立这种主体性作为儒家文化的一个重要使命。这也正是儒家文化的精髓，以及对于华夏文化的最大价值所在。儒家之所以能产生如此深远的影响，直到今天依然为人们所推崇，原因是多层面的。这应该是其中最内在的原因所在。

（三）"天将以夫子为木铎"

要将这些期望和追求，建构成一种思想体系，并尽力加以弘扬、传播和实现，还需要一种内在动力源泉。这就是孔子基于对时代主题、发展趋势的深刻洞察而形成的强烈的使命感、责任感。

"天下之无道也久矣，天将以夫子为木铎。"（《论语·八佾》）孔子对此有着深刻的自觉和鲜明的担当意识，坚信通过以仁学为本的儒学来匡正时势，安民济世，继绝开来，乃是自己应有的使命——用《礼记·礼运》篇的话说："大道之行也，与三代之英，丘未之逮也，而有志焉"，也是昊天对自己的召唤，是自己的天命所在："不怨天，不尤人，下学而上达，知我者其天乎？"（《论语·宪问》）《论语》记载，当孔子及其弟子游说列国无果，而屡屡被困或追迫之时，仍鼓弦而歌，以此激励自身。当宋国司马桓魋欲加害自己，孔子凛然曰："天生德于予，桓魋其如予何！"（《论语·述而》）面对匡人的围困，孔子坦言："文王既没，文不在兹乎？……天之未丧斯文也，匡人其如予何？"（《论语·子罕》）据说，孔子在临终前曾长歌一曲："泰山坏乎！梁柱摧乎！哲人委乎！"如实，足见孔子对自身使命的自觉和舍我其谁的担当精神之坚定。

最能体现这种责任感和担当精神的是，孔子之世，周文所奠立、开启的礼乐制度与文化已为世人所遗弃，被人嘲为迂腐而过时之物。孔子及其弟子周游列国，力图传播和贯彻自己的政治和思想主张，却四处碰壁，郁郁不得志，惶惶然，"累累乎若丧家之犬"。然孔子"知其不可而为之"，矢志不渝地为之追求终身。后来孟子所说"天之降大任于斯人，必先苦其心志，劳其筋骨，饿其体肤……"（《孟子·告子下》）"虽千万人，吾往矣！"（《孟子·公孙丑上》）通常被人们解读为孟子的自许，或对后人的一般告诫或召唤。其实它更可能是孟子对其宗师孔子的礼赞，是孟子本人并希望世人从孔子身世和追求中应获得的激励和启示。

二、善于借鉴和创新的方法论

（一）"述而不作"背后的创造

"述而不作，信而好古。"这是《论语·述而》篇中，孔子对自身功业的总结概括。既然"述而不作"，孔子又为何会被视为儒家的创始人，有着如此崇高的地位和深远的影响？开始认识孔子思想及其意义时，不免会有这样的困惑。

在儒家历史上，关于孔子与周公的地位与角色定位、究竟谁才是真正的创始人问题，古文经学与今文经学确实有着不同的解释。古文经学认为《诗》、《书》、《礼》、《乐》、《易》、《春秋》等六经实为古代文献，并非始于孔子。孔子作为史学家，只是传承者，而决非创始者。而今文经学则相反，认为六经乃孔子所亲订，孔子理所当然地为儒家文化的创始人。

在孔子这种"自谦"背后，实质上蕴涵着一个重要的思想方法层面的智慧，那就是在继承基础上加以创新，在传续中实现转化。从道统上说，早在孔子之前，尧、舜、禹、汤、文、武、周公便开创并奠定了儒家文化的基本理念和宗旨。孔子的贡献是，在此基础上，沿着历代圣王所开启的方向，通过理论总结、论证和转化，使之最终成为主导中国历史和思想文化发展趋势的思想流派和价值取向。其后陆九渊的"六经注我"方法，乃是这种以述而作方法的发展形态。

这种方法突出体现在孔子对原有"天命"观念的改造转化上。"天命"观念在华夏文化中历史悠久。直到西周时期，天命只是针对王者或主宰者而言，是上天赐予王者的命运、赋予其应有的使命。孔子则将这一观念加以改造，使之成为每个人都必须尊崇的德性之命。"不知命，无以为君子。"（《论语·尧问》）它既超越又内在。就前者而言，它超越于人世之上，具有普遍性和至上性，是人世和每个人都应遵从的最高律令；就后者而言，它又下贯而内在于每个人之中，成为其内在德性和道德律令。每一个人都能以他的心灵承受天命，与天直接沟通。这一改造，通过使天命观念普遍化、落实到每个人身上，既赋予道德价值的普遍性，也赋予每个人以道德追求的主体能动性。其后儒家将人之为人的根本特性定位于"天命之性"、"天地之性"，其源在此，并由此开创儒家德性伦理学之先河。

（二）"择其善者而从之"，不断完善自身

"三人行，必有我师焉；择其善者而从之，其不善者而改之。"（《论语·述而》）《论语》中孔子对弟子的这一教导，人们再熟悉不过了。在这一语录之后，隐含的则是与"以述而作"相发明和呼应的、孔子的另一重要的思想方法：虚心求教、博采众家之长，以丰富、发展自身。"知之为知之，不知为不知，是知也。"（《论语·为政》）"我非生而知之者，好古，敏以求

之者也。"(《论语·述而》)孔子这种"敏而好学，不耻下问"、乐于以人为师，敏以求之精神，决不只是一种单纯的为学之术，而更是一种胸怀、格局和重要的思想方法。

儒家的"和"有多重意涵。以开放的胸怀承认他者的合理地位，与之共存，汲取其长处，是其重要意涵之一。"吾有知乎哉？无知也。有鄙夫问于我，空空如也，我叩其两端而竭尽也。"(《论语·子罕》)所谓叩其两端，意味着应该从不同的角度、综合不同的方面来认识问题，将相互歧异乃至对立的方面统一起来。落实在行为践履上，也应如此。所谓"中庸之道"，与"和"密切相连。它不是指的两端之间的凝固不变的中值，而更是动态、开放的对立面的矛盾统一，所以，也称为"中和"。它意味着，既不迷信、盲从他人，也应尊重并善于借鉴他者，"君子和而不同，小人同而不和"(《论语·子路》)。为此，孔子明确告诫弟子及世人们在认识和实践上务必注意并做到"毋意，毋必，毋固，毋我"(《论语·子罕》)。

正是以这种开放精神，善于借鉴他人的态度和方法，孔子在继承前人，借鉴他人的基础上，使儒家思想体系得以不断完善。

儒家思想，以尊德性为主旨，相对而言，在宇宙论、本体论方面较为薄弱。也正是以这种开放精神，虚心并善于借鉴道家的相关思想，孔子在晚年着力甚多的《易传》中，大量借鉴了儒家之外诸家的思想观念，特别是吸收了道家的宇宙论、本体论思想，经过改造，成为儒家文化的深层理论基础，弥补了儒家的不足，使儒家的思想体系更趋系统而完备。

孔子问道于老子之事，曾被视为不足为信的传说。新出土的文献与传世文献相互一致的记述，不仅证明了其真实性，而且清楚地表明孔子对此有着高度自觉。《孔子家语》专门记有此事："孔子谓南宫敬叔曰：'吾闻老聃博古知今，通礼乐之原，明道德之归，则吾师也。今将往矣。'"(《孔子家语·观周》)

孔子的思想方法当然不止于此。在这当中，"以述而作"和开放中和方法，最为世人所周知，也最能体现出孔子和原始儒家的方法论特征。

通过这一系列特有的思想方法，孔子开启了原始儒家在空间（对他者）、时间（向未来超越）双重维度的开放趋向。它不仅使儒家能与时偕行，不断丰富完善自身，也以其主导作用，而使中国文化总能推陈出新，"苟日新，又日新，日日新"（《礼记·大学》）。

孔子思想的形成和对华夏文化的深刻影响表明，所谓哲学智慧，既不是指的某种现成的结论，也不单纯只是创造活动本身，它更包含着这种创造活动得以发生并实现的内在动力和方法。换言之，智慧并不仅仅指的洞察力和认识上的睿智，还应包含勇气、责任感、担当意识和方法论上的创新。对孔子来说，使命意识和担当精神是其思想得以形成和发展的内在动力，同时也离不开其特有的思想方法。正是由于孔子既善于在继承中加以转化和创新，更不断反省自身，以广阔的视野、开放的胸襟，不断吸收、借鉴他者以完善自身，才使其能创立儒家，将华夏文化推进到一个新的阶段。原始儒家之所以能够超拔于各家之上，成为中国传统文化主流，这种勇于担当、善于创新的精神和胸怀，无疑是重要原因之一。

这是除了其思想观念之外，孔子留给世人的另一种更有意义的启示，更宝贵的精神资源，同时也构成中国哲学智慧的一个鲜明特色。

三、仁：孔子思想的核心

孔子整个思想的核心究竟是仁，还是礼，自古至今，一直存在争议。综观孔子思想的整体和根本旨向，其核心或精髓应是仁。礼作为一种行为规范，其源悠久，在西周时期礼乐已成为一种制度。按照冯友兰的说法："孔子对于中国文化之贡献，即在一开始时将原有的制度，加以理论化，与以理论的根据。"[①] 其根本的理论根据，便是仁。仁乃是孔子自己所体悟、所创造出来的，

---

① 冯友兰：《三松堂全集》第 2 卷，河南人民出版社 2001 年版，第 308 页。

不仅构成其思想的最根本特征，也是其对儒家文化乃至整个中国文化的最重要贡献。也正是在这个意义上，人们一般公认孔子为仁学的创始者。

（一）仁：人与社会的应有追求

在孔子那里，仁首先是人的内在德性，是人之为人的根本。人之为人，贵在有内在的仁心。孔子所说的人所特有的不同于一般生物的主体能动性，不单纯指的认识和行动上的能动性，其核心意涵在于有这种仁心和追求仁义的自觉能动性。在这个意义上，孔子反复强调为仁由己："为仁由己，而由人乎哉？"（《论语·颜渊》）"仁远乎哉？我欲仁，斯仁至矣！"（《论语·述而》）对人来说，这不仅是可能性意义上的主体性，更是一种应当，一种价值选择意义上的主体性。"士不可以不弘毅，任重而道远。仁以为己任，不亦重乎？死而后已，不亦远乎？""志士仁人，无求生以害人，有杀身以成仁。"（《论语·卫灵公》）"苟志于仁，无恶也。……君子去仁，恶乎成名？君子无终食之间违仁，造次必于是，颠沛必于是。"反之，"不仁者不可以久处约，不可以长处乐。仁者安仁，智者利仁"（《论语·里仁》）。对于为政者来说，应以仁为导向而施政。也以此为基础，孔子提出了儒家所特有的仁政的政治主张。

这意味着，孔子所说的人的主体性，指的是人皆有仁心、皆能求仁的主体性，指的是人应有的道德上向善、求善的主体性。所谓"君子求诸己，小人求诸人"（《论语·卫灵公》）意在于此。抛开仁，人的主体性失其根本和方向。这样，孔子就从实然可能性和应然两个层面，将仁这个核心价值确立起来，使之成为凡是人所普遍应有的最根本的道德准则和追求的目标，并使之成为儒家的包括礼义在内的价值体系的理论基石。

（二）仁为礼之本

据统计，在《论语》中，"礼"字出现频率为 74 次，"仁"字则为 109

次，明显为多。频次的多少，当然只是一种表象。重要的是，在仁与礼之间，毫无疑问，仁占有更根本的地位。在孔子那里，仁为本、为体，礼为用；仁为里，礼为表。孔子明确反对将礼流于外在仪式："礼云礼云，玉帛云乎哉？乐云乐云，钟鼓云乎哉？"（《论语·阳货》）"林放问礼之本。子曰：'大哉问！礼，与其奢也，宁俭；丧，与其易也，宁戚。'"（《论语·八佾》）这告诫人们，礼不应是单纯的外在仪式，绝非越奢华、繁复，就越合乎正道。礼之所以制约、规范人们的行为，也不是妄加限制，而有其内在的准则和目的，这就是仁："克己复礼为仁。一日克己复礼，天下归仁焉。"（《论语·颜渊》）否则，"人而不仁，如礼何？人而不仁，如乐何？"（《论语·八佾》）从思想史的角度说，孔子正是通过将仁确立礼乐之本而实现了对礼乐观念和礼乐制度的重大发展。

（三）仁者爱人：仁的精髓与两个层面

1. 仁的精髓在爱人

初学者阅读《论语》，面对孔子在不同场合和语境下，对仁给出的不同的表述和回答，也自然会感到困惑，不知道哪个才是最恰当的解释。一些西方哲学家如黑格尔等就据此认为孔子及中国哲学家缺乏严格、一贯的概念界定。其实，孔子及儒家对仁有其最根本的解释，那就是"爱人"："樊迟问仁。子曰：爱人。"（《论语·颜渊》）这是仁的最核心意涵所在。

2. 仁者爱人的两个层次

对于孔子与儒家的"仁者爱人"的含义，学界有着迥然不同的解析。之所以如此，很大程度上是由于人们往往以偏概全，只强调问题的一个层面。实际上，它既指对人的普遍之爱或曰对普遍之人的爱，也确然含有爱有差等之义，是两个层面的矛盾统一。

论者常常从《论语·乡党》篇所记"厩焚，子退朝，曰：'伤人乎？'不问马"中推断孔子所谓仁者所爱乃是普遍之人。单以此为据，不免略显牵强。我们再来看孔子的更多论述——"夫仁者，己欲立而立人，己欲达而达人。能近取譬，可谓仁之方也已"（《论语·雍也》）；"子曰：'弟子入则孝，出则弟，谨而信，泛爱众而亲仁'"（《论语·学而》）；"己所不欲，勿施于人"（《论语·卫灵公》）……这些论述中所说的"人"，显然指的是普遍的"人"，这个意义上的"爱人"也理所当然地应是对人的普遍之爱。孔子之所以肯定管仲辅佐齐桓公成就霸业为仁德，原因就在于如此使天下安定而造福于黎民百姓，"桓公九合诸侯，不以兵车，管仲之力也。如其仁！如其仁！"（《论语·宪问》）这从另一个侧面佐证了这一点。

孔子的"为政以德"的仁政思想，更充分体现出其"爱人"的普遍意涵。"为政以德，譬如北辰。居其所而众星拱之。"（《论语·为政》）而有德的主要内涵就在于"修己以安人，修己以安百姓"（《论语·宪问》），具体地说，即在于"庶"、"富"、"教"三个层次的统一。

对孔子和儒家来说，现实社会中的人总是有着特定的身份、地位和角色，是处于相互关系之中的人，而无抽象空洞之人。在这一层面上，所谓仁者爱人又应有差等之别，对不同的人的爱的性质、方式和程度应有所区别。对父母来说，仁者爱人的体现应是孝悌："君子务本，本立而道生。孝悌也者，其为仁之本与。"（《论语·学而》）在社会交往中，仁则体现为对他人的尊重、礼敬和忠诚："樊迟问仁，子曰：'居处恭，执事敬，与人忠。'""刚毅木讷近仁。"（《论语·子路》）"子张问仁，孔子曰：'能行五者于天下为仁矣。''请问之。'曰：'恭、宽、信、敏、惠。'"（《论语·阳货》）"巧言令色鲜矣仁。"（《论语·学而》）在这个层面上，儒家反对墨家不分贵贱尊卑、一视同仁的兼爱原则。这也是儒家与墨家的最重要的区别所在，在其后的孟子那里体现得尤为鲜明。

认识到"爱人"有着两个不同层面的意涵，就会发现，孔子在不同语境下、针对不同的人与事，关于"仁"的各种具体回答，正是"爱人"两个层面的具体体现，是从特定角度所给出的不同解释。

由孔子开源，在儒家那里，仁或仁者爱人的两个层面的意涵，又进一步外扩为亲亲与尊尊、仁与礼的有差异的统一。二者在一定程度上相互对应、一致。前者包含并在一定意义上侧重普遍伦理的一面，后者则强调不同身份的人之间的差异原则特别是亲疏、尊卑、贵贱、老幼之间的明确区别，与礼更直接地相互关联。

四、对周礼的传承和发展

（一）为什么崇尚、复兴周礼

仁作为孔子乃至儒家价值体系的根本和核心，对人来说，如何外显、体现出来？对一个社会来说，爱人之仁又如何得以贯彻、落实，使这一宗旨最终得以实现？这是孔子所面临并认真探索的另一个重要问题。这两大问题的解决之道便是礼。舍仁，则礼失去其本；无礼，则仁则既无从外显，也无从落实。所以，在孔子的思想中，同样非常注重对礼的意涵和意义的阐发。

礼乐作为一种制度，由文武周公所创设。孔子之所以对以此为核心的西周价值理念、典章制度极为推崇，终其一生为复兴周代的礼乐制度而殚思竭虑，奔走呼吁，原因就在于，孔子坚信，礼乐制度，既本源于仁，是仁的体现，又唯此才能使爱人之仁得以贯彻落实。

对每个人来说，礼是人自我修为、自我完善、得以成人所应有的导引和路径。"不知礼，无以立。"（《论语·季氏》）仁心是人之为人的根本，但只能通过礼，而生发出来，得以不断扩充、彰显；也必须通过尊礼而体现出来，落实到行动之中。孔子之所以说"克己复礼为仁。一日克己复礼，天下归仁焉"（《论语·颜渊》），应该由此来理解。

所谓"为仁由己，而由人乎哉？"也具体体现、落实在这里。"子曰：'恭而无礼则劳，慎而无礼则葸，勇而无礼则乱，直而无礼则绞。君子笃于亲，则民兴于仁；故旧不遗，则民不偷。'"（《论语·泰伯》）"民之所以生者，礼为大。非礼则无以节事天地之神焉，非礼则无以辨君臣上下长幼之位焉，非礼则无以别男女父子兄弟婚姻亲族疏数之交焉。"（《孔子家语·问礼》）《礼记》中有句话，将二者之间的联系明确地揭示出来："道德仁义，非礼不成。教训正俗，非礼不备。"（《礼记·曲礼》）

而对于群体和社会来说，礼乃是确立并维护社会秩序的具体规范原则和有效手段。"子曰：'礼者，即事之治也。君子有其事，必有其治。治国而无礼，譬犹瞽之无相，伥伥乎何所之？'"（《孔子家语·论礼》）"为国以礼，其言不让，是故哂之。"（《论语·先进》）《礼记·礼运》说得也更明确而具体："礼义以为纪，以正君臣，以睦兄弟，以和夫妇。"由此而能安民、保民、教民，使仁的精髓和目标得以实现，而舍此，则一切皆沦为空谈。"孔子曰：夫礼，先王以承天之道，以治人之情。故失之者死，得之者生。"（《礼记·礼运》）

这样，从个体的内在德性与群体、社会的客观需要两个方面，孔子从理论上为礼乐制度提供了更深入的论证，奠定了深层的理论基础，且由此打破了之前"礼不下庶人"的限制，使礼成为规约、引导所有人行为的普遍规范。所谓普遍，其一是指礼对所有人都具有规范效力，无人能置身其外；其二是指人的一切行为都必须合乎礼的规范，无有例外。"非礼勿视，非礼勿听，非礼勿言，非礼勿动。"（《论语·颜渊》）这一理念和趋势在孟子那里进一步得以拓展和强化，到荀子那里，进而由礼而法，将礼与法统一起来。而这一过程则是由孔子开启，并指明方向的。

（二）礼以别尊卑

与仁者爱人具有两个不同层面意涵不同，礼的核心意涵在于内外有别、尊卑、贵贱有序，"以别尊卑上下之等"（《孔子家语·问礼》）；"夫礼者，所以定亲疏，决嫌疑，别同异，明是非也。"（《礼记·曲礼》）从主体角度说，从天子、国君、卿大夫、士等，不同身份的人有着不同的礼制规定；从对象角度说，对待不同的人和事，规则也各有不同。对君王、对父母、对兄弟、对友人，在祭祀、外交、婚丧嫁娶等事体上，应按照不同的规则行事。在西周那里，礼制内容极为丰富，"仪礼三百，威仪三千。"（《礼记·中庸》）各种规则非常明确而具体，不同场合、不同事体，有着严格的礼制规则。

在孔子和儒家那里，礼的真正意义不在于单纯作为一种仪式或仪轨，以壮声威，而在于通过引导、规范，将每个人纳入、安顿到特定的人伦关系网络、序列之中，使人们自觉地融入整体秩序之中，各安其位，各尽其责，"君君，臣臣，父父，子子。"（《论语·颜渊》）唯有如此，群体、社会的秩序才能得以确立和维持，并在乐的辅助下，使社会得以安定和谐；同时，在维护、促进整体利益的同时，也使自身的境界不断提升，人格不断完善。两相结合，以使族群和个人得以协调、健全地发展。

（三）如何重建礼义秩序

孔子在应卫国国君之邀，准备在政治上再展宏图之时，子路曾问曰："卫君待子而为政，子将奚先？"孔子的回答是："必也正名乎！"（《论语·子路》）为什么必须将正名置于为政之先？因为孔子认定，这是重建礼乐秩序的基础工作。

孔子所强调的正名，当然不是单纯逻辑上的概念定义和分类，其旨向并非知识论意义上的，而是伦理价值论意义上的。"名不正，则言不顺；言不顺，则事不成；事不成，则礼乐不兴；礼乐不兴，则刑罚不中；刑罚不中，则民无所措手足。故君子名之必可言也，言之必可行也。君子于其言，无所苟而已矣。"（《论语·子路》）通过正名，使整个社会，特别是每个人自身清楚其所属的身份、等级地位和角色，与之相应地，明确各自的行为准则和义务。当人们自觉地各安其位，各守其则时，社会自然安定有序，只有这样，礼才能起到确立和维护社会秩序的应有作用，反之便必然陷入混乱动荡。孔子为什么对鲁国大夫僭越自己的地位，享君子之礼如此痛心疾首？"八佾舞于庭，是可忍，孰不可忍。"（《论语·八佾》）因为如此僭越，破坏礼制，其危害远不只是扩大了排场而有所靡费，而势必会导致从君臣之道到整个社会秩序的崩溃瓦解。

五、孔子思想的地位与影响

（一）从思想家到"至圣先师"

作为肉身的思想家，孔子辞世只意味着其本人人生与思想历程的终结。而对于其所创立的儒家学派、其思想的影响及历史地位来说，则恰恰是一个全新历程的开始。按《韩非子·显学》篇所记载，孔子之后，儒分为八，其弟子子夏、子张、曾子等及其孙子思，各选择侧重孔子思想的某一层面加以弘扬，形成不同的分支。在这当中，由子思和其后的私淑弟子孟子组成的思孟学派和一般被归为子夏一系的荀子影响最巨，最有代表意义。

孔子在世时，对自身的局限性与地位是有着清醒认识的。"若圣与仁，则吾岂敢？"（《论语·学而》）但随后孔子的传人们在弘扬其思想的同时，则将作为先师和创始者的孔子地位不断推举和高扬。《论语·子张》篇记有子张对孔子的推崇之言："夫子之不可及也，犹天之不可阶而升也。夫子其生也荣，其死也哀，如之何其可及也。"（《论语·子张》）孟子不仅借宰我之口，认为孔子贤于尧舜："以予观于夫子，贤于尧、舜远矣！"（《孟子·公孙丑上》）且更明确声称："麒麟之于走兽，凤凰之于飞鸟，泰山之于丘垤，河海之于行潦，类也。圣人之于民，亦类也。出于其类，拔乎其萃，自生民以来，未有盛于孔子也！"（《孟子·公孙丑上》）

这种推崇，表达的是弟子和传人对其先师和创始人人格的景仰和思想主张的崇奉之情，属于纯粹思想、学派追从的范畴。在这期间，其他各家从不同立场对孔子和儒家所展开的质疑和批评也相伴相随，一直没有停止过。

汉代之后，随着儒家地位的不断隆升，孔子的身份和地位，逐渐发生根本改变。从汉高祖刘邦采纳陆贾等人的建议，开始用儒家治理天下，到汉武帝时代采纳董仲舒"罢黜百家，独尊儒术"之策，儒家从诸子之一逐渐上升为占主导地位的意识形态。孔子作为创始者也理所当然地随之越出思想家、哲人范畴而不断"圣化"，超凡而成圣：从虽无其位，却有其德其功的"素王"到"天纵之圣"，相继被赐予"大成至圣文宣王"、"万世师表"等各种谥号。在这当中，北宋丞相赵普的名言"半部论语治天下"，宋代佚名诗人的诗句"天不生仲尼，万古长如夜"（经朱熹转述而广为流传，参见《朱子语类》卷九十三），最为人们所熟知。

进入近现代之后，面对西方文化的挑战，一方面，以新文化运动为代表的启蒙思潮对孔子和儒家文化大加抨击，另一方面，文化保守主义者则针锋相对，进一步将孔子的地位和影响推举到新的高度。按吴宓的说法，"孔子者，理想中最高之人物也。其道德智慧，卓绝千古，无人能及之，故称为圣人。圣人者模范人，乃古今人中之第一人也。"[1] 其中，钱穆对孔子的定位尤有代表性："孔子为中国历史上第一圣人。在孔子以前，中国历史文化当已有两千五百年以上之积累，而孔子集其大成。在孔子以后，中国历史文化又复有两千五百年以上之演进，而孔子开其新统。在此五千多年，中国历史进程之指示，中国文化理想之建立，具有最深影响最大贡献者，殆无人堪与孔子相比伦。"[2]

孔子的这种超凡成圣的嬗变过程，原因是多层面的。除了弟子和追随者的崇敬和拥戴之外，更值得深思的则是由文化背景和社会需要方面的原因。从文化层面看，华夏文化有着悠久而深厚的神化、圣化传统。在孔子之前，

---

① 吴宓：《孔子之价值及孔教之精义》，载《大公报》1927 年 9 月 22 日。
② 钱穆：《孔子传·序言》，生活·读书·新知三联书店 2002 年版，第 1 页。

黄帝、尧舜便是由历史人物而圣化的。在孔子之后，思想家如王阳明，忠臣如关羽、文天祥等，也同样被神化、圣化，而成为后人膜拜的对象。至于历代君王特别是开国之君身世、事迹的"神奇"故事，更广为流传。孔子形象和地位的这种升华和飞跃，也只是华夏文化所特有的使人变神、成圣传统的突出标志或代表而已。这与从古希腊神话开始西方所具有的将神人化的取向形成鲜明对比。

更根本的原因则是社会的需要所使然。其一，是时势发展的需要。顾颉刚在其关于《春秋时代的孔子和汉代的孔子》的讲演中说得实在："孔子是一个有才干的人，有热诚的人，所以众望所归，大家希望他成为一个圣人，好施行他的教化来救济天下。"其二，是维护大一统政治秩序的需要。"《春秋》大一统者，天地之常经，古今之通谊也。今师异道，人异论，百家殊方，指意不同，是以上亡以持一统；法制数变，下不知所守。臣愚以为诸不在六艺之科，孔子之术者，皆绝其道，勿使并进。邪辟之说灭息，然后统纪可一而法度可明，民知所从矣。"（《汉书·董仲舒传》）这是否属于孔子创立儒家之本意，是另外一个问题。从陆贾、贾谊倡导儒家治天下，到其后以四书作为科举考试的钦定教材，秦汉之后历代统治者基于其政治需要，不断抬升孔子和儒家，使之逐渐成为中国古代社会占主导地位的意识形态，则是不容否认的历史事实。

（二）孔子与儒家思想对中国文化的意义

作为传统文化之主流，孔子及其所创立的儒家文化以其主导地位，通过为政者的强化和自然的熏陶、积淀，最终构成了中华民族文化心理结构的核心内涵，塑造了华夏民族特有的民族精神。在这个意义上，康有为所谓"中国之国魂者何？曰孔子之教而已"（康有为：《长兴学记志》）、梁启超的"苟无孔子，则中国非复二千年来之中国"[①] 之类的论断，确非空论。

[①]　《梁启超全集》第 11 卷，北京出版社 1999 年版，第 3155 页。

孔子始终倡导且以身垂范的"天行健，君子以自强不息"（《易传·大象传》）的刚健有为精神、为民立命、为民谋福的使命感、担当意识，以及"知其不可为之"的执着态度，作为儒家特有的精神，不仅培育出一代代儒生的家国情怀，激发其安邦济世之举，对我们当今依然具有激励作用；孔子所着力弘扬和倡导的仁爱思想，不仅构成中国民本主义和人文精神传统的精髓，引导和促进了华夏文化的发展，在今天也依然具有其积极意义。其普遍性层面的意涵自不待言，其中的"己所不欲，勿施于人"理念被视为有利于不同文化、不同族群和不同个体之间协同发展的"金规则"而为世人所广泛推崇。而其差等原则，则对社会公共制度之下亲情伦理的发展具有借鉴意义。至于孔子所率先施行的有教无类的教育方针，则更与现代教育相媲美和契合。

（三）如何认识孔子思想及儒家的局限性

在肯定孔子和儒家积极意义的同时，从哲学智慧的角度，必须指出孔子和儒家也不可避免地有其局限性，其中的一些理论教训，值得认真总结汲取。

要对孔子与儒家文化的是非得失给出公平、中肯的评判，必须注意的是：

其一，应该将其置于整体的历史背景之中，加以衡量评判。由此观之，孔子思想以及儒家文化本身都只是中国传统文化的一个阶段、一种形态、一个重要组成部分，而决不等于中国传统文化本身。将孔子与中国文化等同起来，像柳诒徵那样，说"无孔子则无中国文化"，显然有违中国思想文化及其演变历程的实际。同样，以此来看近代以来备受抨击的孔子关于尊卑贵贱的等级之分思想，就应该认识到，这是前现代社会普遍存在的传统，西方文化从古希腊直到 19 世纪，很多伟大思想家也都有这样的思想主张。以 20 世纪的价值观念来苛责包括孔子在内的古人，显然有失公平。

其二，应认真辨析、正确认识两个代表性的孔子形象之间的关系问题。

一方面，应将孔子思想及儒家的本来意涵、旨向，与统治者的演绎、塑造的形象及其所形成的历史效应区分开来，辨明两个不同的孔子之间的重要差异，不能简单等同，完全混为一谈；另一方面，也要清醒地认识到孔子及儒家思想，之所以秦汉之后为历代君王所推重、利用，被"独尊"为古代中国的意识形态，并不完全是偶然的，而有其逻辑必然性。将二者截然割裂开来乃至对峙起来，同样失之片面。正确的态度应该是，在正视二者之间联系和差异的前提下，分析揭示彼此之间究竟有着怎样的内在逻辑联系。只有这样，才能洞察问题的实质，真正总结出并汲取其中的理论教训。

从哲学智慧的高度总结分析其理论教训，毫无疑问，所针对的应是孔子思想本身。因为随着孔子的不断被圣化、神化，其思想被意识形态化，变成不容质疑和批判，而只能信奉甚至迷信的"绝对真理"时，它已发生扭曲和蜕变，已然不是智慧了。

哲学解释学告诉我们，判断一种思想的意义，既要看思想家的本来意图、其思想的原有意涵，更要看它所展示出来的可能的世界。也就是说，既要看思想本身，更要看其所面临的难题、所导致的理论与实践效应。对后者的分析，才能真正揭示出有什么样的正面启示，什么样的反面教训。从哲学智慧的角度评析孔子与儒家的得失，尤应如此。

孔子和儒家一直面临的最大难题是，其理想与实际效应的偏离甚至在相当程度上的相互背离。在伦理道德层面，强调差等之爱，在理论和实践上势必导致对普遍之爱的消解和颠覆，正如费孝通所指出的那样："一个差序格局的社会，是由无数私人关系搭成的网络。这网络上的每一个结都附着一种道德因素。因之……所有的价值标准也不能超越于差序的人伦而存在了。"其结果是，"中国的道德和法律，都因之得看所施的对象和'自己'的关系而加以程度上的伸缩"，反而"很不容易找到个人对于团体的道德因素。"[①]这就是我们通常所说，只有私德，缺乏公德；人情、亲情大于"王法"。更

---

① 费孝通：《乡土中国生育制度》，北京大学出版社 1998 年版，第 36、35 页。

需要指出的是，"在这种富于伸缩性的网络里，随时随地是有一个'己'作中心的。这不是个人主义，而是自我主义……一切价值是以'己'作为中心的主义。"因此，体现在现实中，"中国传统社会里的一个人为了自己可以牺牲家，为了家可以牺牲党，为了党可以牺牲国，为了国可以牺牲天下。"①

在经世安民的政治层面，当孔子和儒家将保民、安民的目标完全寄托于圣王身上，为此后世儒学进而不断尊崇乃至神化君王和统治秩序，强化王权，在造就天下一统的同时，也埋下了一治一乱不断循环的祸源。其负面效应，已为历史所证明。

总之，孔子的思想智慧既是宝贵的精神宝藏，值得我们发扬光大，也因时代和认识的局限而存在一定的理论缺陷，其中的教训也值得我们总结汲取。如何顺应时代潮流，汲取、激活其合理因素，扬弃其负面效应，促进儒家文化的创造性转化，是摆在我们这些华夏文化传人面前的光荣而艰巨的任务。

---

① 费孝通：《乡土中国生育制度》，北京大学出版社 1998 年版，第 28、29 页。

第 二 章

心性之学奠基者：孟子哲学

《史记》中孟子与荀子合传。其关于孟子本人事迹与思想的内容并不多，却很有特色。与通常先叙言与事，而后加以总结评判不同，提到孟子，司马迁一上来便是一通感慨、评判，其分量占整个记叙的三分之一强。"太史公曰：余读孟子书，至梁惠王问'何以利吾国'，未尝不废书而叹也。曰：嗟乎！利，诚乱之始也！夫子罕言利者，常防其原也。故曰'放于利而行，多怨'。自天子至于庶人，好利之弊何以异哉！"然后，才引出对孟子之事与言的简要记叙。

对于孟子，司马迁何以一上来便"废书而叹"，发出如此强烈的感慨？答案，司马迁直接点出了：利，诚乱之始也！太史公的这一不寻常之举及所发出的慨叹，既充分显示其鲜明的儒家立场，同时也给我们领悟孟子思想的精髓及其意义提供了再好不过的指引和参考。

一、对时代的批判和拨正：孟子思想的形成背景

（一）兼并之战日烈，民众劫难日益深重

孟子生活于战国中晚期。如果说，孔子生活的时代，由于周文凋敝，礼崩乐坏，诸侯之争、弑君之乱、苛政之恶开始不断显现的话，那么，到孟子生活的时代，社会日趋险恶。黎民百姓内受恶政之害，不堪其苦。"周室卑微，五霸既殁，令不行于天下，是以诸侯力政，强侵弱，众暴寡，兵革不

休，士民罢敝。"（《史记·秦始皇本纪》）"庖有肥肉，厩有肥马，民有饥色，野有饿莩，此率兽而食人也。"（《孟子·梁惠王上》）诸侯国之间的兼并和征伐，已是普遍格局，规模越来越大，为祸也更为惨烈，给万民带来的更是无边的劫难，"争地以战，杀人盈野；争城以战，杀人盈城"（《孟子·离娄上》）。面对这种局面和愈益恶化的趋势，士人们非但不加抨击和阻止，反而越来越多的人为了一己私利而为之推波助澜，甚至助纣为虐，使得形势愈演愈烈。

（二）当今之世，舍我其谁也

作为下层士人，孟子也像孔子一样不仅目睹，且在相当程度上亲身体验到礼义丧尽、社会秩序崩溃所带来的种种苦难。正是这种社会现实和自身的体验，使孟子陷入深沉的思考，探究彻底的破解之道。

在先秦诸子乃至儒家当中，孟子的好辩世所公认。这固然与孟子的个性气质有关，但更多的则是其立场、态度所使然。面对诸侯征战给黎民百姓带来的深重灾难，眼见社稷天下可能坠入深渊，愤懑和忧惧使孟子不得不奋起激辩，急切地想警醒世人，拨正时代演变的方向。

公都子曰："外人皆称夫子好辩，敢问何也？"孟子曰："予岂好辩哉，予不得已也。……仁义充塞，则率兽食人，人将相食。吾为此惧。"（《孟子·滕文公下》）

世事之危只是外在客观的原因。真正使孟子"不得已"而"好辩"的内在动力，是他像孔子和绝大多数儒家那样所特有的强烈的责任感和使命意识。孟子认为世事如此危急，每个人尤其是士人都应承担起应有的责任。对孟子来说，平治天下、保民安民，既然是责任所在，因而也是天命所赋予的使命。"如欲平治天下，当今之世，舍我其谁也。"（《孟子·公孙丑下》）

为此，为了扭转时势，救世济民，孟子也积极奔走于诸侯之间，力图说服他们抛弃对利的追逐，而奉行仁义之道。"孟轲，邹人也。受业子思之门人。道既通，游事齐宣王，宣王不能用。适梁，梁惠王不果所言，则见以为迂远而阔于事情。当是之时，秦用商君，富国强兵；楚、魏用吴起，战胜弱敌；齐威王、宣王用孙子、田忌之徒，而诸侯东面朝齐。天下方务于合从连衡，以攻伐为贤。而孟轲乃述唐、虞、三代之德，是以所如者不合。"

虽然面对冷遇、讥讽和困窘，孟子矢志不渝，"自返而缩，虽千万人，吾往矣！"但结果同样也不例外，无功而返，最终也只得转而以阐道、传道为主。在这一方面，孟子尊孔子为先师，自称孔子私淑弟子，"予未得为孔子徒也，予私淑诸人也"（《孟子·离娄下》）。由此以儒家文化的传人自许，自觉担当起弘扬、发展儒家文化的使命和职责："退而与万章之徒序《诗》《书》，述仲尼之意，作《孟子》七篇。"（《史记·孟子荀卿列传》）以此寄望于来者，指引后世。这种匡正世弊、为天下黎民苍生福祉为念的责任感和使命感，既构成孟子思想形成的内在基础和动力源泉，也是儒家文化精神的重要体现，同时也是我们理解其思想实质和最终旨向的钥匙。

二、孟子的批判精神与方法论特征

（一）对现实的抨击和批判

好辩只是一种表征。在其背后，所蕴涵的乃是孟子所特有的强烈的批判精神。拒杨朱、讥告子、批墨家、斥王侯……诵读《孟子》，随处可见孟子对现实政治及其他各家思想主张的批评，其态度之鲜明，言辞之尖刻，在先秦诸子中可谓少见。

在这当中，令人印象最深的应是孟子对当时现实政治的激烈抨击。无论是对梁惠王，还是齐宣王，孟子都毫不隐讳地直指对其为政之失和种种危害：民有饥色，野有饿莩，"此率兽而食人也。兽相食，且人恶之，为民父母，行政不免于率兽而食人，恶在其为民父母也？仲尼曰：始作俑者，其无后乎！为其象人而用之也，如之何其使斯民饥而死也？"（《孟子·梁惠王上》）

种种惨烈景象固然令孟子愤懑、痛心，而更让孟子忧心如焚的，是这一切背后所隐含的错误的价值导向：那就是包括士大夫在内的世人无不为追逐各种利益而背弃礼义，恣意妄为。在欲望的驱使下，人与人之间相互倾轧、国与国之间相互争伐，上述的种种惨象正是这种追逐和争夺所导致的必然恶果。"王曰何以利吾国，大夫曰何以利吾家，士庶人曰何以利吾身，上下交征利而国危矣。万乘之国，弑其君者，必千乘之家；千乘之国，弑其君者，必百乘之家。万取千焉，千取百焉，不为不多矣。苟为后义而先利，不多不餍。未有仁而遗其亲者也，未有义而后其君者也。王亦曰仁义而已矣，何必曰利！"（《孟子·梁惠王上》）愈演愈烈的追逐、争夺，正在将社稷推向灾难的深渊。

孟子批判的核心乃在于此。与之相应地，其根本宗旨则在于，由此纠正时势之误，扭转乾坤，将社稷引向他所期望的合理正确的方向和目标。

（二）面向未来、以应然立论

理解了孟子为什么如此尖锐地批判现实，也就不难领悟孟子的思想为何且如何形成的了：他不是直接以实然的现实为理论依据，而恰恰是针对现实所存在的根本弊端和失误，而力图矫正这种迷失，为未来指明合理正确的发展方向和路径。

打开《孟子》一书，一开篇就能感受到这一鲜明的立场和气势。梁惠王一见到孟子，便急切地问道："叟，不远千里而来，亦将有以利吾国乎？"他迫切想从孟子那里讨到当下实用的强国谋利之策。而孟子的理路却与其截然相反："王，何必曰利，亦有仁义而已矣。"（《孟子·梁惠王上》）从梁惠王到逐利于朝的谋士们，无不将孟子的所言所思斥为迂腐之举。殊不知，孟子的思想，从方法论上说，本来就不是着眼于当前的时势之需，而是朝向未来；不是以当下的实际效用，而是以应然立论。这是孟子思想的最根本的方法论特征，也是把握孟子整个思想实质及其意义的关键所在。

从四心说的具体意涵，到将四心及仁义礼智释为人之为人的根本，再到其对仁政的反复强调和倡导，在这当中，所贯穿的无不是这种思想方法。

在常人看来，这种致思的方法既难以为人所认同，更难得取得现实之效，为什么坚持这一立场且始终执著于此？孟子的弟子公孙丑就提出过这种质疑："道则高矣美矣，宜若登天然，似不可及也。何不使彼为可几及，而日孳孳也。"孟子曰："大匠不为拙工改废绳墨，羿不为拙射变其彀率。君子引而不发，跃如也。中道而立，能者从之。"（《孟子·尽心上》）从这一回答中，可以清楚地看出，孟子是非常自觉地秉持这一思想立场和方法，且不难领悟看出孟子的深远用意所在，即旨在确立价值意义上的应然，以此指引人与社会的发展方向。

（三）知人论世、以意逆志的思维方法

在关于具体文本和人物的认识、评价问题上，孟子还提出了知人论世的思想方法："颂其诗，读其书，不知其人可乎？是以论其世也，是尚友也。"（《孟子·万章下》）孟子晓喻人们，无论是对人，还是对思想，应该放到其所在的时代背景、环境之中，加以认识，评判其得失。如果脱离其时其地的实际，妄加断定，肯定会失之片面，难言公正。

与此方法相联系，孟子还主张对思想或文本，不能只停留于单纯的语句和文辞，而应切身加以省察，体悟，才能得其精髓或真谛："故说诗者，不以文害辞，不以辞害志。以意逆志，是为得之。"（《孟子·万章上》）在这个意义上，孟子告诫人们，即使是对儒家经典如《尚书》，都不应该只是拘泥于语句，更不应该迷信盲从，否则，"尽信《书》不如无《书》"！

这一思想方法，与现代哲学解释学具有内在的相通性，可相互释，构成中国传统哲学解释学的重要思想资源，同样值得我们认真总结汲取。

三、理当向善的人性论

（一）为什么提出"四心说"

如果问，在孟子的整个思想中，最令人关注、几乎成为其标志的是什么？毫无疑问，应是其性善论的人性论。在中国哲学史上，一提到孟子，人们往往最先想到其性善论。而一提到性善论，人们也自然想到孟子，因而也成为性善论的代表。

以尼采为代表，不止一位西方哲人告诫人们，任何价值诉求都必然建立在特定的人性设定基础之上，以其为逻辑前提。换言之，一切价值诉求，都取决于对人性的特有认识。有什么样的人性论，就必有什么样的价值诉求；反之亦然。古往今来，任何哲学流派，在论证或提出其价值主张之先，都必形成与之相应的特有的关于人性的认识或判定，以此作为其应有的逻辑前提。

在中国哲学史上，包括儒家在内，虽成形时间各异，各家无不有其关于人性的特有认识，形成了与其价值主张相应的各具特色的人性论。

在孟子所处的时代，最有影响的，当推告子等人所宣扬的性无善无恶和据说是世硕等人所秉持的性可善可恶的自然人性论思想。这种人性论认为，一切生物，无不有其与生俱来的共通的本性，牛有牛之性，马有马之性。这种本性既与生俱来，就必然如此，既必须正视，而不能无视、否弃，也必有其作用机制和演化趋势，不可能改变或逆转，如水必然从上向下奔流而泻，而不可能从下向上反向倒流一样。这种关于人性的描述和判断，在当时不仅人所共知，且更为人所认同，似乎毋庸置疑，理所当然。

以规范和教化为手段，以求理想社会和圣贤人格为使命的儒家，当然也不仅应当、且必须有自己特有的人性观。非如此，其价值体系便缺乏得以确立的理论基石。

众所周知，作为儒家学派的创始人，孔子虽为儒家文化的发展奠定了根本，指明了方向，但其思想的重心在于对仁的阐发、如何以仁为礼奠基。相比之下，孔子对天道、人性并无太多的阐发。"夫子之言性与天道，不可得而闻也。"（《论语·公冶长》）当然，也并非完全没有提及。在《论语》中，还是有一处论及人性问题："性相近，习相远。"

对于这一论断，孔子并没有更多地展开或阐发，显然不构成一种完备的理论主张。单纯就其本身的意涵而言，它也只是一种事实表述和判断，不含有明确的价值导向。就其表层语义而言，它似乎与当时占主流的自然人性论相当接近，即更多地将人的行为和后来的演变归于外在的、客观的社会习俗、环境的影响，似乎可以向任何方向演变。如果沿着这一方向来阐释，就难免使儒家的仁义礼智的价值诉求失去内在的根基和动力。

如果与孔子强调"人能弘道，非道弘人"，着力弘扬人的道德主体能动性的主旨结合起来，则应该领悟到，孔子的这一论断，肯定不能与以告子等代表的自然人性论相提并论。作为儒家的创始人，孔子的真正旨向无疑应是希望人性朝着仁爱、崇德、尊礼的方向发展，从而使人不断完善，成为真正的人。

所以，对儒家来说，无论是从当时的思想发展趋势来说，还是就儒家自身的理论需求而言，都需要有一个伟大的哲人应运而生，基于儒家的宗旨而提出一套对人性的特有理论：一方面，对当时的各种人性观点给出有力的回应；另一方面，朝着孔子所指引的方向，为儒家的价值体系奠定所应有的深层的人性论基础，找到真正的内在动力源泉。

孟子的性善论正是在这样的思想背景下，顺应这种内在需求而形成的。它既是针对当时的那种似乎无可疑问的人性判断而提出的，是对这种人性论的反拨，更是对孔子思想的深化和发展，是为儒家有效证明并进一步确立其价值主张，所展开的一项兼奠基性与指引性于一体的理论创造事业。

（二）"四心"：人所特有的内在德性

每一种生物都有共通的本性：如牛有牛的本性，犬有犬的本性。人也同样应有普遍共有、彼此相通的本性。孟子决不否认这一点。在这一层面，孟子与其他各家之间并无歧异。但孟子接着要问的是，牛的本性与犬的本性一样吗？回答应该是否定的。不同的生物，其本性各不相同。作为万物之灵，人之本性能与其他生物一样吗？回答更应该是否定的。所谓人性，顾名思义，指的应是人所特有的、不同于一般生物的本性。

那么，究竟什么才是人所特有的本性呢？孟子认为，人作为自然生物的一员所具有的自然天性，其实并无什么特别之处，不能真正将人与一般生物区别开来。"孟子曰：'口之于味也，目之于色也，耳之于声也，鼻之于臭也，四肢之于安佚也，性也，有命焉，君子不谓性也。'"（《孟子·尽心下》）很显然，这种本性不足以构成人之特性。

在孟子看来，所谓人所特有之性，毫无疑问，应该指的是人所普遍具有、将人与一般生物截然区别开来，且卓然超越于其上的内在德性。

这种内在德性，不是别的，就是人所特有的"四心"："恻隐之心，人皆有之；羞恶之心，人皆有之；恭敬之心，人皆有之；是非之心，人皆有之。"（《孟子·告子上》）这一思想，后人将其称之为孟子的"四心说"。

其实，从整体上说，孟子的人性论应有广义和狭义两个层面的意涵。广义的人性论，除了人之四心之外，也应包括人作为自然生命同样具有的天性，但这只是人、人性之"小体"。只有四心这一"大体"，才是人所特有的、将人与一般动物区别开来的根本。四心这一大体，作为人所特有的德性，不只是人生而具有，而更有超越性的来源，即天。就其终极之源而言，乃是天命、天道的体现。在这个意义上，四心乃是人的天命之性，因而构成人之"大体"。这样，从整体上说，"心"、"性"、"天"乃是一体的："尽其心者，知其性也；知其性，则知天矣。"（《孟子·尽心》）"诚者，天之道也；思诚者，人之道也。"（《孟子·离娄上》）孟子的这一理路，与通常被归为子思之作的《礼记·中庸》的立场可谓一脉相承，正相切合，认为这种德性既是天命下贯的体现，也是人之成人的根本："天命之谓性，率性之谓道，修道之谓教。道也者，不可须臾离也，可离非道也。"（《礼记·中庸》）

（三）"四心"乃"四端"，是人自我完善的基础和动力之源

孟子的四心说，表述虽然简要而鲜明，却有着非常丰富深刻的意涵，包含着不同层面的意蕴，必须逐层深入，才能获得整体的认识。

首先，可以肯定指出的是，孟子所谓"人皆有之"，指的是这种内在德性之性，虽然相对于其他生物来说，为人所特有；但对人自身而言，则是所有人所普遍地、无一例外地共有。虽然每个人的社会地位有贵贱、尊卑、长幼之别，有角色之分，但无论是天子、国君，还是黎民，这种本性则是普遍共有的。这是孟子"四心"的第一层意涵。

在此基础上，必须接着强调指出的是，这种四心虽是普遍共有，但决非现成之有，是应然之有，是端倪、趋势和导向。

初读《孟子》，往往会局限于其文本表层，孤立地理解，将"四心"理解为每个人与生俱来的现成确定的本性，进而将孟子的人性论解释为人性原本为善的性善论。实质上，孟子说人皆有之四心，虽然是对所有人而言，是指的人所普遍具有的，并不意味着人生来就现成就具有，而是指的人所特有的"四端"："人之有是四端也，犹其有四体也。"（《孟子·公孙丑上》）所谓"端"：《说文》曰："端，直也。"《尔雅·释诂》："端，正也。"其义项主要有三，分别是：开端，端倪，端绪；缘由、根据；趋向、趋势。

当孟子将四心称为四端时，其所谓"端"兼有这三个方面的意涵，既是端倪，基点，更是发展的趋向。"人之有是四端也，犹其有四体也。有是四端而自谓不能者，自贼者也；谓其君不能者，贼其君者也。凡有四端于我者，知皆扩而充之矣，若火之始然、泉之始达。苟能充之，足以保四海；苟不充之，不足以事父母。"（《孟子·公孙丑上》）

既然是端倪，那就既不是始终不变的，也不是消极被动地被赋予的，而是需要积极能动地去追求，使之不断生成、展开、实现出来。说四心乃人所特有且内在应有的本性，是人之为人的根本时，真正的意涵指的是，每个人都应该不断弘扬这皆有且应有的四端：这是人性与截然不同于一般生物本性

的最根本差异。其他生物的本性只是与生俱来，且只是顺乎自然，始终保持不变。而人的本性乃是自身能动追求的成果，这也正是人的真正尊严之源和体现。

应该从这个意义上来理解孟子的四心非现成性和应然性：人皆有这一基础和内在趋势，但能否真正具有，完全有赖于人自身的积极追求——通过能动的修为去生成并不断彰显出来。孟子曰："求则得之，舍则失之，是求有益于得也，求在我者也。求之有道，得之有命，是求无益于得也，求在外者也。"孟子曰："万物皆备于我矣。反身而诚，乐莫大焉。强恕而行，求仁莫近焉。"（《孟子·尽心上》）

张岱年对此有着精辟的总结评析："孟子所谓性善，并非谓人生来的本能都是善的，乃是说人之所以为人的特殊要素即人之特性是善的。孟子认为人之所以异于禽兽者，在于生来即有仁义礼智之端，故人性是善。……孟子言性，用端字用才字，具见萌芽可能之意。"①

（四）成人成德之路：养大体、舍小体

人的四心不断扩充、涌现的过程，也就是人自身基于四心而不断追求的过程。随着这一过程的不断展开、深化，人自身不断得以完善。这正是人不断成其为人的过程。

孟子告诫人们，作为自然生物之一员，人与其他生物之间当然具有共性，"饮食男女，人之大欲存焉。"那只能是小体。对人来说，更应有内在德性之端、之体即"四心"，这才是人之截然有别于动物之大体。但如果只是为这种自然本性即小体所主宰，那人势必日益蜕化，使自身堕入动物的层面。只有养其大体，去其小体，才能使自身不断升华，成其为大写的、真正的人："体有贵贱，有小大。无以小害大，无以贱害贵。养其小者为小人，

---

① 张岱年：《中国哲学大纲》，中国社会科学出版社 1982 年版，第 187—189 页。

养其大者为大人。"（《孟子·告子上》）孟子曰："人之所以异于禽兽者几希，庶民去之，君子存之。（《孟子·离娄下》）

这意味着，人同样不是现成的，而是基于德性之大体，朝着这一方向而自我造就的。也正是在这个意义上，孟子反复强调指出，无此四心，便不成其为人："无恻隐之心，非人也；无羞恶之心，非人也；无辞让之心，非人也；无是非之心，非人也。"（《孟子·公孙丑上》）即是说，人应该朝着这一目标，沿着这一路径而不断修为，才能够成其为人。

四、从四心到仁、义、礼、智：儒家价值体系之源

如前所述，孟子之所以一反当时普遍流行的自然人性论，而提出特有的四心说的旨向不是别的，就意在为儒家的价值主张设定人性的基础和内在的动力源泉。这决定了在孟子那里从四心到仁、义、礼、智的价值追求，不是外在的延伸或归结，而是有着直接的内在逻辑联系。这是理解四心说与孟子整个思想及其意义的另一个关键所在。

当孟子单纯将四心释为"四端"时，其实不乏隐喻意味，论者也难免会有不同的理解。而当孟子明确地将人的"四心"与儒家的仁、义、礼、智的价值规范联系起来，并从不同的角度加以申述，其意蕴便再清楚不过了。在《公孙丑》篇中，孟子明确将"四心"定为仁义礼智之端倪或基础："恻隐之心，仁之端也；羞恶之心，义之端也；辞让之心，礼之端也；是非之心，智之端也。"（《孟子·公孙丑上》）而在《告子》篇中，则将它们直接关联起来："恻隐之心，仁也；羞恶之心，义也；恭敬之心，礼也；是非之心，智也。"（《孟子·告子上》）

按照孟子的这一理论建构，作为儒家核心价值的仁义礼智，由此便有了人性之源，且被直接植根于人的内在德性之性之中。它们不再是外在之物，更不是像道家所批判的那样强加于人，而是人心之中的内在趋向。"人性之

善也，犹水之就下也。人无有不善，水无有不下。"（《孟子·告子上》）只要人基于这一趋势积极能动地追求，便必然达到这一境界，反之，如果背弃这一趋势，当然无有所获："仁义礼智，非由外铄我也，我固有之也，弗思耳矣。故曰：求则得之，舍则失之。"（《孟子·告子上》）

孟子这里所谓"得"，当然不是指的利益的获得，其直接的含义是指求仁得仁，求义得义，仁义就在每个人的内在本性本心之中，更进一层的意蕴则是指的随之而来的人格的升华，人的自我完善，使人不断成其为人。所谓"失"，也不是指的利益之失，而是指的背离仁义之路，由此导致人的堕落、沉沦，最终不成其为人。

应该如何去求，才能使四心得以不断彰显、养成，从而使人不断成其为人？在这里，孟子给出了明确而具体的答案：那就是沿着仁、义、礼、智所指引的方向、遵循这一规范而行。只有遵循这一规范，以此为价值导向不断追求，人才不断成其为人，不断与其他生物区别开来。"仁，人心也；义，人路也。舍其路而弗由，放其心而不知求，哀哉。"（《孟子·告子上》）"孟子曰：'仁也者，人也，合而言之，道也。'"（《孟子·尽心下》）所谓四心乃人之为人的根本，最终应该落实到这一层面，贯彻到现实实践之中。

这样，孟子便从义理和现实的规范原则，从人的内在德性、趋势和成人、成德的展开过程两个层面，将四心的人性论与儒家的价值诉求彻底统一起来，真正成为一个有机的整体。

五、民本主义政治思想

基于人性理当向善的基本理念，沿着其内在逻辑，推广、贯彻到社会政治问题上，便形成了孟子的另一个重要的思想，这就是其著名的民本主义的政治哲学思想。它同样具有很强的代表性，且有着持久而深刻的影响。

（一）权力的来源："天视自我民视"

说到孟子，还有一句同样妇孺皆知的名言"民为贵，社稷次之，君为轻"（《孟子·尽心下》）也总为人们所提及。这一被概括为"民贵君轻"的论断，所体现的正是孟子的民本主义。这是孟子的另一个具有很强代表性和鲜明特征的重要思想。

所谓"民贵君轻"，当然不只是关于君与民分量孰轻孰重的问题，而是有着多层面的丰富内涵。它既包含对于为政方略的具体设想，更涉及关于君与民谁为主体及与之相应的政治权力的来源和合法性的政治哲学的核心问题。这一论断只是其一系列思想主张的集中反映。

在政治哲学中，权力的来源及其合法性问题无疑是首要问题所在。在这一问题上，孟子的立场是，天子或王者的权力，决不应是家族或天子之间的私相授受，而理应来源于天，是天命的召唤。

《万章》篇中，面对弟子万章的询问，孟子的回答非常明确。

> 万章曰："尧以天下与舜，有诸？"孟子曰："否。天子不能以天下与人。""然则舜有天下也，孰与之？"曰："天与之。""天子能荐人于天，不能使天与之天下。"

然则天依据什么而授人以天下？这就涉及权力合法性的真正来源问题。对此，孟子进一步回答：天最终是根据民心或民意来取舍或选择的："敢问荐之于天而天受之，暴之于民而民受之，如何？"曰："使之主祭而百神享之，是天受之。使之主事而事治，百姓安之，是民受之也。天与之，人与之？故曰：天子不能以天下与人。……太誓曰：天视自我民视，天听自我民听。此之谓也。"（《孟子·万章上》）

综观起来，孟子的思想理路是，虽然天子的废立，天下的得失，乃由天、天命所定。但在天的背后，真正起决定作用的应是民心所向。从理论或逻辑上说，"天视自我民视，天听自我民听"，民才是更深一层的主体。而从现实的角度说，民心的所向、民的选择和归附，才使得王得以成王，天子得以享有天下，号令天下。这是孟子关于政治权力来源问题的真正立场，也是其民本思想的最根本体现。

（二）不以仁政，不能平治天下

权力的这一来源，决定了王者为政的根本宗旨在于保民、安民与教民；从另一个角度说，既然"四心"乃人之成人的根本，更是王者必备的内圣修养，更是王者能成为王者的根本。因此，无论是从王者的应有本性而言，还是就天所赋予其权力的要求来说，这一价值取向贯彻到现实的政治实践之中，理所当然地必须是仁政。

从孟子的立场和逻辑基点出发，顺理成章地必然会形成这种仁政的政治主张。它既是孟子民本思想在现实政治实践上的贯彻落实，实质上也关涉到政治权力正当和合法性的基础和保证问题，因而构成孟子民本思想的核心内涵。

1. 天子不仁，不保四海

唯有仁心爱民，以天下为念者，方有资格为王。王道之本在于爱民。"是以惟仁者宜在高位，不仁而在高位，是播其恶于众也。……不以尧之所以治民治民，贼其民者也。……暴其民甚，则身弑国亡；不甚，则身危国削。""天子不仁，不保四海；诸侯不仁，不保社稷；大夫不仁，不保宗庙；士庶人不仁，不保四体。"（《孟子·离娄上》）也唯有仁者主政，才能起到应有的示范作用，引导整个社会奉行仁义之道，所以孟子曰："君仁莫不仁，君义莫不义。"（《孟子·离娄下》）

王者何以得天下、何以为王？关键在于民心的得失。唯有以仁者之心，力行仁政，方能赢得民心。孟子曰："三代之得天下也以仁，其失天下也以不仁。国之所以废兴存亡者亦然。……今恶死亡而乐不仁，是犹恶醉而强酒。"《孟子·离娄上》）"桀纣之失天下也，失其民也。失其民者，失其心也。得天下有道，得其民，斯得天下矣。得其民有道，得其心，斯得其民矣。得其心有道，所欲与之聚之，所恶勿施尔也。（《孟子·离娄上》）一正一反，结合起来，孟子的结论是："尧舜之道，不以仁政，不能平治天下。"

2. 保民、养民：仁政的内涵

仁政的精髓在于爱民、安民。其首要之义，在于珍爱民之生命，保民之生存，使民免遭杀戮之威胁。孟子与弟子有一个关于谁有资格统一天下的对答，其中孟子明确表达出这一点："'天下恶乎定？'吾对曰：'定于一''孰能一之？'对曰：'不嗜杀人者能一之。'……今夫天下之人牧，未有不嗜是人者也，如有不嗜杀人者，则天下之民，皆引领而望之矣。诚如是也，民归之，由水之就下，沛然谁能御之？'"齐宣王问："德何如，则可以王矣？"曰："保民而王，莫之能御也。"（《孟子·梁惠王上》）

在此前提下，轻徭薄赋，以各种善政积极生养万民。"养生丧死无憾，王道之始也。……黎民不饥不寒，然而不王者，未之有也。""王如施仁政于民，省刑罚，薄税敛，深耕易耨。""是故明君制民之产，必使仰足以事父母，俯足以畜妻子，乐岁终身饱，凶年免于死亡。然后驱而之善，故民之从之也轻。"（《孟子·梁惠王上》）

3. 教民成人：养民的更高目标

作为儒家的重要代表，孟子所说的"养民"，还不仅仅只是养万民之肉身即小体，更包含养民之德性，即大体。如何引导、教化民众，使之立德成人，应是王道、仁政的更高内涵："善政，不如善教之得民也。善政民畏之，善教民爱之。善政得民财，善教得民心。"（《孟子·尽心上》）必须以此教育引导民众，才能使每个人都能得各得其宜，建立起和谐的秩序："谨庠序之教，申之以孝悌之义，颁白者不负戴于道路矣。老者衣帛食肉，黎民不饥不寒，然而不王者，未之有也。"（《孟子·梁惠王上》）

（三）"闻诛一夫纣矣，未闻弑君也。"

作为这一立场的延伸及其佐证，孟子主张，如果王者背离保民、安民的宗旨，便自然丧失了其地位和权力的正当性，民众理所当然地可奋起讨伐、驱逐。

齐宣王问卿，孟子曰："王何卿之问也？"王曰："卿不同乎？"曰："不同。有贵戚之卿，有异姓之卿。"王曰："请问贵戚之卿。"曰："君有大过则谏，反复之而不听，则易位。"王勃然变乎色。曰："王勿异色，王问臣，臣不敢不以正对。"王色定，然后请问异姓之卿。曰："君有过则谏，反复之而不听，则去。"（《孟子·万章下》）

与此相比，孟子的另一论断更为人所熟知，立场也更为鲜明："齐宣王问曰：汤放桀，武王伐纣，有诸？"孟子对曰："于传有之。"曰："臣弑其君可乎？"曰："贼仁者谓之贼，贼义者谓之残，残贼之人，谓之一夫。闻诛一夫纣矣，未闻弑君也。"（《孟子·梁惠王下》）这一论断，其后成为儒家政治哲学的重要内涵，也构成其标志之一，对后世儒生具有极大的指导和激励意义。当然，正因为其鲜明的民本主义立场，其后而招致了包括朱元璋在内的帝王的拒斥。

六、孟子及思孟学派思想的意义与局限性

（一）在儒家文化中的地位与意义

在儒家文化发展史上，孟子及思孟学派占有非常重要的地位，既是对孔子思想的重大深化，更对其后整个儒家文化的发展有着深远的影响。孟子对儒家的最重要的贡献或发展，是沿着孔子所指引的方向，建构起一套立意高

远的四心说的人性论。孟子不仅朝向未来，从应然的高度将这种内在德性确立为人之为人的根本，而且进一步归源于超越性的天，将其释为人的天命所在，这既为儒家的价值诉求奠定了人性论的根基，使其贯彻落实以及人自身的自我完善，有了真正内在的基础和动力源泉，又通过与天、天命的关联而获得了形上的超越性的本源。这样，一方面，以超越性的天、道作为终极之源，使得万民从内心深处对儒家价值规则形成敬畏之情，逐渐深化而成为一种精神信仰；另一方面，将这种价值追求确立为人之为人的根本，"凡人之所以为人者，礼义也。"（《礼记·冠义》）

以人的内在德性作为价值规范的人性之基，进而以天、（天）道作为价值的终极之源，如此上下贯通、相互融合，使儒家的价值观念既植根于人性深处，又归源于超越性的（天）道。沿着这一路径，将超越性的天道与人的内在本性统一起来，为儒家的道德价值展开深入论证，为其奠定更坚实根基的，当推亚圣孟子。孟子以其四心说或曰性善论，将儒家的仁义礼智的价值准则植根于人心、人性深处。由此孟子将儒家的价值规范融入人所应有的本性之中。

后世儒学正是沿着这一理路，从道或天与德两个层面，从两个方向，来不断阐扬、深化儒家价值体系的。正如程颢所说那样，"心即性也，在天为命，在人为性，论其所主为心，其实只是一个道。"（程颢：《语录十八》）"道未始有天人之别，但在天为天道，在地则为地道，在人则为人道。"（程颢：《语录二》上）朱熹对《中庸》的"率性之谓道"论断解释得尤为明晰："性即理也。天以阴阳五行化生万物，气以成形，而理亦赋焉……人物各循其性之自然，则其日用事物之间，莫不各有当行之路，是则所谓道也。"（朱熹：《四书章句集注》）

孟子以应然立论的性善论，不仅构成儒家人性论的主流，也随着儒家地位的腾升，最终成为中国传统文化的人性论思想的主流理路。儒家价值之所以最终深入人心，成为传统中国人的精神信仰和华夏文化的根本标志，孟子可谓居功至伟。这种人性论，使儒家的价值下有人性之根基，上有超越性的本源。两方面相互促动、相互强化，相辅相成，最终使得儒家的伦理道德价值体系乃至整个儒家文化本身融入中国人的精神血液之中，构成其特有的文化基因，直到今天依然有着强大的生命力，发挥着极其深刻的影响作用。

同样，孟子的民本主义思想，其直接旨向在于矫正其时现实政治的严重偏失，而其所体现出来批判精神，也对其后的政治有重要的警策作用。其对民众地位的大力推举，将其归为作为政治权力的最终来源和政治合法性的基础，则构成了其后儒家政治哲学的基本原则，成为儒家政道的核心理念。这一思想主张不仅始终为人所崇尚，且随着时代的演进，不断被思想家们发掘和弘扬，其积极影响一直延续至今。

也正因为孟子思想所完成的这一系列奠基使命，使得其随着儒家文化的发展，逐渐取代荀子一系的主导地位，到唐宋之后上升成为儒家文化的主流与正统。从韩愈的道统说开始，将孟子被归于正统之列，而荀子作为"不醇之儒"则逐渐被逐出正统之外。

（二）局限性与理论教训

站在现代的认识高度，在充分肯定其深远意义的同时，也必须指出，由于时代和认知条件的限制，孟子思想同样不可避免地有其局限性。

早在先秦时期，孟子性善论及其背后所蕴涵的以应然立论的方法论，就遭到其后另一位儒家代表人物荀子的批判。荀子认为，孟子的人性论及思维方式，不仅背离实际，缺乏现实依据，难以验证，更重要的是，如果这合乎实际，那么儒家的礼义规范就变得没有必要了。荀子的后一批判显然是由于立场、方法的差异而给出的外在批判，但前一批判，在一定程度上，确实揭示出孟子性善论的重要缺陷。

人性之中有无善端或恶源，即使是心理学，从不同的角度，也会有不同的认识，得出不同的结论。因为其本身就异常复杂而富于变化。但孟子人性论的这种认识和建构理路，将价值诉求视为人性所本来必然具有的演变趋势，乃至将人性与价值规范直接等同起来，按照休谟的理论，显然未将"是"（实然事实）与"应当"（应然的价值）区分开来，而是等同起来。这在逻辑上无疑有其缺陷，既不利于对人性本身内在奥秘的认识，遮蔽价值规范的本质及两者之间内在矛盾的洞察，削弱应有的理论说服力，更严重的是，在现实实践上可能造成另一种负面效应。

中国传统文化所特有的伦理中心主义或道德本位主义，很大程度上正是乃源于此。孟子的四心说，不仅其内容完全属于伦理道德范畴，更重要的是，它将此视为人之端倪、大体，乃至人之为人的根本。这意味着，将人完全定义为道德主体，要求所有人都应朝着这一目标不断"完善"自身，方能成其为人。与之相应地，为了激发人所应有的道德能动性，孟子赋予人以几乎无限广阔的自我完善的可能性——"人皆可以为尧舜"。两个层面结合起来，相互促动，使得道德价值成为传统中国人意义世界的核心，人格的不断完善、道德境界的不断升华以至成仁成圣成为人的根本目标，使儒家文化所主导的中国传统文化打上深重的道德本位主义的烙印，进而深刻影响着中国社会和历史的演变。

这种定性和定向，旨在弘扬、激发人的道德追求的主体能动性，但从更广的视域看，则又难免在某种程度上限制了人的更全面的自由发展，客观上导致对人作为自然生命所不可避免具有的本性欲求的遮蔽和压抑。后来戴震所批判的宋明理学的道德理想主义的缺陷，并非无源之水。孟子四心说及其所开创的这种以应然立论的理路，应是其重要源泉之一。体现在现实中，则可能导致伪善和双面人格的出现。这就造成了双重意义上的异化——一方面，当道德占据本位、形成对人特别是个人的生存的主宰作用时，无疑带来人的异化；另一方面，这样的道德也逐渐最终偏离其应有的地位和作用，这其实也是道德本身的异化。

孟子所倡导并同样具有代表意义的民本主义的政治哲学也不例外。在充分肯定其积极意义的同时，也必须正视其不足之处。在孟子那里，民虽然构成最终的政治权力和秩序的合法性之源，王道之政的核心应是为民而谋。但民始终未能真正出场。孙中山、梁启超、萧公权等都指出，如果没有民的出场，所谓"民本"便注定难以体现和落实，"为民"也变得空无所指、无从验证。对此，梁启超通过中西政治比较所进行的分析评判可谓透彻。他指出，用近代欧美人所信仰的三句政府原则——所谓 Of people，for people，by people 来衡量，of，for 这两义，儒墨都看得真切。其中，"儒家阐发最透"。"但怎么样才能贯彻这目的呢？可惜没有彻底的发明。……所谓 By people 的原则，中国不惟事实上没有出现过，而且学说上也没有发挥过。"其结果，"治者和被治者，还是打成了两橛。"①

无论从逻辑上说，还是就实际历史而言，民不能出场，天也就无从真正"听自民听"。天的虚渺，使得民的本源地位无从有效确立和保证。而在这种格局下，政治的真正主体必然是君及其意志与权力的代理者，他们离天"最近"，既是"天"（"天志"）和"民"的代言人，又是所谓天意与民意的阐释者和贯彻者。而民恰恰离天最远，在现实政治中注定只能是被"正"、被"治"的客体或对象，其命运只能是由君"司牧之，勿使失性"。这一矛盾，深刻地体现于儒家政道之中。

这样一来，儒家在理论上理应以民为主体，政治也理应是全体生民的公共事业，但由于其政道本身的缺陷，最终导致其理念与实践，政道与治道之间的相互脱节，甚至相互背离。这是传统政治的一治一乱不断循环的深层原因所在。对此，必须有全面清醒的认识。如何评析、克服这种缺陷，是实现包括儒家在内的中国传统政治文化现代转化的重要主题。

---

① 梁启超：《先秦政治思想史》，东方出版社 1996 年版，第 245、246、247 页。

第三章

外王之道的代表：荀子哲学

在孔庙中，除了祭祀至圣先师孔子之外，还有"四配"、"十二哲"及众多先贤大儒得享配祀，总数据说有156位之多。然而，在这当中，独不见先秦儒家三圣之一、曾深刻影响儒家文化的荀子。荀子在儒家文化中究竟处于何种地位？为什么最终竟被逐出孔庙，遭致如此境遇？如何恰当地认识和评判其思想的意义和教训？

让我们到荀子的思想及其效应中去寻找答案。

一、应势而为的集大成者

（一）由分到合、天下趋一的历史趋势

荀子，战国末期赵国人。其活动年代约在周赧王十七年（前298年）到秦王政九年（前238年）之间。其时，无论是现实社会，还是思想文化，都逐步呈现出由分到合的发展趋势。始于春秋时期的诸侯纷争，经过不断的征伐、兼并，到战国时期，已呈七雄并立局面，开始显现出天下归一之势。绵延不断的纷争、征战，给黎民造成了无尽的劫难。民众早已不堪其苦，人心思定，人心思治，也期望天下一统，罢兵止战，求得安养生息。荀子所生活的赵国，特别是其所活动的都城邯郸正处于七国相争的中心。其对这一趋势，特别是黎民的疾苦和企盼，应有着更切近的洞察和体验。

与这一现实趋势相应，在思想文化上，诸子百家之间，既相互质疑、批

评和争辩，也相互借鉴和吸收，以此相互砥砺、促动，推动了人的认识的不断深化、发展，同时开始显出主次之分，也呈现出不断融汇、逐渐合流的趋势。

现实历史和思想文化同步呈现出的这种发展趋势，将一个重要的主题和使命摆在其时的思想家们面前：如何因应时代的需要，融汇各家之长，建构一个更全面的理论，为天下最终归一提供应有的指导。就看谁能更深刻地领悟到这一点，以理论建构响应时代的这一呼唤，满足这一时代需要了。

（二）对儒家文化所面临难题的反思

从孔子开始，到子思孟子为止，儒家学派基于爱民、安民的人文关怀和责任感，一直重在以应然立论，以为社会和个人提供应有的价值指导为旨向。孔子的"知其不可而为之"，孟子的"虽千万人，吾往矣"，其担当精神令人感佩；从应然立论，无疑具有更为深远的理论和实践效应。但有一个问题，不仅无法回避，而且随着其时各家争鸣局面的演变，变得愈加迫切。那就是如何使儒家的理念和思想主张，在现实中得到有效的贯彻落实，找到使其理想得以实现的可靠路径。在孔子和思孟学派那里，一直未能对此展开具体的探索和阐发，更未能给出有效的方案和路径。这不仅是儒家文化发展所遭遇的瓶颈问题，关系到儒家能否进一步发展，更关系到在各家之间的争鸣、竞争中，能否赢得更多的响应者和发展空间的现实问题。这要求儒家文化的传人，必须在这一主题上有所作为。

荀子曾像孔子和孟子一样，试图说服齐湣王实行儒家仁政王道，选贤任能，以图强国福民，但不被其所采纳，并遭谗言而离齐至楚。其间荀子曾入秦，建议秦昭王力行仁义之道，亦因道不得行而返楚。这些遭遇自然令荀子陷入深思，深切地认识到，能否并如何找到使儒家理念贯彻落实的路径，是儒家文化迫切需要破解的难题。只有在这一问题有所突破，才能使儒家文化赢得人们的响应和共鸣，才能赢得真正的发展。

（三）特殊的经历和地位提供了外在条件

很显然，荀子深刻地洞察到这一历史趋势，非常自觉地意识到自己的使命和目标所在，那就是克服各家学说的偏颇与缺陷，综合各家之长，完成思想的整合与统一，既为儒家文化的发展开出新的生面，更为实现天下一统提供理论指导。历史同时也为他完成这一使命提供了绝好的条件和机缘。

据《史记·孟子荀卿列传》记载，荀子"年五十始来游学於齐"。这意味着，荀子是带着深厚的人生阅历和对社会、时势的深刻洞察、思考而游学的，其基点便比其他思想家要高。应该也正因为如此，荀子在齐国稷下学宫备受尊崇，曾三任祭酒，"最为老师"。其时的稷下学宫各家各派面对面地相互争辩，相互砥砺，可谓百家争鸣的最集中体现。近水楼台先得月，这又为荀子全面、深入地研究各家学说之得失，借鉴各家之长，提供了最好的机会和条件。

荀子哲学思想正是在这一时代背景下应运而生的。荀子自觉地顺应这一趋势，通过总结吸收各家思想的精华，力图建立起一个更全面系统的哲学理论体系，从而将儒家文化推进到一个新的高度。这是荀子思想的根本宗旨，也是其最大的特征所在。

二、立足现实、重在"明分"的方法论

工欲善其事，必先利其器。荀子之所以能建构起一个全新的理论体系，极大促进儒家文化的发展，首先得益于其方法论上的一系列重要创新。它既是荀子思想的特征的体现之一，也决定了荀子整个哲学思想体系的最终趋向。

（一）立足现实的致思理路

与孟子的朝向未来、以应然立论的理路迥然不同，荀子的运思方法则是着眼当前，立足现实。这是荀子致思方法的首要特征。荀子认为，人们运思立论，必须立足现实，顺应客观的需要，追求现实的效果，经得起现实实践的检验——既要看其是否与现实相符，更要看其能否得到有效贯彻施行，取得积极的效应。"凡论者贵其有辨合，有符验。故坐而言之，起而可设，张而可施行。"（《荀子·性恶》）在荀子看来，孟子的性善论之所以错误，就在于它不仅不符合事实，也无法有效地贯彻落实，其结果非但不利于发挥人的道德修养上的积极能动性，反而会消解人自我完善的必要性。"今孟子曰：'人之性善。'无辨合符验，坐而言之，起而不可设，张而不可施行，岂不过甚矣哉！"（《荀子·性恶》）正是这种不同的方法论，使得荀子对人性的本质与趋向有着不同的洞察，并由此对礼义展开了新的解释。

（二）注重分析的实证方法

荀子方法论的另一个重要特征是注重对问题的不同层次、类别和方面加以辨察和界定，进行具体分析。

无论是阐发义理、提出自己的主张，还是对不同的论点展开批判，荀子都非常注重对问题本身进行具体、深入的辨析，厘清问题的不同层次，找到问题的症结所在，在推进认识的深化与发展的基础上，找到问题的破解之道。这一方法贯穿于荀子整个哲学理论体系之中，并体现于其中各个层次和环节。从天与人的由分而合，到对很多具体问题的认真解析，都可以清晰地辨识出荀子的这一特有的思维方法。从这一角度，康有为将荀子思想的特征概括为"荀言穷理，多奥析"，并认为"荀言理似较孟为细。"①

（三）全面、整全的认识视野

在分析辨清问题的基础上，力图以全面、整体的视域认识、评判问题，以求达到对人与世界的更全面、更完整的认识，建构起更合理且更有现实效应的理论体系，是荀子方法论的更进一层的特征。

在集中体现其方法论思想的《解蔽》篇中，荀子明确指出，人们之所以陷入这样那样的谬误，就在于往往只看到事物之一面，而不能从整体上全面地认识事物，"凡人之患，蔽于一曲，而暗于大理"（《荀子·解蔽》）。因为大道无限深远而复杂，人往往所观察和领悟到的只是其中一面，却误认为是大道之整体，所以很容易以偏概全，因而导致谬误："万物为道一偏，一物为万物一偏。愚者为一物一偏，而自以为知道，无知也。"（《荀子·天论》）如果局限于对"道"的每一方面、层次的认识，都难免导致对其他方面和整体的遮蔽，"故为蔽，欲为蔽，恶为蔽，始为蔽，终为蔽，远为蔽，近为蔽，博为蔽，浅为蔽，古为蔽，今为蔽。凡万物异则莫不相为蔽，此心术之公患也。"诸子百家也不例外。他们既有所长，又同样各偏一曲，而失之片面："墨子蔽于用而不知文，宋子蔽于欲而不知得，慎子蔽于法而不知贤，申子蔽于势而不知知，惠子蔽于辞而不知实，庄子蔽于天而不知人。"从另外一个角度，荀子则将他们各自的片面性总结为"慎子有见于后，无见于先；老子有见于诎，无见于信；墨子有见于齐，无见于畸；宋子有见于少，无见于多"（《荀子·天论》）。而在荀子看来，"此数具者，皆道之一隅也。夫道者体常而尽变，一隅不足以举之。曲知之人，观于道之一隅而未之能识也。……此蔽塞之祸也"（《荀子·解蔽》）。

只有破除这种片面性，全面、完整地认识事物，才能获得正确的认识。

---

① 康有为：《长兴学记·桂学答问·万木草堂口说》，中华书局1988年版，第187、179页。

真正的为学者，既要认识到各种片面论断的缺陷或错误，更要善于洞察并借鉴、吸收其中所蕴涵的合理因素，加以融会贯通。"尊以遍矣，周以世矣。……全之尽之，然后学者也。君子知夫不全不粹之不足以为美也，故诵数以贯之，思索以通之。"（《荀子·劝学》）对为政者来说，要获得成功，更要懂得系统地、整全地看待、评判问题，做到全面、公正、无偏地处理问题："偏立而乱，俱立而治……兼能之。"否则，"上好曲私，则臣下百吏乘是而后偏"（《荀子·君道》）。所以，"圣人知心术之患，见蔽塞之祸，故无欲、无恶、无始、无终、无近、无远、无博、无浅、无古、无今，兼陈万物而中县衡焉。是故众异不得相蔽以乱其伦也"（《荀子·解蔽》）。

荀子的整个哲学体系便是在这种方法论的指导下，批判地继承此前各家的哲学思想而成就的。荀子显然既得益于其明分方法，也得益于在明分基础上力求融会统一的全面整全的视野——这使其既能洞察出各家的缺陷，也能成功地吸收各家学说的精华，并加以融合统一。

三、天、人的分与合

在荀子的整个哲学体系中，天人关系论无疑占有基础的地位，荀子的其他一系列思想都是以此为框架而展开的，从很大程度上可以说，能否全面深入地领悟其天人关系论，乃是把握荀子整个思想倾向和特征的关键所在。

（一）对"天"概念的发展

要理解荀子天人关系思想的特征及其意义，首先必须辨明荀子的"天"概念的两大层面之别，即形上层面与形下层面的不同含义。所谓形上层面指的是作为本源性、超越性的天，其特征在于其至上性与超验性。它至大无外，至微无内，无形无象却又创生万物，无欲无为而又主宰、支配一切。人

"皆知其所以成，莫知其无形，夫是之谓天。"荀子也将这一层面的天称为"神"："夫是之谓神。"（《荀子·天论》）

作为这种形上之天创生的结果及特殊的体现，形下之天则具体包含两个方面，其一是体现为有形有象之物及其运动变化规律之"天"，诸如星辰、日月、四时、阴阳、风雨等自然现象及其运动变化规律均属于此列。"在天者莫明于日月。"（《荀子·天论》）其与形上之天的区别在于，这些现象作为超越性的天"不为而成"之"功"，有形可见，有迹可循，能为人所观察到，为人所认识。其二便是以人自身的形体结构、本性欲求及潜能形式体现出来的自然天性。人作为自然生命所具有的自然本性及认识与意志能力乃是天所赋予的，是"天"在人自身之中的具体体现："好恶、喜怒、哀乐藏焉，夫是之谓天情；耳、目、鼻、口、形，能各有所接而不相能也，夫是之谓天官；心居中虚，以治五官，夫是之谓天君。"（《荀子·天论》）

（二）"明于天人之分"

荀子天人关系论中，最为人所关注的无疑是其关于天人相分的思想。"明于天人之分，则可谓至人矣。"（《荀子·天论》）与"天"的两大层面含义相对应，荀子所谓天人相分，具体说来，包含着四个层面的含义。

1. 天与人的层次之分

至上、超越的形上之天，当然与人或人的世界截然有别。这种分别不是指天与人之间单纯平面意义上的差异和对峙，而是意味着二者乃是截然不同的存有形态。天超越于人之上，"至高谓之天"（《荀子·儒效》）、"故天者，高之极也"（《荀子·礼论》）。这种形上之天与人（世）之间的层次之别，是荀子天人之分的第一层含义。

人与这种形上层面的天的分立还体现为人只能感受其所成，而无法察知其何以成。对于超越之天，人只能通过对其显现出来的现象、其作用的结果加以观察、追问，才能领悟到这样一种神奇伟力的存在。人应该清醒地认识到自身认识能力、意志乃至活动能力的有限性，知天之至大、至上而至神，非人所能想象与窥探，非人力所能企及，对它本身及内在的几微只能敬仰赞叹，深怀敬畏之心。所谓"唯圣人为不求知天"（《荀子·天论》），指的应是这种至大至上、无所不能的超越之天。

2. 天与人各有其特性、遵循着不同的发展规律

作为不同的存有形态，天与人各有其特性，在其演变过程中遵循着不同的发展规律或法则。天自在而客观，不以人的意志而转移："天不为人之恶寒也辍冬；地不为人之恶辽远也，辍广。"所谓"星队、木鸣"，"无何也，是天地之变，阴阳之化，物之罕至者也。"（《荀子·天论》）天的运行变化本身没有意志，既不必怪异，也不应以人的意志去比附，更不会为人的意志所决定。这一思想发展了由孔子所开始的对人格之天的消解趋势，更彻底地破除了天的人格色彩，同时，也切断了人类的价值与天的直接关联。从这个角度看，所谓天与人之分即是自然与社会、人与自然之分。

3. "不与天争职"：天与人各有其职分

无论是对超越性的形上之天来说，还是对其存在、作用与演变方式有形可见的形下之天来说，它们与人都各有其不同的职分。这是天人相分的另一重含义。天至大至神，创生万物和人类，但并不直接决定人类的事务。天没有意志，其一切活动自然而无为，然而正是这种无欲无为而最终造就了一切，"列星随旋，日月递炤，四时代御，阴阳大化，风雨博施，万物各得其和以生，各得其养以成。不见其事而见其功。"（《荀子·天论》）"高者不旱，下者不水，寒暑和节，而五谷以时孰，是天之事也。"（《荀子·富国》）所有这一切都属于"不为而成，不求而得，夫是之谓天职。"相形之下，面对天，人应该深知自身的局限，恪守自己的界限，懂得并自觉做到"虽深，其人不加虑焉；虽大，不加能焉；虽精，不加察焉；夫是

之谓不与天争职。""如是，则知其所为，知其所不为，则天地官而万物役矣。"（《荀子·天论》）

而人世间的荣辱祸福，则取决于人类自身。"强本而节用，则天不能贫；养备而动时，则天不能病。"（《荀子·天论》）"治乱天邪？曰：日月、星辰、瑞历，是禹桀之所同也；禹以治，桀以乱，治乱非天也。""天行有常，不为尧存，不为桀亡。应之以治则吉，应之以乱则凶"（《荀子·天论》）能否认识到这一点、尽力做好人事，乃是君子与小人的主要区别之一："故君子敬其在己者，而不慕其在天者，是以日进也；小人错其在己者，而慕其在天者，是以日退也。……君子小人之所以相县者，在此耳。"（《荀子·天论》）

4. 人自身之中的"性伪之分"

作为天人之分在人本身之中的反映和具体体现，人自身也存在着天赋的自然本性与后天修为之间的区分及其矛盾关系。荀子认为孟子的性善论的重要错误就在于"不及知人之性，而不察乎人之性伪之分者也。""性者、本始材朴也；伪者、文理隆盛也。"（《荀子·礼论》）在两者之中，"凡性者，天之就也"（《荀子·性恶》）；"生之所以然者谓之性；性之和所生，精合感应，不事而自然谓之性。"（《荀子·正名》）"不可学、不可事而在人者，谓之性。"而"可学而能、可事而成之在人者，谓之伪，是性、伪之分也。"（《荀子·性恶》）这种"性伪之分"在人之"情"中集中体现出来。自然情欲乃天之所赋，而道德情操如"孝子之情"、"思慕之情"等则是人后天熏陶、教化的成果，即属于"人之所学而能，所事而成者"。

（三）天人相合

就荀子天人关系思想整体而言，天人之分只是其最富特色的一面而已。实际上，在强调天人之分的同时，荀子同样主张天人相合。与天人之分一样，在荀子那里，天人之合也有着三个层面的含义。

1. 天对人的创造作用

天以其"不为而成、不求而得"的伟力，成为人与人类社会活动的创始者和开启者，构成对人及人世的奠基作用。"天地者，生之始也"；（《荀子·王制》）"天地者，生之本也"（《荀子·礼论》）；"天职既立，天功既成，形具而神生。"（《荀子·天论》）荀子认为，人的形体结构、本性及潜在能力等等这些与生俱来的自然本性归根到底乃是源于天，是天之所赋："性者，天之就也。"（《荀子·正名》）否则，"无天地，恶生？"（《荀子·礼论》）

人及人类社会，就其根源而言，本质上只是无限的形上之天的一种特殊体现形态。无论人类具有何种能动性，归根到底都是由天所创始、所奠基的，是"天职"与"天功"的成果，包括人之所以能认识到天与人之分以及人所难免的种种局限性，也只能从这里找到最终答案。更值得注意的是，在荀子看来，在天的创始作用之中，其实已经昭示或预示着人的有为性和有为的方向：人理当沿着天所指引的方向，顺应天所昭示的法则，自觉运用天所赋予人的能动性去积极有为，"圣人清其天君，正其天官，备其天养，顺其天政，养其天情，以全其天功。"反之，如果背离这一趋势，恰恰是对"天功"的遮蔽和背离，意味着"天功"的沦失，"暗其天君，乱其天官，弃其天养，逆其天政，背其天情，以丧天功，夫是之谓大凶。"（《荀子·天论》）二者的统一既是天道的体现，更是人间之正道："故曰：天地合而万物生，阴阳接而变化起，性伪合而天下治。"（《荀子·礼论》）荀子所谓"故人之命在天，国之命在礼"（《荀子·天论》）的论断应该从这一层面上来理解。

2. 人能动地认识、改造自然万物，达到人与天的统一

在《天论》篇中，荀子在提出"不与天争职"的同时，又提出了"制天命而用之"的主张："大天而思之，孰与物畜而制之！从天而颂之，孰与制

天命而用之！望时而待之，孰与应时而使之！因物而多之，孰与骋能而化之！思物而物之，孰与理物而勿失之也！愿于物之所生，孰与有物之所以成！故错人而思天，则失万物之情。"（《荀子·天论》）这又意味着，人可以通过自身的能动作用，对自然具象之天加以认识和改造，使之合乎人的需要，成为体现和凝聚着人的意志的"人化的自然"，而实现天与人的统一。由此达到的天人相和境界，荀子称之为"能参"，"天有其时，地有其材，人有其治，夫是之谓能参。舍其所以参，而愿其所参，则惑矣。"（《荀子·天论》）

3. 性伪之合

人的自然本性作为天创生的结果和天在人自身之中的体现，是人类一切活动和价值创设的客观基础，从这个角度说，它是与"人为"相分相对的，是外在的天与人的分立在人自身之中的内化。但正如对外在的有形之天一样，人也可以通过作为其主宰的"心"（即"天君"，作为一种潜能，它本质上也是由形上之天所造就的）以礼义来改造本然之性以"化性起伪"："无性则伪之无所加，无伪则性不能自美。性伪合，然后成圣人之名，一天下之功于是就也。"（《荀子·礼论》）

归结起来，荀子天人关系论乃是天人相分与天人相合两个方面构成的统一体。天的两大层面与人之间既相分又相合，形成一种错综复杂的立体结构。在这整个结构和过程之中，天具有本源的地位。它创生万物与人，也开启人与物之分，又最终通过人、并在人这里达到统一。而人则占有中心或枢纽的位置。人是分的缘起，分由人所分，无人则分无从谈起。"天能生物，不能辨物……宇中万物，生人之属，待圣人然后分也。"（《荀子·礼论》）人也是合的枢纽，由上而下的合汇聚于人，由内而外使自然人化所完成的合也取决于人。故荀子说："善言天者，必有征于人。"（《荀子·性恶》）从这个角度说，在荀子那里，无论是天人之分，还是天人相合，都充分体现出人的独立性与主体能动性。

四、质朴趋恶的人性论

在荀子整个哲学体系中，最令人关注也备受争议的无疑是其所谓性恶论。"人之性恶明矣，其善者伪也。"（《荀子·性恶》）

就其缘起而言，荀子的这一理论应是针对孟子关于人性本善的论断而提出的。在该篇中，荀子明确地将孟子的性善论作为反面例证和目标，从事实与实际效应等层面进行了分析批判，并以此作为自己立论的重要依据。而从荀子整个哲学体系来看，荀子的性恶论则是其天人关系观和立足现实、注重"符验"的认识论及方法论贯彻到人性论上的必然结果，因此，应该将荀子性恶论置于其哲学体系的整体之中加以考察，才能真正理解其实质、特征及其意义。

（一）"性者，天之就也"

在荀子那里，所谓人性，指的是人作为自然生命与生俱来的本性，"生之所以然者谓之性。"（《荀子·正名》）就其源泉而言，这种人生来具有之性，乃天之所赋。"凡性者，天之就也，不可学，不可事。"（《荀子·性恶》）"无待而然者也"，它包括情与欲两个层面，"性者，天之就也；情者，性之质也；欲者，情之应也。"（《荀子·正名》）因此荀子也将人性称为情性或人情。在现实生活中，它以各种本能欲望的形式体现出来，"饥而欲饱，寒而欲暖，劳而欲休，此人之情性也。"（《荀子·性恶》）荀子还根据人的五官感觉将人的情性更具体地解释为"五綦"，即五种感性欲求："夫人之情，目欲綦色，耳欲綦声，口欲綦味，鼻欲綦臭，心欲綦佚。此五綦者，人情之所不免也。"（《荀子·王霸》）而无论是情还是欲作为性之构成要素和体现形式也都源自于天的，"欲不待可得，所受乎天也。"（《荀子·正名》）

荀子的人性概念的最重要特征在于其客观必然性。既然人的自然本性乃天之所赋，那么它作为天所造就的成果和天在人身上的一种体现，便具有自然性和客观必然性，"不可学、不可事"，人的一切能动活动都必须以承认、正视它的客观存在为前提或出发点。"以所欲为可得而求之，情之所必不免也。"（《荀子·王霸》）凡人都必然有欲，欲不仅不可能灭除，"虽尧、舜不能去民之欲利，"（《荀子·大略》）而且也正是"欲"构成了人性的实际内容，甚至使人成其为人。"欲不可去，性之具也"；"有欲无欲，异类也。"（《荀子·正名》）

既然人性乃天之所赋，因此也必然是一切人普遍具有且完全相通的。在荀子那里，所谓普遍共通性包含两个层面的含义：其一，是指人性本身的形式特征，即人性必然具有普遍性，它是人之所以为人的共同前提，是人所共有的类的属性。"故千人万人之情，一人之情是也。"（《荀子·不苟》）这种普遍性不仅涵盖同一时间不同空间内的人，而且涵盖任何历史时空中的人。其二，是指内涵的相同共通性。在人性的欲求方面，每个人本质上乃是共有相通的，即使是圣人也不例外。"饥而欲饱，寒而欲暖，劳而欲息，好利而恶害，是人之所生而有也，是无待而然者也，是禹、桀之所同也。"（《荀子·非相》）

（二）对人的本性欲求的正视与肯定

既然如此，那荀子为什么会有"性恶"之说呢？《性恶》篇一开篇，荀子就开宗明义给出了明确的回答：

"今人之性，生而有好利焉，顺是，故争夺生而辞让亡焉；生而有疾恶焉，顺是，故残贼生而忠信亡焉；生而有耳目之欲，有好声色焉，顺是，故淫乱生而礼义文理亡焉。然则从人之性，顺人之情，必出于争夺，合于犯分乱理，而归于暴。故必将有师法之化，礼义之道，然后出于辞让，合于文理，而归于治。"

这就是说，在荀子看来，如果放纵人的自然情性，任其泛滥，势必会带来严重的恶果，因此必须加以规范和制约。这一思想基本上贯穿于《荀子》全书之中，构成了荀子关于这一问题的基本立场与态度。并不是说人性包括与生俱来的各种欲求，从一开始本质上就是恶的，而是说如果不加引导和规范，任其滥觞，则势必引发纷争，造成各种恶果——这是荀子所谓性恶论的真正意涵所在。

针对先秦诸子中各种否定人的欲求的合理性、主张尽可能节欲甚至根本禁绝欲望的片面错误的观点，荀子恰恰给予了尖锐的批判。对于宋子等人所提出的所谓欲望过多便会导致国家衰亡的论调，荀子针锋相对地驳斥道："凡语治而待去欲者，无以道欲而困于有欲者也。凡语治而待寡欲者，无以节欲而困于多欲者也。有欲无欲，异类也，生死也，非治乱也。欲之多寡，异类也，情之数也，非治乱也。""心之所可中理，则欲虽多，奚伤于治！……故治乱在于心之所可，亡于情之所欲。不求之其所在而求之其所亡，虽曰我得之，失之矣。"（《荀子·正名》）在荀子看来，问题的关键不在于欲多欲寡、而在于处置是否有道，"今人所欲，无多；所恶，无寡。……故可道而从之，奚以益之而乱！不可道而离之，奚以损之而治！"（《荀子·正名》）

在这一问题上，荀子的立场应该是两方面的统一：一方面，明确而充分地肯定人作为自然生命所具有的本性欲求的客观性、合理性乃至正当性，反之，"性伤谓之病。"（《荀子·正名》）从这个角度说，所谓人性恶，决非是说人性本身是恶（尽管荀子本人的表述确实具有这样的意味），其真正的含义是如果不加规范节制、任其泛滥，势必导致恶的结果；另一方面，也反对完全放任人的感性欲望的泛滥，主张在理性（"心"）的指导下、通过礼义来规范、节制人的欲望、在满足正当欲望的基础上使人获得更健全的发展。"欲虽不可去，求可节也。所欲虽不可尽，求者犹可尽；欲虽不可去，所求不得，虑者欲节求也。道者，进则近尽，退则节求，天下莫之若也。"（《荀子·正名》）礼义的目的并不是禁绝人的情性或欲望，而是为了使所有的人的欲望得到更有效、更合理的实现，"以养人之欲，给人以求。"（《荀子·礼

论》）"故曰：性者，本始材朴也；伪者，文理隆盛也。无性则伪之无所加，无伪则性不能自美。"（《荀子·礼论》）

荀子认为，儒家学说的高明之处，就在于更全面地认识和评判人的自然情性，主张更合理地加以引导，旨在将义与利统一起来，共同得以实现。对整个社会来说，通过加以规范和引导，则会避免由于人的欲求无限，而满足欲求的物质条件有限，"物不能瞻"而导致强者凌弱、众者欺寡现象，使每个人的自然欲求都能得到普遍的、长久的实现。这样，"故人一之于礼义，则两得之矣；一之于情性，则两丧之矣。"（《荀子·礼论》）对个人来说，如此不仅能保证其自身的欲求得到有效满足，而且能防止人的异化，"为物所役"，实现人自身的健全发展。

五、由礼而法的礼义论

以其人性论为基点，荀子对儒家的礼义论进行了改造和发展。这也是荀子整个哲学理论的最终归结。

（一）礼的起源：为欲求所设

荀子从其人性论出发，首先对礼的起源做了不同于前人的新的阐释。

礼起于何也？曰：人生而有欲，欲而不得，则不能无求，求而无度量分界，则不能不争。争则乱，乱则穷。先王恶其乱也，故制礼义以分之，以养人之欲，给人以求。使欲必不穷于物，物必不屈于欲，两者相持而长，是礼之所起也。故礼者，养也。（《荀子·礼论》）

在这里，很显然荀子是从人自身的自然本性出发来诠释礼的起源问题：礼因欲而起，为欲所设，是人的欲望所求与物质的相对匮乏之间矛盾的产物。人的欲求没有止境，而用以满足欲求的资源总是有限的，人们满足欲求的能力和条件也是参差不齐，因此必须通过设立一系列规则加以规范和调节，通过进行合理有序的分配，使人们的欲求得到有效满足，否则，就会陷入无边的纷争之中，人们的欲求反而无法得到满足。概言之，正是人必然具有的自然本性的欲求，决定了人类社会必须用礼义加以指导和规范。

礼义价值之所以能够形成，还源自人所特有的能动本性。人不仅具有一切生命所普遍具有的自然情性和欲望，还有心作为自己的指导和主宰。心既有辨别、判断能力，使人"有辨"、"能辨"，还有能动的自我制约能力，"心者，形之君也，而神明之主也，出令而无所受令。自禁也，自使也，自夺也，自取也，自行也，自止也"（《荀子·解蔽》）。"情然而心为之择谓之虑。心虑而能为之动谓之伪"（《荀子·正名》）。正是"心"，使人"有生"、"有知"，更"有义"。这是礼义之所以可能的动力源泉。所以荀子说："心也者，道之工宰也。道也者，治之经理也。"（《荀子·正名》）

而使作为价值规范的礼义真正确立起来并广泛施行的，则是"先王"或"君子"。他们以其卓越的智慧深刻地洞察出这一趋势，并以其崇高的德性和才能率先垂范，并大力推行，如此才使礼义大行于天下，深入于人心。"势位齐而欲恶同，物不能瞻则必争，争则必乱，乱则穷矣。先王恶其乱也，故制礼义以分之。使有贫富贵贱之等足以相兼临者，是养天下之本也。""君子者，礼义之始也。"（《荀子·王制》）

综观《荀子》全书，其关于礼义起源的思想应该是这三个方面的统一。正是在这个意义上，荀子提出了所谓礼之三本说："礼有三本：天地者，生之本也；先祖者，类之本也；君师者，治之本也。无天地，恶生？无先祖，恶出？无君师，恶治？三者偏亡，焉无安人。故礼、上事天，下事地，尊先祖，而隆君师。是礼之三本也。"（《荀子·礼论》）这一论述，可谓是荀子关于礼义起源问题的最全面的阐述，是其关于礼义起源思想的最完整表达。

(二) 礼在明分

在论述礼义何以形成时, 荀子便明确地揭示了其实质就在于"明分", 即在对人的名分及人与人之间的关系加以分辨的基础上, 如何合理恰当地处理这些关系, 进行地位秩序的安排和各种资源的分配。概言之, 礼义乃是使每个人各得其所、皆得其宜, 使社会和谐繁荣的"明分之道"。因为对群体性、社会性的人来说, "人之生, 不能无群, 群而无分则争, 争则乱, 乱则穷矣", 荀子详细总结、列举了无分所必然导致的各种危害: "欲多而物寡, 寡则必争矣……群而无分则争: 穷者患也, 争者祸也。救患除祸, 则莫若明分使群矣。"(《荀子·富国》)唯有"明分", 才是解决这一系列矛盾难题的唯一合理有效之道: "故义以分则和, 和则一, 一则多力, 多力则强, 强则胜物; 故宫室可得而居也。故序四时, 裁万物, 兼利天下, 无它故焉, 得之分义也。"(《荀子·王制》)所以"故无分者, 人之大害也; 有分者, 天下之本利也。"(《荀子·富国》)

所谓"明分", 首先是指通过对人与人之间的分辨或区分而确立的亲疏、尊卑、贵贱、等级等的名分之分, "礼乐以成, 贵贱有分"(《荀子·赋》); "礼者, 贵贱有等, 长幼有差, 贫富轻重皆有称者也。"(《荀子·礼论》)只有这样, "贵贱有等, 则令行而不流; 亲疏有分, 则施行而不悖; 长幼有序, 则事业捷成而不休。"(《荀子·君子》)

"明分"的另一重含义则是指针对贫富之别、长幼之差、愚智、能不能、强弱(鳏寡)之殊等等, 给予其不同的应有的对待。"故先王案为之制礼义以分之, 使有贵贱之等、长幼之差、知愚能不能之分, 皆使人载其事而各得其宜, 然后使穀禄多少厚薄之称, 是夫群居和一之道也。"(《荀子·荣辱》)

在荀子那里, 礼作为一种普遍规范, 其实质在于在人与人之间中划分、确定界限, 以此为准则给予每个人以应有的对待。所谓分界, 既是针对不同等级、不同的名分, 在尊卑贵贱之间进行, 也同样适用于同一等级的不同个体之间。尊卑贵贱不同, 度量理当有别, 但在彼此之间划立界限, 则是针对所有的人。一旦分定，就理应为整个社会共同遵守。每个人都必须"尊法敬分而无倾侧之心。"（《荀子·君道》）确立界限之后，所有人都不得逾越界限，相互侵犯，而应该"皆内省以谨于分。"（《荀子·王霸》）否则，都属于"犯分乱理"，如此才能有效地保证每个层次的人都能获得各自应有的利益。荀子这种关于礼在于"分界"的思想无疑是对儒家的礼的概念的重大发展，具有重要的理论与实践意义。

（三）以礼治世由礼而法

荀子认为，礼义作为一种价值和规范，旨在指导、约束人们的行为，确立和维护社会秩序，调节利益分配，促进个人和社会的健全发展。这是礼义的宗旨与功能所在。

礼义首先是安邦治国的方略和指导原则。"礼者，治辨之极也，强国之本也，威行之道也，功名之总也。……王公由之，所以得天下也；不由，所以陨社稷也。"（《荀子·议兵》）在荀子看来，之所以说"礼义者，治之始也"（《荀子·王制》）、"礼义之谓治"（《荀子·不苟》），就在于一方面，通过合理的利益分配和恰当的社会分工促进人的群体合作，以增强人认识、改造自然的能力，促进社会的繁荣，"群道当，则万物皆得其宜，六畜皆得其长，群生皆得其命。"（《荀子·王制》）另一方面，以明分确立并保障、促进社会秩序的稳定与和谐。君王的职责就是以礼义为指导，合理地分配各种资源，使人人得其所应得："请问为人君？曰：以礼分施，均遍而不偏。"（《荀子·君道》）只有以礼治国，才能长治久安，天下富足安宁，"人无礼不生，事无礼不成，国家无礼不宁。"（《荀子·大略》）"隆礼贵义者，其国治"，而反之，"简礼贱义者，其国乱。"（《荀子·议兵》）以此为基础，礼义的最终宗旨在于，保障和促进天下人的健全发展。在这个意义上，荀子告诫人们："有分者，天下之本利也；而人君者，所以管分之枢要也。故美之者，是美天下之本也；安之者，是安天下之本也；贵之者，是贵天下之本也。"（《荀子·富国》）"故人莫贵乎生，莫乐乎安；所以养生安乐者，莫大乎礼义。人知贵生乐安而弃礼义，辟之是犹欲寿而刭颈也，愚莫大焉。"（《荀子·强国》）正是从这一角度，荀子将礼义视为指导和保证人们求得真正长久安乐的最恰当的工具和手段："吾所谓仁义者，大便之便也"（《荀子·议兵》）。并将此阐释为儒家与墨家的最重要区别所在，也是儒家的最高明之处："故儒者将使人两得之者也，墨者将使人两丧之者也，是儒墨之分也。"（《荀子·礼论》）康有为对荀子礼论的概括可谓精辟："礼论言，礼者，养也，最包括。宋儒只言得一节字，未知圣人养人之义。"①

荀子礼义论发展的最终趋势——也是其另一个重要特征，则是开始打破前期儒家将礼与法分离开来乃至对立起来的模式，通过由礼向法的转化演变，逐渐将二者统一起来，"礼者，法之大分，类之纲纪也。"（《荀子·劝学》）也正因为如此，研究者们也往往将荀子的礼论描述为以法解礼。

由礼而法的重要标志之一是礼的彻底普遍化。荀子打破此前儒家关于"礼不下庶人"的限制，将其推广、普遍化为规范所有社会成员的准则，评判行为的共同尺度，因而也是治理国家的根本方略。它理应公平而公开，对于同一类的人与事一视同仁并一以贯之，而不因为政者的主观意志和具体情境不同或随意变更，如同以绳墨衡量曲直、以规矩获得方圆并依此而为一样，"故绳者，直之至；衡者，平之至；规矩者，方圆之至；礼者，人道之极也。然而不法礼，不足礼，谓之无方之民；法礼足礼，谓之有方之士。"（《荀子·礼论》）"非礼，是无法也。"（《荀子·修身》）所以，荀子既认为"法者，治之端也"（《荀子·君道》），又提出"礼义者，治之始"（《荀子·王制》），因为，在他那里，礼已向法转化，并逐渐趋向一体化，"隆礼至法则国有常。"（《荀子·君道》）

所谓由礼而法，并不意味着荀子最终将礼完全归于法，而是主张两者

---

① 康有为：《万木草堂口说》，见氏著：《长兴学记·桂学答问·万木草堂口说》，中华书局1988年版，第191页。

的统一而已，而统一的逻辑前提其实就已蕴涵着对彼此之间的差异的认识与肯定。这显然是荀子对法家思想的吸收，但这一吸收的结果，形成了荀子礼及礼治思想的又一重特点，使得荀子的礼治思想与孔子特别是孟子相比，情境性更少，而更具有制度的特性，"礼义生而制法度"（《荀子·性恶》），因而更有利于贯彻落实到现实中，使之具有可操作性，"张而可施行"。

六、荀子哲学思想的地位与意义

（一）荀子的影响与地位何以由盛而衰

纵观荀子思想，可以说，其基本上达到了荀子所预期的目标：通过借鉴吸收，荀子成功地建构起涵盖本体论、认识论与方法论、逻辑学、人性论、礼义论等在内的完整的体系，在相当程度上实现了对此前儒家文化的综合与统一，从而将先秦儒家推向一个新的高度，可谓儒学外王理路的真正奠基者。

这使得荀子从理论与实践两个方面对汉儒和经学有着深刻的影响。按照梁启超的考证，"汉兴，群经皆传自荀子，十四博士，大半属荀子之学。"[①]其中对《礼记》的影响尤为显著。从汉代始，儒家之所以能逐渐赢得独尊地位，荀子的这一发展应是其中重要原因之一。

从韩愈提出其"道统说"，这一格局和趋势开始改变。与孟子被归入道统相对，荀子则被韩愈逐出道统之外。为什么开始贬抑荀子？韩愈欲言又止，语焉不详。到二程那里，才明确点出根据所在，那就是荀子的性恶论："荀子极偏驳，只一句'性恶'，大本已失。"（《河南程氏遗书》卷十九）在

---

① 梁启超：《读孟子界说》。见《饮冰室合集 1·文集之三》，中华书局 1989 年版，第 21 页。

他们看来，既然人性本恶，则无论是人自身的"养心"还是礼义都既失去了根本，也迷失了方向。荀子虽重礼义，但"以礼义为伪，性为不善，它自情性尚理会不得，怎生到得圣人？"（《河南程氏遗书》卷十八）朱熹更具体地指出荀子等人的人性论只是看到了人的气质之性，只看到人性中这种可能变恶的一面。"荀扬韩诸人虽是论性，其实只说得气。荀子只见得不好人底性，便说做恶。""荀扬论气而不论性，故不明。既不论性，便却将此理来昏了。"（《朱子语类》卷四）

基于这一立场，儒家文化的传人们逐步将荀子与孟子视为两种截然不同理路的代表对峙起来，将孟子一系定为儒家文化之正统而大加推崇，相形之下，将荀子视为"不醇之儒"而备加贬抑，逐之于儒家正统之外。这种立场和格局，直到当代新儒家，都基本上一以贯之。

（二）孟子与荀子：各有所重，旨向一致

事实上，荀子所谓性恶论的真正用意在于提示人们，应将人的实然的自然天性与后天的应然的价值追求明确区分开来；只有在充分正视人的实然的自然欲求的基础上，应然的价值追求才能得到有效的贯彻落实。而孟子的性善论则着眼于人之应然的价值追求上，即人应当合乎此应然之性，才成其为人。张岱年对此有着精辟的辨析："荀子所谓性，乃指生而完成的性质或行为，所以说是'天之就'，'生之所已然'，'不事而自然'。生来即完具、完全无待于练习的，方谓之性……生而不论有萌芽与否，待习而后完成者，都是伪。"在这个意义上，"荀子主性恶，认为人之性是好利多欲的，性中并无礼义，一切善的行为都是后来勉强训练而成。"[1]也就是说，荀子的性恶论与孟子的性善论之间的差异，在于双方的着眼点各不相同，导致其侧重点相互差异，但最终的归宿则是一致的。二者并不构成截

---

① 张岱年：《中国哲学大纲》，中国社会科学出版社 1982 年版，第 187—189 页。

然对立的两极，相反在很大程度上彼此之间还有着很强的互补性与内在相通性。

其实，在批评的背后，理学家也借鉴了荀子的人性论思想，也主张须正视人的气质之性的存在，将人性释为"天命（地）之性"与"气质之性"的矛盾统一体。二程认为，"论性不论气，不备；论气不论性，不明。"（《河南程氏遗书》卷六）朱熹进而指出，荀子只看到气质之性固然不明，而"孟子只论性，不论气"，同样"不全备"。不仅"论性不论气，这性说不尽；论气不论性，性之本领处又不透彻；"而且，"性只是理，然无那天气地质，则此理没安顿处。"（《朱子语类》卷四）正是沿着这一方向，宋明理学实现了对古代儒家人性论的重大完善和发展。

到明清之际，启蒙思想家更转而重新认识荀子的哲学思想特别是其自然人性论思想，充分肯定其合理性与积极意义，为荀子正名，辩护。戴震可谓其中最突出的代表。戴震借鉴吸收荀子人性论的合理因素，以此为参考依据对孟子思想进行了改造，将两种人性论综合统一起来，同时也由此矫正了荀子将礼义与人的自然本性分离开来乃至对立起来的偏失："荀子知礼义为圣人之教，而不知礼义亦出于性；知礼义为明于其必然，而不知必然乃自然之极则，适以完其自然也。就孟子之书观之，明理义之为性，举仁义礼智以言性者，以为亦出于性之自然，人皆弗学而能，学以扩而充之耳。荀子之重学也，无于内而取于外；孟子之重学也，有于内而资于外。"（戴震：《孟子字义疏证·性》）

与之相应地，从整体而言，荀子与孟子的哲学既不构成相互对峙，更非相互对立的两极。作为先秦儒家的两大代表人物，孟荀之间只是侧重点的不同，各有创建，其根本立场和旨向则是一致的——都旨在传承和发展儒家思想。如果说思孟一系重在内圣的话，则荀子堪称儒家外王理路的真正奠基者。正如李泽厚所总结的那样："荀子可说上承孔孟，下接易庸，旁收诸子，开启汉儒，是中国思想史从先秦到汉代的一个关键……如果说，孟子对孔学的发扬主要在'内圣'，那么荀子则主要在'外王'（说'主要'，是因为孟也有'外王'的一面，而荀也有'内圣'的一面）。'外王'比'内圣'有更为充分的现实实践品格，也是更为基础的方面。"①

（三）荀子思想的特殊意义

将荀子斥为儒家文化的异端，不仅有违思想史的实际，且会导致对儒家文化认识的片面化、狭隘化，最终会限制儒家文化创造性转化的空间和路径。更重要的是，如此也将不利于对荀子思想中诸多合理因素的发掘和弘扬。

在荀子的整个理论体系中蕴涵着丰富的值得认真汲取的思想资源。其政治哲学尤其具有特殊的理论价值。尽管在荀子哲学思想中不一定能找到可与现代民主政道直接对接的现成论述，但其面向现实、注重分析的实证主义的明分方法论、对人的肉身维度的重视以及与之对应的立足当前的自然人性论思想等等，与现代民主政道更具有内在相通之处。"荀子其实正是儒家文化中另一种也是隐而不显的倾向或趋势的标志或象征"，以其为代表，可以"发掘儒家文化乃至整个中国文化中所包含的另一种注重分解尽理的运思方式及其所蕴涵的发展趋势，进而为儒家文化与现代民主政道的对话与融合探索一条新的更切近的通道和途径"② 以破解传统的孟王的心性儒学路径所必然面临的从内圣无法开出外王的难题。

（四）理论局限与教训

毋庸否认，荀子思想不可避免地有其缺陷。从整体上说，荀子力图融各家之长以发展儒家，但由于方法所限，但终究未能成功地实现融会统一，而

---

① 李泽厚：《中国古代思想史论》，人民出版社 1985 年版，第 106、115—116 页。
② 储昭华：《明分之道——从荀子看儒家与现代民主政道融通的可能性》，商务印书馆 2005年版，第 345 页。

导致其思想的各个层面、问题之间相当普遍地存在着深刻的内在矛盾张力，因而形成不同的理论与实践效应。体现在政治哲学层面，一方面，正视人性的实际，主张由礼而法，以礼义规范一切。沿着这一旨向，荀子提出了著名的"从道不从君"之说，这蕴涵着注重制度建构的演变趋向；而另一方面，又将这一切寄托于圣王身上，由此极力推崇君王，强化王权，最终在逻辑上和现实中导向了对圣王、君主及其主宰地位和作用的无限尊崇、迷信。所谓尊道，在现实的政治实践中，实质上变成了对被视为"人道之极"的君道的尊崇——君道、王权不仅是人道的极致，也实际上成为天道的化身。所谓礼义，从理论上说应源自（天）道，但实际上，"礼义法度者，是圣人之所生也。"（《荀子·性恶》）所以，实质上"道者，何也？曰：君之所道也。"（《荀子·君道》）"圣人者，人道之极也。"（《荀子·礼论》）"圣人也者，道之管也：天下之道管是矣，百王之道一是矣。故诗书礼乐之道归是矣。"（《荀子·儒效》）沿着这一方向，荀子最终将道归于君王之道。这不仅与前一方面的价值取向相抵牾，且最终实质上消解了前者，并因此对政治实践构成严重的误导。

其后，这一趋向不断增强，董仲舒便是沿此理路来确立君王的至尊地位："天之常道，相反之物也，不得两起，故谓之一。一而不二者，天之行也。"（《春秋繁露·天道无二》）最后，到二程和朱熹那里，以"君道即天道"（《河南程氏遗书》卷十一）的结论将这一理路推至极致。不能不说，以这种方式而引申出的对君王的这种神化和迷信正是中国传统政治文化中君临天下、王权至上的理念和极权统治模式形成并不断强化的重要原因之一。

正是这种矛盾和不同的价值取向，使得后世对荀子有各种不同的评价，不同时期变化巨大。近代以来，荀子对王权的推崇，尤其遭到以谭嗣同为代表的进步思想家们的尖锐批判。这些则为后世留下了深刻的理论教训，也值得我们认真总结汲取。

七、先秦儒家演进历程及其意义小结

（一）发展历程

《汉书艺文志》中关于儒家的描述是："儒家者流，盖出于司徒之官。助人君，顺阴阳，明教化者也，游文于六经之中，留意于仁义之际。祖述尧、舜、文、武，宗师仲尼，以重其言，于道最为高。"

这一描述清楚表明，儒家的核心理念、主旨和现实实践，其源流应归于尧、舜、禹（周）文王、（周）武王及周公等圣王那里。其后韩愈的道统说，进一步重申了这一点。

作为诸子之一的学派，则是由孔子所创立的。孔子虽以"述而不作"而自谦，实质上以其仁学为基点弘扬和发展了文武周公所倡导的礼乐文化，从理论和方法论上为先秦及其后的儒家奠定了基石，指明了方向。

亚圣孟子从应然立论，通过"四心说"将儒家的仁、义、礼、智的价值诉求植根于人性深处，确立为人之为人的根本和人所应有的正道、目标，由此着重从内圣层面深化了儒家思想。

荀子通过借鉴、吸收各家精华，成为先秦儒家的集大成者。其更多地立足当前和现实，着重从外王层面发展孔子所开创的儒家思想，力求使儒家理想得以贯彻落实于现实之中，成为经世安民的政治纲领。

孔、孟、荀综合起来，奠定了其后儒家发展的基本趋势和格局。

（二）理论与方法论启示

儒家为什么最终成为中国传统文化的主流？人们常常将此归因于众所周知的"罢黜百家，独尊儒术"的政治方略，认为其最合乎主政者统治的需要。这当然有其理据，但决非问题的全部。其更深层的原因在于，从华夏文明特别是政治、国家诞生的历史进程看，儒家文化其实应最合乎其发展的趋势。

除此之外，透过先秦儒家的具体演进过程，不难发现，儒家文化还有着其特有的理路和方法论上的优势，使其能超越于其他各派之上。一方面，顺应时代的需要和趋势，自觉担当起安定天下以安民、保民的使命，为天下由分到合提供理论指导；其二，富有批判精神，勇于并善于自我扬弃、自我超越；与之相应地，自觉借鉴吸收各家之长，丰富、完善自身，使自身得以"苟日新"、"日日新"；因而具有更好的理论与实践指导效应。原始儒家的这一精神，乃是儒家具有强大生命力的更重要源泉，也是其给予后人的重要启示。从这个角度说，秦汉之后儒家之所以成为中国传统社会占主导地位的意识形态，合乎王者安定天下的需要固然是其中重要的原因，其自身刚健有为、积极进取的精神和追求则是不容忽视的内因所在。

研判儒家文化的得失特别是其后所导致的负面效应，既要以哲学解释学的方法洞察原始儒家与其后构成意识形态主导的儒家、哲学家本人的旨向与实际的效应等等之间的内在联系，也应辨明它们之间的重要差异，从历史的、整体的视域加以分析评判。

第 四 章

玄妙之道：老子哲学

老子在先秦哲学家中可能是最具神秘色彩的，他主张的"道"是"常道"，遍在于天地宇宙之间，但是一般人习而不察；而且"道"又是不可言说的，"道可道，非常道；名可名，非常名。"（《老子》第一章）令人捉摸不透、把捉不住，往往给人一种玄妙深奥的感觉。甚至连老子的形象在后世也变得光怪陆离、魅力无穷，尤其是道教兴起后，一下子把他推上了神坛，老子便由先秦哲学家、思想家、政治家化身为作为道教"三清"之一的太上老君，不仅能呼风唤雨、撒豆成兵，甚至还长生不死、法力无边。那么，老子本人究竟是什么样的人？他的道家哲学核心要义又是什么呢？本节我们将穿过两千年的历史迷雾，直面老子及其著作《道德经》本身，来窥探其恍兮惚兮的道家智慧。

一、"其犹龙邪？"——老子其人

老子这个人可谓神龙见首不见尾，可以肯定的是他是世界著名的哲学家，道家鼻祖，被后世道教奉为宗师，配得上是中国智慧甚至世界智慧的象征。但是，关于其人，历史上有不同的说法。《史记》是最早记述老子其人的史书，有关老子的争论也是由这里引起。在《史记·老庄申韩列传》中，司马迁说："老子者，楚苦县厉乡曲仁里人也，姓李氏，名耳，字聃，周守藏室之史也。"又说："孔子适周，将问礼于老聃。""乃著书上下篇，言道德之意五千言。""或曰：老莱子亦楚人也，著书十五篇，言道家之用，与孔子同时云。"孔子去世一百多年后，周太史儋曾见秦献公，司马迁说："或曰：儋即老子，或曰非也，世莫知其然否。"也即《史记》中便记载了三个老子：老聃、老莱子、周太史儋。前两位是春秋末期人，大约与孔子同时代，后一位是战国时期人。司马迁与老子所生活的时代不过相隔四五百年，便已经无法确定哪一个才是老子，大家对老子是谁便有了争议，甚至连老子究竟姓老还是姓李都无法确定，有人说"老"是尊称，"老子"即后人所谓老先生的意思。有人说"老"是姓氏，当时称"子"的，都是在姓氏下面加"子"字，例如孔子、有子、墨子、庄子、孟子、惠子等等。当然，也有人遵照《史记》原文，认为老子的真名是"李耳"。不过先秦典籍中没有提到"李耳"，"耳"和"聃"字义相应，"老"和"李"古音同，所以老子为"老聃"的可能性要大一些。① 由此也可见，老子当时便已然是一个传说般的存在。

老子大约与孔子生活于同时代，年龄应该比孔子大，相传老子学问渊博，孔子曾向他请教过周礼。孔子在见过老子后，对弟子说："鸟，我知道它能飞；鱼，我知道它能游；兽，我知道它能跑。会跑的可以织网捕获它，会游的可制成丝线去钓它，会飞的可以用箭去射它。至于龙，我就不知道它能乘风云而飞腾上天。我今天见到老子，其犹龙邪！"（参看《史记·老庄申韩列传》）孔子这样的评价不可谓不高了，直接把老子比喻人中之龙，因为犹如神龙一般，故气象非凡、高深莫测呀。

我们还可以较为确定的是老子家里世代为史官。他自己曾做过周守藏室之史，是东周王朝掌管典籍图书的史官。在识字率不高的古代社会，掌管典籍图书应该算是顶级的知识精英了。老子既然是史官，所以不难理解他的学问有着王官之学的色彩，《汉书·艺文志》说得更加明白："道家者流，盖出于史官。历记成败存亡祸福古今之道，然后知秉要执本，清虚以自守，卑弱以自恃，此君人南面之术也。"所以道家思想来源于古代王官之学中的史官，即古代治理国家的历史经验。老子自己也说："执古之道，以御今之有。

---

① 陈鼓应：《老子今注今译》，商务印书馆2003年版，第8页。

能知古始，是谓道纪。"(《老子》第十四章）可见，道家思想可能是老子通过大量阅读周代及其以前的史书典籍，总结了历朝历代兴衰成败的经验和教训的基础上提炼出来的规律性的东西，其目的是更好地在为当下提供指导性建议。所以《庄子·天下篇》也说："以本为精，以物为粗，以有积为不足，澹然独与神明居。古之道术有在于是者，关尹、老聃闻其风而悦之。"可知老子、关尹的道家思想有着遥远的思想源头，也即所谓"古之道术"也，老子可视作道家思想的总结者和首次集中阐发者。

据说老子后因避内乱，隐归故里。一说离开王畿时，守关长官尹喜，看到"紫气东来"，便知有圣人自东边来，于是拜谒老子，请他务必将自己的思想写下来，以便流传后世，这便有了《老子》或《道德经》一书。《史记》是这样记载的："老子修道德，其学以自隐无名为务。居周久之，见周之衰，乃遂去。至关，关令尹喜曰：子将隐矣，强为我著书。于是老子乃著书上下篇，言道德之意五千余言而去，莫知其所终。"(《史记·老庄申韩列传》）一个"莫知其所终"的结局留给后世无限遐想的空间。

道教自东汉兴起以后，在哲学思想上主要吸收了先秦道家，故而将道家鼻祖老子尽情神化，老子由此而变为"太上老君"。据西晋时期的《老子化胡经》所描述，老子一出生便异象，他是太上老君"寄胎为人"，出生便头发胡子皓白，且能立马下地走路，一共走了九步，步步生莲花，然后，左手指天，右手指地，而告人曰："天上天下，唯我独尊。"这样就把老子彻底神化了。随着后世道教的发展，老子的形象也越来越神秘。但是，如果读《道德经》，我们会看到老子虽然承认有"帝"等存在，但是他更强调"天道无亲"，强调"道"是不受鬼神主宰的客观规律性。因此，老子本人的思想更具有人文主义特点，被后世神化为宗教教主恐怕也出乎他的意料之外吧。

老子的著作是《道德经》，又称《老子》，今传本《老子》分上下篇，约五千言，是用韵文写的哲理诗。估计最早的《老子》出现在春秋末年或战国初年，开始的文字不一定有五千字。《老子》文本在流传过程中不断经过人们口耳相传，笔之于简帛，不断加工、编排、整理、丰富，最后形成了西汉河上公本、魏晋时期王弼的《老子注》、唐代傅奕的《道德经古本编》等版本，以王弼本影响最大，现在通行本的《老子》主要依据的王弼本。虽然湖南长沙马王堆三号汉墓出土的帛书《老子》甲乙两种抄本，以及湖北荆门郭店一号楚墓出版的竹简本《老子》甲乙丙三组与通行本有相当大的差别，但是从对后世中国哲学史的影响而言，通行本《老子》以及由此为基础形成的道家学派，仍可作为我们研究道家的主要材料。老子和庄子仍可视作先秦道家的代表性人物。

二、"道法自然"——大道的智慧

（一）何谓"道"？

老子哲学体系的核心是"道"。"道"的本意是道路。老子把"道"抽绎出来，使之成为一个独立的抽象的哲学概念。什么是道呢？它是不可言说的，无法做正面的界定，只能绕着弯子去说明、暗示、隐喻，让人自己去体验。

老子讲的"道"是最真实的，但它浑然一体，没有具体的形象和名字。

> 有物混成，先天地生。寂兮寥兮，独立而不改，周行而不殆，可以为天地母。吾不知其名，字之曰道，强为之名曰大。大曰逝，逝曰远，远曰反。故道大，天大，地大，王亦大。域中有四大，而王居其一焉。人法地，地法天，天法道，道法自然。（《老子》第二十五章）

"道"是先于天地万物而存在的，它独立而不受其他事物限制，天地万物都是由它孕育出来的，它既是模糊、混沌的，又是真实存在的。老子说他不知道这个混成之物的名字，于是不得已给它取了个名叫"大"，以"道"作为它的"字"。古人的有名，还有字，合在一起才是"名字"，例如孔子名丘，字仲尼，称他为"仲尼"显得更加尊重，又如汉代著名经学家郑玄，字康成，一般尊称他为郑康成。为了表达对"大"的尊敬，我们一般称它为"道"，所以《道德经》里凡是提到"大"一般也与"道"相关。为什么"大"才是"道"呢？因为"大"才能"容"，所谓"有容乃大"，大道能总揽、容纳、潜藏宇宙万物一切的生成及其可能性，并且能保全万物的存在及其价值，所谓"域中有四大"的"大"便有掌管、保育万物之义。"大"到一定程度便会突破原有的边界，也即"逝"，逝到一定程度就会发生巨大变化（也即"远"），远到一定程度又会折返回原点。水循环是一个很好的例子，地面的河流和海洋的水受热，水分子之间的距离越来越远，便是"逝"，成为气态，上升到天空之中，是为"远"，遇冷凝结成雨水，降水后返回河流和海洋，这便是"返"。道家的智慧往往是来自自然界的，所以很多自然现象也能反映出大道的特征；除了自然界是如此，国家兴衰成败的规律何尝不是如此？所谓"天下大势合久必分，分久必合"，老子作为史官对这样的历史现象恐怕也非常熟悉吧。大道是自然界和人类社会的总规律、总原理，把握了大道便能更好地处理人与人之间、人与自然之间的关系。所以"域中有四大"，其中"王居其一"是最关键的，从自然和历史中总结、归纳出来的道家智慧最终是要服务于人类的生存和发展的，人应该以天地为师，而道本身不师法其他事物，而以自己为师，以"自然"为法则，也即"人法地，地法天，天法道，道法自然"。

（二）如何"道"

由于道家的道是一个整体，在本质上不可分割，故也不可言说，因为语言本身也是一种限定、限制，"道可道，非常道。名可名，非常名。无名天地之始；有名万物之母。故常无欲，以观其妙；常有欲，以观其徼。此两者同出而异名，同谓之玄。玄之又玄，众妙之门。"（《老子》第一章）这不是从宇宙生成论的角度讲万物之"始"与"母"，而是从认识论的角度强调万物之本根乃有"无名"与"有名"之一体两面。就万物起源而言，既有无名而不可知的一面，又有有名而可知的一面，二者乃一体两面，相反而为一，因而是玄之又玄。"微"指的是边界，即事物之间的界限，也可引申为端倪。道是无限性的，不可以用有限的语言、概念、思维、知性去界定和限制，因此，无欲的人才能体会道的玄通微妙，有欲的人则能觉察事物的边界，就如同欣赏一件艺术品，站在该作品面前时，我们觉得它很美，但又一时说不出它美在哪，可谓妙不可言；当我们不得不向他人表达这个作品的美时，我们需要用语言、逻辑等手段，这时这个艺术品的美便被限定了，有了边界，有了固定的内容，但实质上在这个过程中，该艺术品本身的美也丧失掉了部分内容。

道作为宇宙的本体、本源，它是"惟恍惟惚"、"惚兮恍兮"、"恍兮惚兮"、"窈兮冥兮"的。（《老子》第二十一章）什么叫"惚恍"呢？也即老子说的"无状之状，无物之象"，具体而言，又可说它是"夷"、"希"、"微"，"视之不见名曰夷，听之不闻名曰希，搏之不得名曰微。此三者不可致诘，故混而为一。"（《老子》第十四章）人们看不见、听不到、摸不着，故而混为一体。可见，道不是感觉器官直接能把握的认识对象。

（三）遵"道"的必要性

道既是整体性的、本体性的"一"，且是宇宙最根本的法则和规律，万事万物都需要遵循它而存在、繁荣。"昔之得一者，得一以清，地得一以宁，神得一以灵，谷得一以盈，万物得一以生，侯王得一以为天下贞。其致之，天无以清将恐裂，地无以宁将恐废，神无以灵将恐歇，谷无以盈将恐竭，万物无以生将恐灭，侯王无以正将恐蹶。"（《老子》第三十九章）天、地、神、谷（人类最基本的生活资料）、万物、侯王（统治阶层）无不需要依赖道、遵循道，否则将导致灾难。用现代的话说，便是人类的发展必须遵循自然规律和社会规律，按规律办事，才能获得理想的结果，长期违背基本的规律则会导致灾难。人人都在道中，有人会问："如果我在道中，那为什么我自己完全感觉不到呢?"举一个例子来说明，其实，用"生物钟"的概念便很好地解释了每个人体内都有"道"，我们的生物钟是与自然界的规律相契合的，如果人们的生物钟长期紊乱，必然会导致疾病甚至死亡；如果人们能根据生物钟的规律生活显然会更容易获得健康。

由上可见，道家在先秦哲学诸家中抽象思维水平最高，他们从个别事物中抽象、总结出了宇宙本源、本体和总规律，称之为"道"，代表着先秦哲学思想的高度。

三、"无为而无不为"——老子"无为而治"的智慧

（一）"道"之"德"

老子讲的"道"是无形的，它必须通过具体的事物体现出来，从而彰显它的功用。"道"所彰显于物的功用，便是"德"。老子讲"孔德之容，惟道是从。"（《老子》第二十一章）意思是大德的状态是跟随"道"而转移的。老子并不是纯粹的哲学家，完全是为了讨论形而上学问题而提出"道"的学说，他关于"道"的形上学有着强烈的现实关怀，是为指导人的行为实践而提出的。所以在《老子》一书中，纯粹讨论道的内容并不多，更多的篇幅是在讨论"德"，也即"道"之"德"。这种德表现出来便是"无为"，老子认为人们应该遵循这个道，那么怎么做呢？就是为"无为"，无为才能无不为。

老子说："上德不德，是以有德；下德不失德，是以无德。上德无为而无以为；下德为之而有以为。上仁为之而无以为；上义为之而有以为。上礼为之而莫之应，则攘臂而扔之。故失道而后德，失德而后仁，失仁而后义，失义而后礼。夫礼者，忠信之薄，而乱之首。前识者，道之华，而愚之始。是以大丈夫处其厚，不居其薄；处其实，不居其华。故去彼取此。"（《老子》第三十八章）大意是上"德"的人不自认为有德，所以是真有"德"；下"德"

的人自以为不失德，所以反而是无"德"。下德有着强烈的主观意愿，想让自己成为一种品德，然而这样反而丧失了德性。① 就像一个人想成为好人，天天四处找好事去做，哪里有好事，赶快跑去做一个；又如做了好事之后自鸣得意，觉得自己品德高尚。这其实都是老子所说的"下德"。问题出在这些都太刻意、不自然。做好事应该是一件自然而然的事情，当遇到别人有困难时才伸出援手，或者说当别人需要你伸出援手时，你就伸出援手，这是最好的。上德则是表现出高尚的品德，却不自以为有品德，这还不是一种谦虚，而是说这种品德是自然流露的，没有功利心的掺杂。然后老子又说，上仁是有所作为却不以为有所作为，上义的人有所作为且出于有意为之。上礼的人有所作为，如得不到回报或响应，便攘着胳膊拉着别人，使别人强从。所以失去了"道"，而后有"德"，失去了"德"而后才有仁，失去了仁而后才有义，失去了义而后才有礼。可见老子认为上仁比下德还要好，毕竟上仁为之而无以为，接近上德。老子对上仁还是比较推崇的，从本章"失道"、"失德"、"失仁"、"失义"、"后礼"的安排来看，老子讲道、德与儒家的仁、义、礼放在同一序列之中，而不是对立的两个派别。一般人印象中，儒家和道家是对立的两派，老子是反对儒家的鼻祖。但从这章来看，老子似乎批判了儒家的仁义礼等核心观念，然而老子批判的重点不在于仁义礼等品德本身，而在于道德礼仪盛行之中强制和虚伪的表现。老子针对的是重礼之形式而轻德之实在的倾向，批评传统的、世俗的社会标准和价值取向，追求自然的、内在的和自发的价值标准和社会行为。换言之，老子批评的是传统道德的实践过程中所出现的问题，不一定是传统的或儒家的伦理道德内容本身。② 所以老子关注的重点是"德"是否是无为自然的，强迫别人去遵守道德，特别是这种强硬的态度和做法反而是无德的，例如我们现在讲的道德绑

---

① 本书关于《老子》原文的翻译和注释主要参考了陈鼓应：《老子注释及其评介》，中华书局 1984 年版；吴根友导读注释：《老子》，岳麓书社 2018 年版，下文不再注明。

② 刘笑敢：《老子古今：五种对勘与析评引论》上卷，中国社会科学出版社 2006 年版，第426—427 页。

架，道德本身是值得推崇的，但是用以绑架别人，当然就不可取了。

正是因为人们无法认识和遵守"道"，于是不得不提倡"德"；由于人们无法做到"德"，不得不提倡"仁"，仁也做不到便只好提倡"义"，义还是做不到，便不得不提倡"礼"。老子生活于周朝末期，周朝便是一个繁文缛节特别多的朝代，老子认为周朝之所以问题很多，出现"礼崩乐坏"、"春秋争霸"的局面就是因为"礼"太多、太繁，"夫礼者，忠信之薄，而乱之首。"礼，当然是一种外在约束人们行为的东西，老子觉得过于强调外在的道德约束，也即礼，破坏和染污了人们自然而然的纯朴的道德心灵。所以老子提倡大丈夫应该立身敦厚、笃实，而不浅薄、虚华。这也是儒家和道家分道扬镳的关键点，老子和孔子大致处于同一个时代，面对的社会问题便是周朝末年礼崩乐坏、社会动乱的局面，但二人采取了完全不同的治理理念，老子觉得周朝的衰落主要问题是礼节太多，人们过于重视礼的形式，而丧失了纯朴的德性；而孔子恰恰相反，认为周朝的衰落主要原因是原来的礼乐制度崩坏了，所以主张恢复礼乐，重建传统的社会秩序。可见儒道二家要解决的时代问题几乎是一样的，但二者采取的解决之道却正好相反。不过，在强调道德实践必须是真诚的、自然的等方面，儒道二家其实是一致的。

（二）"无为而治"

这种"自然无为"的原则体现在国家治理层面便是"无为而治"。老子经常用一些日常生活中人们熟悉的例子来说明抽象的大道理，例如他在解释治理国家需"无为而治"时，便提出了著名的"治大国如烹小鲜"的说法（《老子》第六十章）。治理大国是一件多么复杂的事情，而老子却化繁为简，说这就像煎小鱼，在煎鱼时不能过分地去翻动小鱼，翻动多了鱼肉就散了，相应的在治理大国这件事上，老子劝统治者少干预老百姓的生活，就如煎小鱼一样，必要的时候翻动一下即可，切忌过分干预。这个理念对传统中国的政治思想产生了深远影响。它主张为政之要在于安静无扰，少对老百姓的生活进行指导和操控，否则会带来灾祸。

老子说："太上，不知有之；其次，亲而誉之；其次，畏之；其次，侮之。信不足焉，有不信焉。悠兮，其贵言。功成事遂，百姓皆谓我自然。"（《老子》第十七章）最好的统治状态（或统治者）是，人们几乎不知道统治者的存在，因为统治者无为而治；其次的统治者，人们亲近他并赞誉他；再次等的统治者，人们畏惧他；更次的统治者，人们侮辱他。统治阶层的诚信不足，人们便不相信他。统治者悠闲的样子，很少发表言论（政令），事情便做好了，老百姓都称赞统治者自然无为。一个统治阶层或者政府，人们害怕、侮辱它，那这样的统治也不会太长久了，因为它已经丧失了我们今天所说的"政府公信力"，人们不信任它了。在老子看来，统治者无为而治，老百姓安居乐业，甚至忘记了统治者和政府的存在这才是最理想的政治治理状态。

这样的统治方式对统治者而言似乎是较为自然、轻松的，但是现实中统治者往往倾向于刚健、有为。老子说："使我介然有知，行于大道，唯施是畏。大道甚夷，而人好径。朝甚除，田甚芜，仓甚虚，服文采，带利剑，厌饮食，财货有余，是谓盗夸。非道也哉！"（《老子》第五十三章）大意是统治者应该有把握地了解大道、践行大道，生怕偏离了大道。有点像《坛经》里神秀说的："常常勤拂拭，莫使若尘埃"，践行道家的大道也要谦虚谨慎、不骄不躁，防止偏了它。虽然道家说的道是宽敞的大道，但人们仍然喜欢走到羊肠小道上去，走到歧路上去，也即"大道甚夷，而人好径。"具体表现在古代的统治者身上则是追求朝堂、宫殿的干净整洁，但百姓的田地却荒芜了，国库也空虚了，统治者的衣服有文采、华丽，并佩戴利剑，吃得太好而厌恶饮食，财产很富余，这便是"盗夸"。这里的"盗"是盗汗的"盗"，也即"虚"的意思。盗夸便是虚华，看上去统治者很强大、富余，但实际民不聊生，那些繁荣都是虚假的繁荣。统治者追求服饰的华丽、宫殿的整洁和佩戴利剑等奢侈品，会导致文武百官，甚至一般百姓也跟着追求浮华的生活，上行下效。社会浮华、浮躁之风气的形成往往是一部分人富余、有特权，多数人追慕而成的。这样的国家和君主看上去很强大，但实际上危机四伏，如杜牧《阿房宫赋》所说，秦王朝之强大"六王毕，四海一；蜀山兀，阿房出。覆压三百余里，隔离天日。……歌台暖响，春光融融；舞殿冷袖，风雨凄凄。一日之内，一宫之间，而气候不齐。"阿房宫的雄伟华丽也反映了秦王朝的一时强盛，但是"戍卒叫，函谷举；楚人一炬，可怜焦土。"秦朝统治者不懂得爱惜民力，为了自己的虚荣和享乐，建造阿房宫，虽能横扫六国，一统天下，但最终也很快灭亡。

（三）"清净"则"无为"

落实无为而治的关键在老子看来是统治者必须"清静无为"、"少私寡欲"。"五色令人目盲；五音令人耳聋；五味令人口爽；驰骋畋猎，令人心发狂；难得之货，令人行妨；是以圣人为腹不为目，故去彼取此。"（《老子》第十二章）放纵感官欲望就会被欲望控制，令人心狂，理想的统治者，也即"圣人"，"为腹不为目"，只追求基本生存欲望的满足，而否定高级的感官享受，这样才能保持精神层面的恬淡无为。

圣人精神上的恬淡无为不仅仅表现在不扩充欲望，而且还表现在没有固执的想法。老子说："圣人常无心，以百姓之心为心。善者，吾善之；不善者，吾亦善之，德善。信者，吾信之；不信者，吾亦信之，德信。圣人在天下，歙歙焉为天下浑其心，圣人皆孩之。"（《老子》第四十九章）圣人无常心，根据老百姓的需求而变化，以百姓心为自己的心，这便是我们现在常说的全心全意为人民服务。这段体现了老子的民本思想，与儒家相似，孟子曾引《尚书》："天视自我民视，天听自我民听"。与老子这段的思想也相契合。这段还体现了老子最基本的人道主义精神，对不善者、不信者，他也主张善之、信之，其实是主张以符合道的精神对待这些人，例如对待战俘也应该有基本的人道精神。老子还主张圣人要单纯、淳朴，同样，还要让天下百姓回到婴儿般纯真的状态。圣人对待百姓要像对待婴儿孩童一般，呵护他们、信任他们。

老子认为，只有无为而治才能最终使得国家强盛、人民幸福。他说："以正治国，以奇用兵，以无事取天下。吾何以知其然哉？以此：天下多忌讳，而民弥贫；人多利器，国家滋昏；人多伎巧，奇物滋起；法令滋彰，盗贼多有。故圣人云：我无为，而民自化；我好静，而民自正；我无事，而民自富；我无欲，而民自朴。"(《老子》第五十七章) 老子认为"以无事"才能"取天下"，把握好无为而治则能获取天下。这段似乎老子反对文明，反对"利器"、"伎巧"、"奇物"，甚至"法令"，其实不然，老子是反思文明、法律的负面作用，主张以无为和自然来引导社会的发展和进步。圣人做到了"无为"，便会出现人民"自化"（自我教化）、"自正"、"自富"、"自朴"的良好局面，这意思是统治者不过分干预老百姓的生活，老百姓就会自觉地、舒服地实现自我教化、自我约束，最终富余起来、思想淳朴起来。

老子无为而治的智慧有着深刻的历史意义和现实意义，凡是实行无为而治的朝代基本上都是强大的朝代，例如汉初实行黄老道家的无为而治策略，休养生息，最终出现了"文景之治"。经过楚汉之争，汉朝立国之初，国家较为虚弱，在与匈奴的对战中，曾有著名的"白登之围"，汉高祖刘邦被匈奴困在白登，此后，汉朝开始推崇黄老道家，采取"轻徭薄赋、与民休息"的政策，国家逐渐富裕、强盛，为后来汉武帝征伐匈奴、收复河山奠定了坚实的物质基础。又例如我国的改革开放，也是取消计划经济，而实行市场经济，让市场这个"无形的手"来主导资源配置，国家宏观调控为辅助，其实也基本符合道家"无为而治"的理念。

四、"为道日损"——老子体道的工夫与境界

（一）"为学日益，为道日损"

对"道"的认识最终要落实到对"道"的体悟和践行。老子认为，一

般来说，获得知识需要不断积累，得用加法，一步一步肯定；而体验或把握"道"则要用减法，一步一步否定。他说："为学日益，为道日损，损之又损，以至于无为，无为而无不为。"（《老子》第四十八章）为学是一天天增加知识和见解，尤其是对仁义礼法的追求，老子认为这可能会增加人们的知见与智巧。为道则是通过直观体悟来把握事物未分化的状态或向内探索自身虚静的心境，这种工夫做得愈深，私欲妄见的活动愈减损，减少又减少，一直到"无为"的境地。认识宇宙的部分，需要靠知识的一点一点积累，而需要认识整个宇宙的总根源和总规律，则需要依靠生命的直观体悟、"玄览"、"静观"。老子之所以反思"学"，一方面是主张打破局部认识的局限，体悟和认知天地宇宙未分化的整全状态；另一方面则是认为"政教礼乐之学"会导致人们产生机巧算计之心，损害自然淳朴之心。老子说的"损"，是修养的工夫，是一个过程。一方面，我们面对一现象，要视之为表相；得到一真理，要视之为相对真理；再进而层层追寻真理的内在意蕴。宇宙、人生的真谛与奥秘，是剥落了层层偏见之后才能一步步见到的，最后豁然贯通在我们内在的精神生命中。另一方面，"损"也意味着我们需要一步一步减损掉对外在之物的各种欲望及对功名利禄的追求，一层层除去表面的偏见、执著、错误，穿透到玄奥、自然、纯真的深层去。"无为而无不为"，即不特意去做某些事情，依事物的自然性，顺其自然地去做。①

与"为道日损"类似的表达在《老子》中还有"绝圣弃智"等表达，"绝圣弃智，民利百倍；绝仁弃义，民复孝慈；绝巧弃利，盗贼无有。此三言也，以为文未足，故令有所属：见素抱朴，少私寡欲。"（《老子》第十九章）郭店竹简本《老子》该章的表述略与通行本有差异："绝智弃辩，民利百倍；绝巧弃利，盗贼无有；绝伪弃诈，民复孝慈。三言以为使不足，或令之有乎属：视素抱朴，少私寡欲。"郭店竹简本《老子》是目前发现最早的《老子》版本，可见在早期的《老子》文本中并不反对圣与仁义，而是反对辩论、机

---

① 郭齐勇：《中国哲学史》，高等教育出版社 2006 年版，第 42—43 页。

巧、虚伪、欺诈等。最早的《老子》文本或处于儒道两家并未分化的时代，其主张"道德"可以融摄"仁义"。如前文所论述的，老子并不反对仁义、知识、圣智等本身，而是警惕知、欲、巧、利、圣、智、仁、义等对于人的纯朴心灵、直觉领悟能力、天然德性的损害和破坏。所以老子才说："绝学无忧。唯之与阿，相去几何？善之与恶，相去若何？人之所畏，不可不畏，荒兮，其未央哉！众人熙熙，如享太牢，如春登台。我独泊兮，其未兆，如婴儿之未孩；傈傈兮，若无所归。众人皆有馀，而我独若遗。我愚人之心也哉，沌沌兮。俗人昭昭，我独昏昏；俗人察察，我独闷闷。澹兮，其若海；飂兮，若无止。众人皆有以，而我独顽似鄙。我独异于人，而贵食母。"（《老子》第二十章）"绝学无忧"不是主张完全放弃学习，而是要渡过、超越"学"的阶段，众人"熙熙"、"有馀"、"昭昭"、"察察"，一派志得意满、精明干练、风光无限的样子，而老子却"独泊"、"傈傈"、"若遗"、"沌沌"、"昏昏"、"闷闷"，如同婴儿一般纯朴、憨厚，看似懵懂无知实则有大智慧。

（二）"致虚极，守静笃"和"涤除玄鉴"的工夫

老子还提倡"致虚"、"守静"的工夫。"致虚极，守静笃，万物并作，吾以观复。夫物芸芸，各复归其根。归根曰静，静曰复命。复命曰常，知常曰明。不知常，妄作凶。知常容，容乃公，公乃全，全乃天，天乃道，道乃久，没身不殆。"（《老子》第十六章）。"虚"、"静"形容心境原本是空明宁静的状态，只因私欲的活动与外界的扰动，而使得心灵蔽塞不安，所以必须时时作"致虚"、"守静"的工夫，以恢复心灵的清明、无欲、淳朴。在这样的工夫下，才能透过"万物并作"，万物共同生成、发作的现象界，去认识和体悟背后的往复发生的总规律；透过芸芸诸物去归纳和观察其本原、本根，也即透过现象界去认识"道"。当认识"道"时，便可以消除人的私欲、智巧，实现心灵的淳朴、宁静，所谓"以静胜躁"，"静为躁君"，这便是老子说的"复命"，复归到自然本性。这其实是中国哲学的代表性思维和工夫，

儒家李翱也提出复性说，后来发展出宋明理学的心性论；禅宗等中国佛家也主张复归自性、本心，认识本来面目。可见，老子的"复命"的思维在中国哲学中具有代表性，对后世影响很大。老子认为，复命才是常道，知道了"常"，才能称为"明"，也即领悟。不知道，甚至违背"常"（常道），妄自作为，则会出现凶险的后果。反之，如果知常，则会宽容，宽容的人才会公正，公正才能保全万物，保全万物才能无不周遍，才是"天"的德性。天的德性才能称为"道"，践行"道"，才能长久，终身才能免于危殆。

老子还主张"涤除玄鉴"的工夫，"载营魄抱一，能无离乎？专气致柔，能如婴儿乎？涤除玄鉴，能无疵乎？爱民治国，能无为乎？天门开阖，能为雌乎？明白四达，能无知乎？生之畜之，生而不有，为而不恃，长而不宰，是谓玄德。"（《老子》第十章）。营，魂，指精神。魄，指身体。专，转，即运转。"鉴"，通行本作"览"，马王堆帛书《老子》甲本作"监"，即古"鉴"字。"玄鉴"即玄妙的镜子，指人们的内心。"涤除玄监"即洗去内心的尘垢。这一章是说，保持形体与精神的统一，能使之不分离吗？运转气血使筋骨柔和，能做到像婴儿一样吗？把心中的尘垢（私欲和区分彼此的小智等）清除出去，能做到使心没有瑕疵吗？爱民治国，能不要小聪明吗？与天之气相接通、相闭合的一生，能甘居柔雌的地位吗？聪明通达，能做到超越知识吗？在老子看来，知与欲，理智的或价值的分别，使人追逐外在之物，容易产生外驰之心，加深物、我、人、己的隔膜，背离自然真性。老子认为，德养深厚的人，如无知无欲的赤子婴孩，柔弱平和，身心不分离，这才合于"道"，而强力、盛气、欲望与思虑太多，则不合于"道"。

（三）"柔弱胜刚强"的智慧

由上可见，老子非常推崇柔弱的地位，他提倡"贵柔"、"守雌"。"知其雄，守其雌，为天下溪。为天下溪，常德不离，复归于婴儿。知其白，守其黑，为天下式，为天下式，常德不忒，复归于无极。知其荣，守其辱，为天下谷。为天下谷，常德乃足，复归于朴。朴散则为器，圣人用之，则为官长，故大制不割。"(《老子》第二十八章)这章说的是要懂得雄强，但却安于雌柔，作为天下的溪涧。溪涧柔弱处下，却天下归往。作为天下的溪涧，常德就不会离开，回复到婴儿般的初心状态，保持心灵纯粹不杂。与"雄"，老子更推崇"雌"的特性，他提倡的容纳、柔韧、谦下、虚静、和谐等概念、价值和方法，以及道的"生育"特点，都更加接近于传统习惯所认定的女性的性格特点。类似的"知其白，守其黑"、"知其荣，守其辱"才是践行"道"的工夫和境界，作为理想的君主，即"圣人"，老子强调他们必须"受国之垢，是谓社稷主；受国之不祥，是为天下王。"(《老子》第七十八章)因为谦下、包容才能容纳"辱"、"黑"、"国之垢"、"国之不祥"，这样的统治者才能成为天下的法式，才是践行"常道"的"常德"的表现，久久坚持便复归到真朴的"道"上来。真朴的"道"分散成为万物，有道的人沿用真朴，则为百官的首长。所以完善的政治是不割裂的，因为它是"道"的发用。

老子的"守雌"还有一个著名的比喻与之相关。"上善若水。水善利万物而不争，处众人之所恶，故几于道。居，善地；心，善渊；与，善仁；言，善信；政，善治；事，善能；动，善时。夫唯不争，故无尤。"(《老子》第八章)最高的善要像水一样，水善利万物而不争，如同春雨"随风潜入夜，润物细无声"，从未争夺、炫耀，处于溪涧、沟谷、下水道，都是人们厌恶的地方，但是水的品德最接近于"道"。老子认为具有不争的美德才能无忧，因为人们往往打着公平、正义、善良等美好的旗号进行争斗，甚至发动战争，老子反对"争"，但是，"不争"是一个侧面，但不是全面。老子认为，若居、心、与、言、政、事、动皆能如上文所要求的那样，则就不会产生争执、争斗、争抢等无序化的结果。而要导致无尤的理想结果，就应当在七个方面以水的谦虚、善于利物的智慧与善良为榜样。

"贵柔"、"守雌"等工夫的提出都是与"道"的运行规律有关系的。老子说："反者，道之动；弱者，道之用。"(《老子》第四十章)意思是，向相反的方向变化发展，是"道"的运动；柔弱，是"道"的作用。所以"守雌"

等都是依据"道"的作用而行动。另外，"反者，道之动"也是老子辩证法思想的重要内容，要践行"道"，也必须掌握辩证思维。老子说："祸兮，福之所倚；福兮，祸之所伏。孰知其极：其无正也。正复为奇，善复为妖"（《老子》第五十八章）；"天下皆知美知为美，斯恶矣；皆知善，斯不善矣。有无相生，难易相成，长短相形，高下相倾，音声相和，前后相随"（《老子》第二章）；"物壮则老"（《老子》第三十章）；"强梁者不得其死"（《老子》第四十二章）；"甚爱必大费，多藏必厚亡"（《老子》第四十四章）等等，事物发展到极致便会走向自己的反面，而且有无、难易、祸福、长短、高下等等都是相互依存、彼此消长的。刚健有为、积极奋发、乘风破浪是一般人的通常做法，但是老子则看到了事物发展的全过程，也即"道"，主张人们应该警惕和注意事物向相反的方向发展，甚至向相反的方向发展才是事物发展的总规律。正是面对万事万物之走向自身反面的不可逆转性，老子提出居弱守雌的方法，从而使自身在万物轮转之必然中立于不败不衰之地。从这一意图来看，老子哲学有着积极的意义。按这一思路，老子主张以一定的谋略使敌方陷于失败："将欲歙之，必固张之；将欲弱之，必固强之；将欲废之，必固兴之；将欲夺之，必固与之。是谓微明，柔弱胜刚强。"（《老子》第三十六章）"柔弱胜刚强"的提出是以"道"为依据的。

　　总之，老子推崇"致虚"、"守静"，他的"静"是针对天下纷争搅扰而提出的，他希望认识活动能够"守静"，这是侧重政治方面而立论的。他说："清静为天下正"。（《老子》第四十五章）"不欲以静，天下将自定。"（《老子》第三十七章）这是强调统治者不应该被贪欲所控制、激扰，才能达到"清静"，清静是与"无欲"相关的，无欲才能"无为"。老子说："我好静，而民自正……我无欲，而民自朴。"（《老子》第五十七章）统治者若能清静自守、无欲无为，社会才能走向安定，人民才能淳朴、正直。"贵柔"、"守雌"与"不争"也是老子所推崇的，现实生活中人们总是喜欢争强好胜，尤其是春秋战国时期，各国无不为了自己的私利而相互争斗，天下动荡，纷争不断。老子认为柔弱实际上有着巨大的力量，如同水，时间久了，水滴石穿，甚至发洪水能摧毁桥梁、房屋、夷平城市，可谓无坚不摧，所以柔弱胜过刚强。天下的统治者不懂得这个道理，一味追求雄强，故而刚愎自用，自矜、自伐、自是、自见、自彰。天下纷争正是基于此而产生的。当然，老子的"不争"也不是完全的消极，而是主张为"无为"，还是要"为"，只是顺应着"道"的规律去"为"，遵循"道"的品德去"为"，而不是过度地"为"，为"无为"或说"守雌"、"不争"等等都是为了"利万物"，为了民"自化"、"自正"、"自朴"等理想社会的出现。

五、总结与评价

老子的哲学是由"道"而展开的。道家的"道"是万物生成的超越根据，它涵盖了"无"与"有"两界、两层。就道体而言，道是无限的真实存在实体；就道用而言，周溥万物，遍在一切之用。道之全体大用，在"无"界中即用显体，在"有"界中即体显用。"有"界是相对的现象世界，"无"界是超越的精神世界，绝对的价值世界。相对的"有"与绝对的"无"相互贯通。这是就两界而言的。若就两层而言，"无"是心灵虚静的神妙之用，是"道"之作用层；"有"是生、为、长养万物之利，是道之现实层。庄子《天下》赞扬关尹、老聃"建之以常无有"。"建之以常无有"是真正的哲学智慧。道家这种既无又有、既相对又绝对、即妙用即存有之双向圆成的玄道，启发了后世魏晋玄学、宋明道学（理学）之即体即用、即无即有的模型。但是道家的"无"之本体论是一种特殊的睿智，强于境界的品格而弱于现实的品格。

尽管道家以虚无为本，柔弱为用，弱于"有"之层面（人文、客观现实世界）的能动建构，但在人生境界的追求上，我们对于道家破除、超脱自我的执着，荡涤内心的物欲染污，消解声色犬马、功名利禄的系缚，顺人之本性，养心之清静方面，则不能不加以肯定。虚、无、静、寂，凝练内在生命的深度，除祛逐物之累，正是道家修养论的一个重要方面。①

老子的"道"是基于人性、社会、宇宙万物的本真、自然而提出的，他试图探寻整个宇宙背后的总根源和总规律，这就把变动不居的现象界与本体界剥离开来，不仅代表了中国哲学的思维高度，而且也企图突破个体自我的狭隘和局限，将个体从现实世界超拔出来，提倡对人的精神世界作减法，损之又损，最终复归婴儿般的纯朴，这便与宇宙精神、天地大道相契合了，然后再从宇宙大道的角度，反观人生、社会，以此来指导人类社会的生活实践，提升人的存在境界。

总之，老子"道"的学说是先秦哲学，甚至整个中国哲学最高的抽象思维的代表；他提出"无为"、"自然"等观念成为中国哲学的核心内容，对后世影响很大；"致虚"、"守静"、"守雌"、"不争"等体道的工夫不仅关涉人性的本真，也是为政之道的基础，至今仍有重要的现实意义。老子为代表的道家思想是中华优秀传统文化非常重要的一支，《老子》其书充满了深奥的智慧，自古以来，有诸多的诠释版本，被译为多国文字，像一口永不枯竭的泉水，不断地滋润着中华文化，甚至世界文化。

① 郭齐勇：《中国哲学史》，高等教育出版社 2006 年版，第 45—46 页。

第 五 章

超越性的追求：庄子哲学

如果你喜欢放歌纵酒，悠游江湖；爱慕魏晋风流、率性真人；追求突破自我局限，独与天地精神相往来，那么，你一定不能错过庄子。

一、"我本楚狂人"——庄子其人

（一）"庄子钓于濮水"

庄子在先秦诸子中是比较另类的，他在人生事业上的选择便很不一般：

"庄子钓于濮水，楚王使大夫二人往先焉，曰：愿以境内累矣！庄子持竿不顾，曰：吾闻楚有神龟，死已三千岁矣，王以巾笥而藏之庙堂之上。此龟者，宁其死为留骨而贵乎？宁其生而曳尾于涂中乎？二大夫曰：宁生而曳尾涂中。庄子曰：往矣！吾将曳尾于涂中。"（《庄子·秋水》）

这段意思是：庄子在濮水钓鱼，楚威王派了两个大臣先去表达他的心意说："我想将国内的政事全托付先生！"庄子握着钓鱼竿，头也不回地说："我听说楚国有只神龟，已经死了三千年了，国王把它盛在竹盒里用布巾包着，藏在庙堂之上。请问这只神龟，宁可死了留下一把骨头让人尊崇呢？还是愿意活着拖着尾巴在泥巴里爬？"两个大臣说："宁愿活着拖着尾巴在泥巴里爬。"庄子说："那么请便吧！我还是希望拖着尾巴在泥巴里爬。"①

类似的记载还见于司马迁的《史记·老庄申韩列传》：

"楚威王闻庄周贤，使使千金迎之，许以为相。庄周笑谓楚使者曰：千金，重利；卿相，尊位也。子独不见郊祭之牺牲乎？养之数岁，衣以彩绣，以入太庙。当是时，虽欲为孤豚，岂可得乎？子亟去，无污我。我宁游戏污渎之中而自快，无为有国者所羁，终身不仕，以快吾志焉。"

由"楚威王闻庄周贤"可见庄子在当时也是有相当大的社会名气和影响力的人物，面对来自威权阶层（楚王）的邀请，"千金"、"卿相"的诱惑，庄子很潇洒地便拒绝了，"持竿不顾"，画面感很强，将从容、洒脱展现得淋漓尽致。不过这样的态度和选择放在任何时代似乎都是不合常情的，功名利禄向来是人们所追捧的东西，放在今天，这便是年薪几百万的高级公务员，即使高校学生不趋之若鹜，学生家长也会为之疯狂。但庄子的选择就是这么出人意料。《史记》的这段记载显然比《秋水》篇包含着更多的意味，它提到了庄子拒绝的理由："自快"、"无为有国者所羁"、"以快吾志"。一般人看到了"千金"、"卿相"光鲜诱人的一面，而庄子却看到了更多东西，他意识到在这光鲜之下也有着劳累、负担和羁绊，必须让渡自己的人身自由、真性真情、劳动力和尊严等等才能换得。在政治地位、金钱财富与逍遥的生活之间，庄子毅然选择了后者。要知道庄子大致生活于战国中期，此时天下分崩离析，诸侯争霸，社会动荡不安，此时选择出仕，风险要比和平年代还要高得多，毕竟伴君如伴虎，乱世尤甚。

"持竿不顾"地拒绝卿相之位，庄子的做法与同时代许多杰出人物的选择形成了鲜明对比。战国中期，群雄比起，逐鹿中原，思想界也是"百家争鸣"，"当是之时，秦用商君，富国强兵；楚、魏用吴起，战胜弱敌；齐威王、宣王用孙子、田忌之徒，而诸侯东面朝齐。天下方务于合纵连横，以攻伐为

---

① 陈鼓应：《庄子今注今译》，第 511 页。本章对《庄子》章节的翻译主要参考该书，下文不再说明。

贤。"(《史记·孟子荀卿列传》)庄子厌倦了百家争鸣的纷扰，看透了诸侯争霸的丑陋，他选择"自快"，显得很"狂"，拒绝千金之禄、卿相之位已然很狂，拒绝的理由竟然是"自快"，竟有几分戏谑、讽刺的味道了。

（二）鹓鶵如何能理解凤凰？

《庄子·秋水》中的另外一个故事也表现了类似的"狂意"：

惠子相梁，庄子往见之。或谓惠子曰："庄子来，欲代子相。"于是惠子恐，搜于国中三日三夜。庄子往见之，曰："南方有鸟，其名为鹓鶵，子知之乎？夫鹓鶵发于南海，而飞于北海，非梧桐不止，非练实不食，非醴泉不饮。于是鸱得腐鼠，鹓鶵过之，仰而视之曰：'嚇！'今子欲以子之梁国而嚇我邪？"

惠施是庄子的好友，也是他最大的论敌，他们经常在一起辩论。与庄子相比，惠施选择了卿相之位，他在魏国做国相，辅佐梁惠王，庄子前去见他。有人告诉惠施说："庄子来魏国的都城大梁，是想取代你做宰相。"于是惠施非常害怕，在国都搜捕三天三夜。庄子前去见他，说："南方有一种鸟，它的名字叫鹓鶵，你知道它吗？那鹓鶵从南海起飞，飞到北海去，不是梧桐树不栖息，不是竹子的果实不吃，不是甜美的泉水不喝。在此时猫头鹰拾到一只腐臭的老鼠，鹓鶵从它面前飞过，猫头鹰仰头看着，发出：'嚇！'的怒斥声，生怕鹓鶵抢了自己的腐鼠。现在你也想用你的梁国来嚇我吗？"鹓鶵传说是凤凰一类的鸟，自然是猫头鹰无法理解的。庄子以鹓鶵自比，直斥惠施是具有小人之心的猫头鹰，一个区区魏国的相位在庄子那里如同鹓鶵眼里的腐鼠，他哪能看得上呢？对鹓鶵而言，它飞翔于大地之间，从南海到北海，"非梧桐不止，非练实不食，非醴泉不饮"，是何等的清高。惠施为了保住官位而猜忌庄子，可见其受卿相、千金染污之深，反而说明了庄子为什么拒绝成为工具性的卿相，并显示了自己的潇洒和高洁。

在现实生活中，梧桐、练实和醴泉不是人间烟火，只能是精神层面的食粮。现实中的庄子由于拒绝对政治权力作妥协，故穷困潦倒。司马迁说：

"庄子者，蒙人也，名周。周尝为蒙漆园吏，与梁惠王、齐宣王同时。"（《史记·老庄申韩列传》）蒙国不算大国，漆园吏究竟是何等级的官员，历来学者有争议，但可以肯定的是不是大官，可能是管理漆树园的小吏，用今天的话说，可能就是最基层的公务员了。所以他家境贫穷，居于陋巷，靠编织草鞋等糊口，甚至看上去就营养不良的样子，也即"处穷闾隘巷，困窘织屦，槁项黄馘。"（《庄子·列御寇》）《庄子》一书也多次提到庄子很贫困："庄周家贫，故往贷粟于监河侯。"（《庄子·外物》）"庄子衣大布而补之，正緳系履而过魏王。魏王曰：'何先生之惫邪？'庄子曰：'贫也，非惫也。'"（《庄子·山木》）穿着打着补丁的粗布衣服和鞋子去见诸侯王，庄子倒不是为了作秀、吸引眼球，他直接坦白：自己是真穷。"过魏王"的"过"字也很精彩，表明庄子见诸侯不是精心谋划，而是随意、偶然之举，与孔子、孟子奔走于诸侯之间，热情地推介自己的学说相比，庄子的率真、淡泊自然而然地流出来，与"曳尾于涂中"、"游戏污渎之中"的俏皮形象相契合，彰显了他远离政治的风骨和回归自然的主张。

（三）庄子的死亡哲学

庄子的张狂和另类还表现在他对死亡的态度上，例如他对其妻子的死亡，便表现得"不近人情"：

庄子妻死，惠子吊之，庄子则方箕踞，鼓盆而歌。

惠子曰："与人居，长子老身，死不哭亦足矣，又鼓盆而歌，不亦甚乎！"

庄子曰："不然。是其始死也，我独何能无概然！察其始而本无生，非徒无生也而本无形，非徒无形也而本无气。杂乎芒芴之间，变而有气，气变而有形，形变而有生，今又变而之死，是相与为春秋冬夏四时行也。人且偃然寝于巨室，而我噭噭然随而哭之，自以为不通乎命，故止也。"（《庄子·至乐》）

这说的是庄子的妻子死了，惠子前去吊唁，庄子却像方簸箕一样岔开脚坐着敲打瓦盆唱歌。惠子说："和妻子住在一起，为你生儿育女，现在老而身死，不哭也就罢了，还敲打瓦盆唱歌，这岂不是太过分了吗？"庄子说："不是这样。当她刚死的时候，我怎能不为此而哀伤呢？可是观察她起初本来没有生命，不仅没有生命而且还没有形体，不仅没有形体而且还没有气息。在若有若无之间，变而成气，气变而成形，形变而成生命，现在又变而为死，这样生来死往的变化就好像春夏秋冬四季的运行一样。人家静静地安息在天地之间，而我还在哭哭啼啼，我以为这样是不通达生命的道理，所以才不哭。"庄子"鼓盆而歌"不仅不合情，更不合礼，儒家认为礼是维护社会秩序最重要的东西，丧礼尤其重要，但庄子不遵守它，甚至似乎是故意破坏它。庄子似乎在等惠施提问，果然，惠施一提问，他就开始大谈自己对死亡和人生的看法。庄子把个人放在更大的时空中去思考，放在天地、大道之中去考量，因此其生死就像春夏秋冬一样，不过是天地的一个过程，对"道"和天地而言，个人的生死既没有增加，也没有消减，对个人而言，死亡不过是回归了本源的状态。这样，庄子便把个人与天地相贯通起来，万物一体，生死一如。

庄子对待死亡的这种态度也表现在对其自己的死亡上。《庄子·列御寇》记载：

庄子将死，弟子欲厚葬之。庄子曰："吾以天地为棺椁，以日月为连璧，星辰为珠玑，万物为赍送。吾葬具岂不备邪？何以加此！"弟子曰："吾恐乌鸢之食夫子也。"庄子曰："在上为乌鸢食，在下为蝼蚁食，夺彼与此，何其偏也？"

在庄子看来，抛尸荒野，尸体会被乌鸢等鸟类所食，难道厚葬在土里不会被蝼蚁食吗？既然如此，那么又为什么偏心于蝼蚁呢？死亡哪有那么多啰嗦，总归是回归天地宇宙罢了。相对于弟子们的厚葬，"以天地为棺椁，以日月为连璧，星辰为珠玑，万物为赍送"又是何等的气魄，将天地视作棺椁，日月星辰皆是陪葬品，万物无不如此。一般的所谓"厚葬"又如何与之相比？放弃了局限的"自我"，反而获得了与天地一体的大我。庄子是真的通达，以致于通达到自己和天地连为一体，不分彼此。

庄子太真实、太通达，因而难以被世俗轻易理解，世俗世界的框框条条无法约束和限制他，他总是游于方外。庄子自己也喜欢"畸人"，"畸人者，畸于人而侔于天。"（《庄子·大宗师》）与一般俗人不一致，所以显得不正常，在虚假的社会生活中显得另类，属于"畸"，但正是由于"畸"反而"侔于天"，尽情地展现了人率真、天真的一面。

（四）过于"真"就是"狂"

也有学者说，庄子太过真实，真实就是狂。在一个虚伪的扭曲的社会中，真人往往被视为狂人，就像是惠施批评庄子鼓盆而歌的行为太过分。也许关于狂，我们很难找到一个统一的定义，但它总是对某种世俗标准的偏离。孔子在中庸的标准下，曾经有关于狂和狷的说法："不得中行而与之，必也狂狷乎！狂者进取，狷者有所不为。"（《论语·子路》）但这里的狂和狷，都仍然是在中庸所规范的仁和礼的领域中。也许有些人做得过一点，有些人不及一点，总是离礼不会太远，总是在儒家的尺度之内。庄子式的狂则完全是在尺度之外的。庄子是要颠覆世俗的价值，世俗的规矩以及世俗的生活。①《庄子·逍遥游》中记载了一段和狂人接舆有关的对话：

> 肩吾问于连叔曰："吾闻言于接舆，大而无当，往而不返。吾惊怖其言，犹河汉而无极也，回大有径庭，不近人情焉。"连叔曰："其言谓何哉？"曰："'藐姑射之山，有神人居焉。肌肤若冰雪，绰约若处子；不食五谷，吸风饮露；乘云气，御飞龙，而游乎四海之外；其神凝，使物不疵疬而年谷熟。'吾以是狂而不信也。"

接舆是传说中的楚国狂人，《论语·微子》记载：

---

① 详见王博：《庄子哲学》，北京大学出版社 2013 年版，第 21 页。

> 楚狂接舆歌而过孔子曰:"凤兮凤兮! 何德之衰? 往者不可谏, 来者犹可追。已而, 已而! 今之从政者殆而!"孔子下, 欲与之言。趋而辟之, 不得与之言。

庄子借接舆的话似乎有揶揄儒家的意思。他关于"道"的学说和境界超越了世俗之常识, 故而令人觉得"大而无当", "惊怖其言", 甚至"不近人情"。庄子不在乎, 反而喜欢用"寓言"、"重言"和"卮言"来大放"狂言"。这段甚至直接搬出神话故事一般的人物来, 讲"神人", 讲"不食五谷, 吸风饮露", 彻底与世俗的生活和想法拉开距离。

以上也可见庄子的说话的特点, 他不屑于正经严肃地讲道理,《天下篇》说庄子"以天下为沉浊, 不可与庄语。"因为世间太浑浊了, 看看百家争鸣便可见一斑, 严肃说道理已经无人听得进去, 庄子也懒得庄重地讲话了, 只能口吐狂言, 只能"游戏"。"游戏"实际上是无奈之举, 因为严肃的讨论和生活已然不可能, 才不得不如此。《庄子》的《天下篇》说"以卮言为曼衍, 以重言为真, 以寓言为广",《寓言篇》也说:"寓言十九, 重言十七, 卮言日出, 和以天倪。""寓言"是假借其他的东西说话, "重言"是托别人之口来说自己的话, "卮言"的"卮"是一种酒器, 卮言一般指的是无心之言, 大概与酒后之言有关, 毕竟常言道酒后吐真言嘛, 酒后的话反而少了算计, 少了虚伪。所以庄子经常讲的都是酒后之言、寓言、重言, 反正就是不讲"庄语", 也因此《庄子》一书文字汪洋恣意, 意象奇幻诡谲, 成为中国哲学中的意味隽永的经典。

二、"以道观之"——庄子的认识论

以上大致介绍了庄子为人处世的风格和诡诞的语言风格, 以世俗的标准而言, 便是狂、怪、另类。那么, 庄子为什么如此标新立异呢? 这与他看世界的方式有关系，也即与他的认识论有关系。他看世界的角度与一般人是不一样的。

（一）站在“道”的角度看世界

庄子认为一般人看世界都是“以物观之”，注意的是事物的长短、大小、方圆等差别性，事物的差别是从“物观”的视域中产生的。他主张把“以物观之”转换成“以道观之”，从“道”的角度来看世界，以无限整全的“道”去审视，很多区分就不存在了，人的眼界和境界也就开阔了。《秋水》篇说：

以道观之，物无贵贱；以物观之，自贵而相贱；以俗观之，贵贱不在己。以差观之，因其所大而大之，则万物莫不大；因其所小而小之，则万物莫不小。知天地之为稊米也，知毫末之为丘山也，则差数睹矣。

意思是：从道看来，万物本没有贵贱的分别；从万物本身看来，万物都自以为贵而互相贱视；从流俗看来，贵贱都由外来而不在自己。从等差上看来，顺着万物的一面而认为它是大的，那就没有一物不是大的了；顺着万物小的一面而认为它是小的，那就没有一物不是小的了；明白了天地如同一粒小米的道理，明白了毫毛如同一座丘山的道理，就可以看出万物等差的数量了。在庄子看来，人们容易观察和分析事物的差别、矛盾、独特性等等。庄子则主张换个角度或者参照系去审视，直到从“道”的角度来看，这些差异甚至可以忽略掉。

庄子对很多的概念进行了的新的辨析。他在《逍遥游》中一开始便给读者抛出一条巨大无比的鱼，叫“鲲”，“北冥有鱼，其名为鲲。鲲之大，不知其几千里也。”（《庄子·逍遥游》）鲲，本来指的是小鱼，庄子却偏偏说它大，且大得离谱，大到令人们的思维从日常经验和定式之中抽离出来。该篇接着又提到小知与大知的区别。鲲化为鹏鸟，从北冥飞往南冥，被蜩与学鸠嘲笑。“蜩与学鸠笑之曰：‘我决起而飞，抢榆枋而止，时则不至而控于地而已矣，奚以之九万里而南为？’”蜩与学鸠奋起而飞，也不过能碰到榆树和枋树而已，有的时候还达不到，便落在地上了，飞行九万里对蜩与学鸠而言无疑是天方夜谭。《老子》曾说："下士闻道，大笑之。不笑不足以为道。"（《老子》第四十一章）见识少的人听到了道家的"道"，便会大笑不止，觉得过于深奥、宏大，无法理解，老子也傲娇地说，"不笑不足以称为道"。蜩与学鸠也算是"下士"的形象代表了。蜩与学鸠与鲲鹏相比，自然是一小一大，一个小知，一个大知，或说一个小志，一个大志。站在小知或小志的立场是无法理解大知、大志的。庄子又说："小知不及大知，小年不及大年。奚以知其然也？朝菌不知晦朔，蟪蛄不知春秋，此小年也。楚之南有冥灵者，以五百岁为春，五百岁为秋；上古有大椿者，以八千岁为春，八千岁为秋。而彭祖乃今以久特闻，众人匹之，不亦悲乎！"蟪蛄，是寒蝉一类的动物；冥灵，指的是滇海灵龟，寿命较长；彭祖是传说中长寿的人物。这里比较的是小年和大年。朝菌、蟪蛄与冥灵、大椿，普通人与彭祖相比，都是小年与大年的区别。

蜩与学鸠形体较小，生存空间也很小，所以无法理解巨大的鲲鹏，及其迁徙的世界，前者的局限性主要由于其受空间的限制；而朝菌、蟪蛄与冥灵、大椿等的区别则是由于受时间限制，怎么能期盼一个不知晦朔的朝菌能看到一年（春秋）的景象？生活在榆枋之间的蝉与小鸟又如何理解榆枋之外的天地？所以这几段首先触及"小大之辨"，蜩、学鸠、斥鷃等与鲲鹏比，在形体、生存空间、小知与大知、小志与大志等方面有小大之差别。此外，还有小年、大年的差别。其实，"知"受到"年"的限制，也受到空间的限制。庄子认为要想"逍遥游"，必须突破小知，只有"大知"才能逍遥。但是，每个人都受到时间、空间的限制，其知识总有局限性，所以庄子小知与大知之辨，也暗含着"心形之辨"，形体永远都是受时间、空间限制的，能突破时空的只有心灵，所以逍遥游只能是心灵的逍遥，形体无法逍遥，甚至形体是阻碍人们逍遥的障碍。

庄子还对生与死作了独特的分析。"予恶乎知说生之非惑邪？予恶乎知恶死之非弱丧而不知归者邪！丽之姬，艾封人之子也。晋国之始得之也，涕泣沾襟；及其至于王所，与王同筐床，食刍豢，而后悔其泣也。予恶乎知夫死者不悔其始之蕲生乎！"（《齐物论》）庄子发问：我怎么知道以生为快乐不是一种错误的想法呢？我怎么知道厌恶死亡不是一种自幼流落在外却不知道回家的行为呢？他又举个例子，丽姬是艾地守疆之人的女儿，刚嫁到晋国去的时候，哭得衣服都湿透了，等她到了晋王的宫里，晋王很宠爱她，与国王同睡一床，同吃美味的食物，这才后悔当初不该哭泣。我怎么知道死了以后不后悔当初不该恋生呢？这一段庄子不是鼓励死亡，而是对普通人"贪生怕死"的心理和行为提出一种怀疑，我们无法确定死后的世界究竟是好，还是坏，毕竟没有死而复生的人能告诉我们死后如何。庄子认为既然我们不知道死后如何，那何必害怕它？既然不害怕死亡，那就不用贪恋"生"，不执着于"生"的快乐，这样才能达观地面对生死，超脱生死。庄子趋向于从齐物和自然演化的过程看待生死。从齐物的角度看，生死界限不明；从自然过程来看，生死皆是自然循环的不同环节。"人之生，气之聚也。聚则为生，散则为死。"（《知北游》）这在上文提到的庄子对其妻子及自己的死亡的态度也可见一斑。

（二）"庄生晓梦迷蝴蝶"：什么是现实与梦境

由生死之辨，庄子进而讨论现实与梦境之间的关系。"梦饮酒者，旦而哭泣；梦哭泣者，旦而田猎。方其梦也，不知其梦也。梦之中又占其梦焉，觉而后知其梦也。且有大觉而后知此其大梦也，而愚者自以为觉，窃窃然知之。君乎，牧乎，固哉！丘也与女，皆梦也；予谓女梦，亦梦也。是其言也，其名为吊诡。万世之后而一遇大圣，知其解者，是旦暮遇之也。"（《齐物论》）这段翻译成白话文大意是：梦见饮酒作乐的人，醒来后或许会遇到不如意的事而哭泣；梦见伤心痛哭的人，醒来后或许会有一场打猎的快乐。当人在梦中，却不知道是在做梦。有时梦中还在做梦，醒了以后才知道是做梦，只有非常清醒的人才知道人的一生就像是一场大梦。可是愚人却自以为清醒，自以为什么都知道。什么君主，臣子，真是浅陋极了。我看孔子和你，也都是在做梦；我说你在做梦，也是在做梦。这些话，成为奇异的言谈。也许经过万世之后能遇到一个大圣人，了悟这个道理，也如同朝夕相遇一样平常。庄子又是一连串的发问和怀疑，他甚至怀疑梦幻与真实之间的区别。从庄子所主张的齐物论来看，梦境与现实之间的界限很难确定，自以为在现实中，却恰恰可能在梦境中；自以为在梦境中，却恰恰是在现实中。人们在现实中做梦，甚至在梦中又做梦，梦可以是很多层，究竟哪一层梦或现实是真实的呢？庄子不断提出怀疑和疑问。庄子认为可能的结论是现实的人生与梦境可能并无根本区别，人生如梦。因此，似乎不必对人的现实存在过程过于执着和认真。另一方面，庄子又肯定有"大觉"，即彻底的觉醒。但只有"大圣"才能"大觉"，也即拥有道家的智慧才能判断觉与非觉之分。

有梦才有醒，知道自己在做梦本身便意味着自己的清醒。清醒的庄子喜欢说梦，尤其是他自己曾做过一个著名的梦，李商隐的《锦瑟》："锦瑟无端五十弦，一弦一柱思华年。庄生晓梦迷蝴蝶，望帝春心托杜鹃。"这便是用了庄子梦蝶的典故。"昔者庄周梦为胡蝶，栩栩然胡蝶也，自喻适志与！不知周也。俄然觉，则蘧蘧然周也。不知周之梦为胡蝶与，胡蝶之梦为周与？周与胡蝶，则必有分矣。此之谓物化。"（《齐物论》）庄子梦见自己成了蝴蝶，而且愉快飞翔，心满意足，不知道自己是庄周了。但醒了之后，又成了那个身体僵硬的庄周了。到底是庄周梦见自己成了蝴蝶，还是蝴蝶梦见自己是庄周？庄子的这个梦可谓旷古烁今，其包含的哲学意味已经远远超出了庄子本人的设定。庄子是否是蝴蝶的一个梦？我们人类是不是都是某个更高等生命做的梦？简直是一个有科幻色彩的议题。但庄子还是清醒的，他最后说的是庄子与蝴蝶"必有分矣"，二者还是有区别的，可是他们的区别在梦境之中被打破，或者说在另一个视域中可以被打破。一切的界限其实都可以被打破，关键是以什么为参照系和视域，庄子说这叫"物化"，万物的转化。就《齐物论》而言，庄子以"物化"的思想不仅消除事物之间的绝对区别，而且还要破除人们僵化地对待"物"的观念。

（三）"是非"、"彼此"的相对性

既然"物"与"物"之间，"物"（蝴蝶）与"我"（庄周）之间的界限都是相对的，那么，更不要说人事的"是"与"非"了。庄子对"是非"也重点作了辨析。

物无非彼，物无非是。自彼则不见，自知则知之。故曰彼出于是，是亦因彼。彼是方生之说也，虽然，方生方死，方死方生；方可方不可，方不可方可；因是因非，因非因是。是以圣人不由，而照之于天，亦因是也。（《齐物论》）

这段大意是：世界上的事物没有不是"彼"的，也没有不是"此"的。从他物那方面就看不见这方面，从自己这方面来了解就知道了，自己知道的一面总以为是真的一面。所以说彼方是出于此方对待而来的，此方也因着彼方对待而成的。彼和此是相对而并生的关系，虽然这样，但是任何事物随生随灭，随灭随生，一者生相对的另一者便死，例如蚕，这说明事物是流变性的；刚说可以就转向不可了，刚说不可以就转向可以了。这说明价值判断流变不定；有因而认为是的就有因而认为非的，有因而认为非的就有因而认为是的。这说明是非判断永无固定法则。所以圣人不走这样的路子，而观照事物的本然，这也是因任自然的道理。

庄子认为，彼此是一种具有相对意义的现象。以自我与他者而言，从自我的视域去考察世界，可以获得某种认识，从他者的角度去看世界，则可能形成另一种认识结果，这种视域的差异，构成了庄子所批评的是非之争的根源之一。圣人不陷入是非之途，而"照之于天"，消除主观偏见，超越二元对立之境地，直接以明觉之心照见事物本真的情状。

《庄子》又说：

是亦彼也，彼亦是也。彼亦一是非，此亦一是非。果且有彼是乎哉？果且无彼是乎哉？彼是莫得其偶，谓之道枢。枢始得其环中，以应无穷。是亦一无穷，非亦一无穷也。故曰莫若以明。（《齐物论》）

121

大意是"此"与"彼"是相对而言的。彼有它的是非，此也有它的是非。果真有彼此的分别吗？果真没有彼此的分别吗？彼此不相对待、匹对，就是道的枢要。合于道枢才像得入环的中心，环中，是无对立的中空，也可理解为圆环的中心，比喻抓住要害，以此顺应无穷的流变。"是"与"非"都是没有穷尽的，是非纷争永无止息。所以不如用明静的自然心境去观照事物。这段强调的是：是非如果处于对峙状态，便永无定论、纷争不止。故不如让它们处在自然而然的状态，不处在对峙状态，故是非之争息。庄子从万物自然而然的存在状态来阐明语言层面的是非，观念层面的是非是不合道的，因而是没有价值的。"莫得其偶"也意味着把是非等两两相对的方面加以消除，回复到无对待的统一形态，也即自然的状态。

有一则古老的笑话印证了庄子的观点。爷孙俩买了一头驴，爷爷让孙子骑着走时，有人议论孙子不孝敬；孙子让爷爷骑着走时，有人指责爷爷不疼孙子；爷孙俩只好都骑到驴上，路人却又指责他们不懂得心疼牲口，只顾自己享受；爷孙俩干脆都不骑了，又有人笑话他俩放着驴不骑是傻瓜；结果爷孙俩只好绑起驴扛着走了。这可谓是非是无穷尽的，活在人所建构的价值观里面，总不可避免陷入是非之争。

是非之争是否终归会有结论呢？是否存在判断是非的固定标准呢？庄子对此也持怀疑态度。他提出著名的"辩无胜"的命题，认为关于是非等的辩论永远无法判定胜利者：

> 既使我与若辩矣，若胜我，我不若胜，若果是也，我果非也邪？我胜若，若不吾胜，我果是也，而果非也邪？其或是也，其或非也邪？其俱是也，其俱非也邪？我与若不能相知也，则人固受其黮暗。吾谁使正之？使同乎若者正之？既与若同矣，恶能正之！使同乎我者正之？既同乎我矣，恶能正之！使异乎我与若者正之？既异乎我与若矣，恶能正之！使同乎我与若者正之？既同乎我与若矣，恶能正之！然则我与若与人俱不能相知也，而待彼也邪？（《齐物论》）

这段大意是：假如我和你辩论，你胜了我，我没有胜你，你果然对吗？我果然错吗？我胜了你，你没有胜我，我果然对吗？你果然错吗？是我们两人有一人对，有一人错呢？还是我们两人都对，或者都错呢？我和你都不知道，凡人都有偏见，我们请谁来评判是非？假如请意见和你相同的人来评判，他已经和你相同了，怎么评判呢？假如请意见和我相同的人来评判，他已经和我相同了，怎么能够评判呢？假如请意见和你我都不同的人来评判，他已经跟你和我相异了，怎么能评判呢？假如请意见和你我都相同的人评判，他已经跟你我相同了，怎么能评判呢？那么，我和你及其他的人都不能评定谁是谁非了，还能指望谁来评判呢？

庄子认为论辩双方如果都以自己的标准为标准，那么，永远没有是非可言。不管请双方之外的哪一位第三者来判断，第三者或者与此同，或与彼同，或另立标准，只徒增更多的是非而已，仍然莫衷一是，所以并不存在判断论辩正确与否的普遍标准。因而他主张消除是非之辨，谁是谁非根本无法确定，故辩论本身是毫无意义的。百家争鸣中的各家无不以为自己是对的，攻击其他家的学说是错误的，然后天下纷争，纷纷攘攘，没有定论，庄子认为解决之道在于超越各种言论和观点之间彼此"相待"的状态，做到"和之以天倪，因之以曼衍"（《齐物论》），也即顺应自然，超越人为执着的是非之辨。不过，庄子的这种观点注意到了价值判断的主观性和相对性，但是却走向了极端，完全解构了价值判断的标准，这也是他思想的一个局限。

总之，庄子对大与小、梦幻与现实、是与非、彼与此之间的关系进行了辨析，他的思想倾向的是主张消解事物和价值之间的差异，走向相通，这便是他的"齐物论"。庄子的哲学思想具有两重视域：一是"以道观之"，世界在原始上是统一的；一是"以物观之"，世界分化而呈现差异。"圣人""照之于天"，即"以道观之"，庄子主张超越分化的经验世界和观念世界，回到本然的、原始的统一形态。

以上分析了庄子看待世界的方式，他的很多观点都是很独特的，这种视域下看到的世界的本质又是什么呢？这便涉及他对世界本质的理解，也即他关于"道"的学说。庄子的道论基本沿袭了老子的观点，认为"道"是宇宙本源本体；它不可言说；不依赖他物而存在，自本自根；遍存于宇宙万物；它是一个整体，其特性为"通"。所以庄子也是继老子之后，道家最重要的代表性人物。后世往往"老庄"并称。

三、"逍遥而无待"——庄子的理想人格论和人生境界

庄子所追求的理想人格和人生境界也是不同于普通人的，所以显得阳春白雪，格调很高。这从上文所说的拒绝楚王的邀请便可见一斑。功名利禄是一般人所疯狂追求的，百家争鸣的各家哪个不是希望自己的学说得到君主采纳，从而高官厚禄、飞黄腾达、建功立业、名传千古。只有庄子的脑子是清晰冷峻的。

（一）"无用"之用

在人生追求上，庄子与惠施的不同选择反映了庄子与一般世俗之人的差别。庄子选择"曳尾于涂中"，在江湖中自娱自乐，做个真人；而惠施则在魏国做宰相，千金、卿相都是他的。惠施与庄子关于"有用"与"无用"的讨论反映了二人不同的价值理念。

惠子谓庄子曰："魏王贻我大瓠之种，我树之成而实五石。以盛水浆，其坚不能自举也。剖之以为瓢，则瓠落无所容。非不呺然大也，我为其无用而掊之。"

庄子曰："夫子固拙于用大矣。宋人有善为不龟手之药者，世世以洴澼絖为事。客闻之，请买其方百金。聚族而谋曰：'我世世为洴澼絖，不过数金；今一朝而鬻技百金，请与之。'客得之，以说吴王。越有难，吴王使之将，冬与越人水战，大败越人，裂地而封之。能不龟手，一也；或以封，或

不免于洴澼绕，则所用之异也。今子有五石之瓠，何不虑以为大樽而浮乎江湖，而忧其瓠落无所容？则夫子犹有蓬之心也夫！

惠子谓庄子曰："吾有大树，人谓之樗。其大本拥肿而不中绳墨，其小枝卷曲而不中规矩。立之途，匠者不顾。今子之言，大而无用，众所同去也。"

庄子曰："子独不见狸狌乎？卑身而伏，以候敖者；东西跳梁，不辟高下；中于机辟，死于罔罟。今夫斄牛，其大若垂天之云。此能为大矣，而不能执鼠。今子有大树，患其无用，何不树之于无何有之乡，广莫之野，彷徨乎无为其侧，逍遥（悠游自在）乎寝卧其下。不夭斤斧，物无害者，无所可用，安所困苦哉！"（《逍遥游》）

惠施以大葫芦作比喻，一个重达"五石"的超级大葫芦，既不能盛水，剖开后又不能当舀水的瓢。这是讽刺的庄子的道家学说就像这个大葫芦一样，大而无当，毫无实用价值。庄子则说惠施太不会"用大"了，这里的"大"其实也是隐喻道家的"道"。然后庄子说了个故事，宋国有一个族的族人，他们有一种防止手开裂的神奇药水，世世代代做洗衣工，以此为业。直到有一天，一个外来人请求用百两黄金买这个药方。该族人聚在一起讨论，世世代代做洗衣工也赚不到百两黄金，不如把药方卖了。而这个外来人买了药方之后，去游说吴王。越国攻打吴国，吴王就派这个人与越国人在水上作战，由于该人有防手开裂的神奇药水，所以吴国水军的战斗力明显提升，打败了越国水军，越国不得不割地求和，吴王则把越国割让的土地封给了这个有神奇药水的人。同样的一种药水，一个人用它获得了封地，另一族人则世世代代用它做洗衣工。庄子的意思是人们要善于"用"。庄子说如果有这么一个大葫芦，何不用它做一个腰舟，而飘浮于江湖之上，何其潇洒！他指责惠施是蓬草一般的思虑计较之心，所以不知道什么是"大用"。惠施是典型的功利主义的思想，想问题首先考虑的是这个东西有什么实际的用处，这让我们想到梁惠王，"孟子见梁惠王。王曰：'叟不远千里而来，亦将有以利吾国乎？'孟子对曰：'王何必曰利？亦有仁义而已矣。'"（《孟子·梁惠王上》）

梁惠王与惠施可谓一丘之貉了，首先关心的就是利益。孟子以儒家仁义劝导梁惠王，而庄子则主张超脱世俗功利的思考方式，追求逍遥于江湖。

惠施接着又以樗为例，说明庄子的理论毫无用处。庄子说，狸狌（黄鼠狼）看上去很精明，且灵活，能抓鸟和老鼠来吃，但是却死于猎人的陷阱。相比之下，牦牛身体庞大，却不能抓老鼠，但很潇洒地活着。惠施有一棵大树，为什么每天忧愁它无用呢？不如让它在广袤的田野上生长，我们躺在其下悠游自在，既不用担心被人砍伐，又不用担心其他东西会伤害它，哪来的困苦呢？庄子突破了工具性思维，他认为自然界中任何事物都有其存在的价值和合理性，有时无用的东西反而能保全自身的整全，这是更大的价值。为什么一定要像惠施一样去做工具性的人，被君主或雇主所用呢？人本身不就是目的吗？所以庄子是反对作为工具人的。

（二）"逍遥"与"体道"

庄子主张追求"逍遥无待之游"的人生境界以及"至人无己，神人无功，圣人无名"的理想人格。《逍遥游》是《庄子》的第一篇，它反映了庄子的人生观。他把不受任何束缚的自由，当作最高的境界来追求，认为只有忘绝现实，超脱于物，才是真正的逍遥。

故夫知效一官，行比一乡，德合一君，而征一国者，其自视也亦若此矣。而宋荣子犹然笑之。且举世而誉之而不加劝，举世而非之而不加沮，定乎内外之分，辩乎荣辱之境，斯已矣。彼其于世未数数然也。虽然，犹有未树也。夫列子御风而行，泠然善也，旬有五日而后反。彼于致福者，未数数然也。此虽免乎行，犹有所待者也。若夫乘天地之正，而御六气之辩，以游无穷者，彼且恶乎待哉！故曰：至人无己，神人无功，圣人无名。（《逍遥游》）

宋荣子已经很厉害了，"举世而誉之而不加劝，举世而非之而不加沮，定乎内外之分，辩乎荣辱之境"，但仍然没有树立根基；列子御风而行，更加厉害，但是，他依然有所待。"至人"、"神人"、"圣人"才是真正的逍遥者，无所待。因为至人去除了自我中心，"无己则顺物"；神人与道为一，故无所谓"功"；圣人无名，也是因为破除了狭隘的"小我"。"无功"、"无名"也就是"无己"，"无己"也就是《齐物论》所说的"丧我"，《天地》所说的"忘己"。只有破除了"小我"、自我中心才能让自己的精神境界提升，以致于上升到自己与万物相通的根源之地。

　　达到这样的境界便是"体道"了，那么，如何"体道"呢？《齐物论》说要"吾丧我"。"丧我"便是摒弃偏执的我。"吾"乃是开放性、本真的自我。丧我才能从狭隘的局限性中提升出来，而从广大宇宙的规模上，来把握人类的存在，来体悟人类自身的处境，来安排人生的活动。《大宗师》则提到"坐忘"。"何谓坐忘？颜回曰：堕肢体，黜聪明，离形去知，同于大通，此谓坐忘。"(《大宗师》)"坐忘"即通过暂时与俗情世界绝缘，忘却知识、智力、礼乐、仁义，甚至我们的形躯，达到精神的绝对自由。"坐忘"的要点是超脱于认知心，即利害计较、主客对立、分别妄执，认为这些东西（包括仁义礼乐）妨碍了自由心灵，妨碍了灵台明觉，即心对"道"的体悟与回归。《大宗师》作者认为，真人或圣人体"道"，三天便能"外天下"（遗弃世故），七天可以"外物"（心不为物役），九天可以"外生"（忘我）。然后能"朝彻"（物我双忘，则慧照豁然，如朝阳初起），能"见独"（体验独立无对的"道"本体），然后进入所谓无古今、无生死、无烦恼的宁静意境。"大宗师"指"道"或"大道"。大是赞美之词，宗即宗主，师就是学习、效法。该篇名即表达了"以道为师"的思想。所以体道就是要跟随道、遵守道，以道为师。

　　体道也是一个视域逐渐扩大的过程，或精神境界不断提升的过程。《逍遥游》中鲲化为鹏，鹏从北冥迁徙到南冥，都需要积累，鲲"化"而为鹏鸟，本身就是对自己的一种超越，"化"代表了突破自我的边界，象征着丧失原来的自我，是"我"的消失。消失了"我"才有新的视域。只有化为鹏鸟才会思考这样的问题："天之苍苍，其正色邪？其远而无所至极邪？其视下也，亦若是则已矣。"(《逍遥游》)鹏鸟的飞行让我们的目光暂时离开这个功利的现实生活。《秋水篇》海神与河伯的对话也显示了视野扩大的重要性，河伯刚开始自美、自喜，以为天下之美都尽在自己这里，但看到了大海，则觉得自己贻笑大方了。海神则说"吾未尝以此自多"，因为放在天地之间，大海又何其渺小。河伯见到大海是视野和境界的扩大，大海相比于天地，则又是视野和境界的再次扩大。宇宙是无穷、无止、无常、无终始的，相比之下，一切差异都微不足道。这又契合了《齐物论》的基本主张。《齐物论》表述了庄周的"天地与我并生，而万物与我为一"的思想，强调自然与人是有机的生命统一体，肯定物我之间的同体融合。"齐物"的意思即是"物齐"或"'物论'齐"，即把形色性质不同之物、不同之论，把不平等、不公正、不自由、不和谐的现实世界种种的差别相、"不齐"，视之为无差别的"齐一"。这就要求我们以不齐为齐一，即提升自己的精神境界，在接受、面对真实生活的同时，调整身心，超越俗世，解脱烦恼。[①]

庄子之真人、至人、神人、圣人，都是"道"的化身，与"道"同体，因而都具有超越、逍遥、放达、解脱的秉性，实际上是一种精神上的自由、无穷、无限的境界。这深刻地表达了人类崇高的理想追求与向往。

四、庄子哲学智慧的现实意义

庄子以汪洋恣意的文字、天马行空的意象开创了一个空灵深奥的精神境界，这其中蕴含着丰富多维的哲理空间、悠游自在的人生意境以及超凡脱俗、奇幻诡谲的艺术气质。庄子的道家哲学不仅是中国古代哲学智慧中最重要的部分，而且也具有深刻的现实意义。

庄子，甚至道家有着一种强烈的"怀疑精神"和"求真精神"。庄子对很多"常识"进行了怀疑和批判，辨析了大与小、生与死、梦幻与现实、有用与无用、是与非、彼与此等诸多概念，他总爱不停地怀疑和追问一般人坚

---

① 郭齐勇：《中国哲学史》，高等教育出版社 2006 年版，第 83—84 页。

持的判断是非的标准是正确的吗？辩论真正能得出可靠的结论吗？生死、彼此的界限真的分明吗？做梦与清醒哪个更真实？甚至"天之苍苍，其正色邪？其远而无所至极邪？"（《逍遥游》）连天的颜色也要追问一番，庄子无疑是仰望天空的哲学家。这其实也是一种追问精神、探索精神。不过，庄子不是不可知论者，他主张人们由浅知到深知，由知外到知内。最终一步一步通过现象之知去"体道"，认为"道"是可以体知的，可以践行的。

所以庄子的怀疑和探索最终是为了求道，或者说是为了求真。道才是真，《老子》第二十一章说："其中有精，其精甚真。"《庄子》说："道恶乎隐而有真伪？言恶乎隐而有是非？道恶乎往而不存？言恶乎存而不可？道隐于小成，言隐于荣华。"正因为道隐而无形，所以人们在认识它的过程中，会产生与道相合之真，或与道相背之"伪"的情况。道家求道的过程，当然是一种去伪存真的过程，这是一种求真务实的精神。

道家这种求真精神又可演化为对"真"的维护和对"伪"的批判。陈鼓应先生说："这种对'真'的追求使得世俗社会中的一切始终处于被反省、批判的状态之中，政治权力、政治伦理等更是首当其冲。……历史表明，这种批判意识乃是文化发展与社会进步不可缺少的因素。在当代社会，随着世俗化的进一步发展，道家的批判意识可以让人们在喧哗的闹市中保持心灵的自主与独立，并不断审视各种现存的价值与秩序，这有助于个人到社会的平衡、和谐发展。"① 庄子推崇"真人"的理想人格，重视悠游自在、徜徉自适的透脱境界，铸就了中国知识精英的"风骨"。萧箑父也曾指出自古以来的道家学者们"虽屡遭打击而仍固守自己的学术路线，坚持天道自然，反抗伦理异化，揭露社会矛盾，关怀生命价值，倔强地从事于学术文化的创造活动和批判活动，形成了特异传统，凸显了道家风骨"。② 道家文化出生于"史官"

---

① 陈鼓应：《道家思想在当代》，载《道家文化研究》第 20 辑，生活·读书·新知三联书店 2003 年版，第 7—8 页。
② 萧箑父：《道家风骨略论》，载《道家文化研究》第 2 辑，上海古籍出版社 1992 年版，第 6 页。

文化背景，且基于隐者的社会实践。道家隐者们的言行和他们在各个文化领域中的创造活动，形成了中国历史上与历代庙堂文化相并立或对峙的山林文化传统。道家是中国古代异端精神和批判意识的主要承担者。

此外，《庄子》也提供了一个广阔无边的心灵世界和人生境界，心量广大，才能突破局限的狭隘的小我，逐步打通内在和外在的重重隔阂，不断提升自己的精神，从而使之得大解放、大自在。

总之，正如金圣叹所说，《庄子》是"天下第一才子书"，它的内涵非常丰富，其魅力折射到现代文化和生活的诸多方面仍然可见色彩斑斓的多重意味，值得当代人继续品味。

五、儒道智慧及其效应的对比分析

在先秦诸子百家中，儒家和道家在后世流传最广、影响最大，二家均成为中华优秀传统文化的代表性形态。老子和孔子几乎生活于统一时代，老子略年长于孔子，所以儒道二家产生的社会背景几乎是相同的，都是在周朝末年，面对"礼崩乐坏"的社会现实，老子和孔子所提出的哲学理念和解决方案是不同的。也就是说，儒道二家学说是对同一个问题的不同回答，也正因为如此，儒道二家既有相同点，也有显著的差异。

老子、孔子是同一文化的继承者，他们相似之处颇多，例如他们都推崇"德"，《尚书》说："皇天无亲，惟德是辅。"（《蔡仲之命》），老、孔对此都有继承，弱化了商周时期推崇天、命等鬼神意志的神学观念，而强调了人的德行的重要性，远鬼神而重人事，体现了人文主义精神；二家都重视自然的道德情感，老子将"朴"、"自然"作为最高的价值理想，孔子在谈论"礼之本"的时候也说："礼，与其奢也，宁俭；丧，与其易也，宁戚。"（《论语·八佾》）作为社会规范的"礼"很重要，但孔子强调行"礼"时自然流露的道德情感更为重要，例如丧礼不在乎办得是否奢侈、隆重、周到，而在于办丧礼的人是否能感情真挚地缅怀自己死去的亲人，这样的观点老子也不会反对；二家也都主张返回到过去的时代，老子向往原始社会"小国寡民"的状态，而孔子则缅怀周王朝的昔日辉煌；儒道二家的理想政治都是"无为而治"或"垂拱而治"；此外，二家都推崇"和"、"守中"、"节俭"、"谦和"等品质，也都反对刑罚过重、苛征暴敛、反对不义的战争等。西周以来的人文精神、人道观念、民本思想、救世心怀等，儒道二家都有继承。

但是，二者的差异也是明显的，简单来说，至少有如下几方面：第一，面对周朝末年"礼崩乐坏"的现实，老子认为礼节的繁复使得人心不再淳朴，这是"礼崩乐坏"的根本原因，所以他主张"镇之以无名之朴"，提倡统治者少干涉老百姓的生活，令老百姓的心淳朴、单纯起来，实现自化、自正、自富、自朴；孔子则相反，认为"礼崩乐坏"的现实根源于礼乐文明的衰落，所以他主张恢复周代的礼制，也即恢复人伦秩序，人人都应该遵守相应的社会道德规范，从而形成良序的社会。

第二，在中国哲学史上，老子首次把"道"作为哲学范畴而给予系统化的阐发，从而建立起了以"道"为最高范畴的哲学体系，道家的"道"是世界的本原和万事万物运动变化的总规律，具有自然性、无为性等特征；而儒家也重视"道"，但孔子等先秦儒家所说的"道"更多地属于伦理学、政治学的范畴，孔子基本上是在宗法礼制以及人伦规范层面上讲"道"的。所以道家的"道"具有形而上学、宇宙论等维度，不仅关注人与人之间的关系，还关注人与自然的关系，崇尚人的自然性、自主性；而孔子的学说则更多关注人与人的关系，哲学意味相对于道家较为淡薄，侧重讨论人伦规范、道德修养，强调发挥"礼"的约束力，"非礼勿视，非礼勿听，非礼勿言，非礼勿动"等。

第三，"仁"是孔子思想的中心观念，综观孔子思想的整体和根本旨向，其核心或精髓应是仁。仁乃是孔子自己所体悟、所创造出来的，不仅构成其思想的最根本特征，也是其对儒家文化乃至整个中国文化的最重要贡献。在孔子那里，仁是人的内在德性，是人之为人的根本。人之为人，贵在有内在的仁心。仁为礼之本，且其精髓在爱人，"仁者爱人"，它既指对人的普遍之爱或曰对普遍之人的爱，也确然含有爱有差等之义，是两个层面的矛盾统一。老子最推崇的品德是"德"，而"孔德之容，惟道是从"（《老子》第二十一章），跟随道、体现道的品质才叫"德"，在道家语境中，此德主要指的是自然无为的品德，具体而言，老子又强调自己有"三宝"："慈"、"俭"、"不敢为天下先"，都是"道"之"德"的基本内容。老子认为仁、义、礼等品德低于道家所说的"德"或"上德"，这与儒家相当不同，但是，老子并不是反对儒家伦理，而是反对统治阶级将儒家道德规范固定化，强加给老百姓，强制约束老百姓。可见，儒道二家在伦理学说上的差异。

当然，以上是对儒道两家异同的简单比较，二家有各自的特点和价值，但也有各自的缺失。例如儒家过于强调尊卑等级、社会秩序，提倡三纲五常，虽然对维护社会秩序有较大的价值，但也丧失了民主精神，过分强调了权威、家长的地位和重要性，不利于普通民众参与公共决策，容易导致集权专制；儒家还过度强调道德修养的重要性以及社会治理中德治的作用，法治精神不足；过于强调集体主义，个人的个性不被尊重，以至于社会创新力不足；过于重视人际关系的调节，缺乏探索和研究自然的科学精神等等。道家虽然具有批判体制的批判精神，但是又过于消极、厌世，发展出隐世哲学，表现出回避现实、惧怕竞争等特征；道家对社会制度的批判性较强，但建设性意见很少，建设性的社会实践更少；老庄的哲学思辨性较强，但理论过于高深、抽象，且未提供具体、可行的实践方案和修行方案以至于道家后世逐渐演变为一种神学，也即道教；道教"无为而治"的政治理想仍然是寄希望于统治者的自觉，并没有提出对统治者的制度性约束，也即"无为而治"缺乏制度性保障等等。

第 六 章

兼爱天下的墨家智慧

如果要问先秦诸子中谁的思想最"大公无私",恐怕绝大多数人都会认同是倡导"兼爱"的墨子。但是,为什么墨子的崇高无私的思想却被孟子骂作"禽兽"?为什么墨家这样一个在先秦时期影响巨大的重要学派,却会在后世两千年的漫长岁月里几近湮没无闻?这些巨大的反差,令墨子和墨家充满了某种悲剧性的神秘色彩。

墨子名墨翟,是墨家的开创者。墨家是先秦诸子流派之一,而且是最重要的学派之一。"墨家"之得名即源于墨翟的姓氏。司马谈《论六家要旨》论列的先秦六大学派,墨家赫然在列。

墨家在相当长的时期里都是当世"显学",影响非常大。稍晚于墨子的儒家学者孟子曾评论道:"杨朱、墨翟之言盈天下,天下之言,不归杨,则归墨。"(《孟子·滕文公上》)孟子此言固然是为其"拒杨墨"的学术立场申辩,但也在一定程度上反映了战国前期至中期学术思想界的真实面貌。战国晚期的法家学者韩非也直言:"世之显学,儒墨也。"(《韩非子·显学》)稍晚成书的《吕氏春秋》亦记载:"孔墨徒属弥众,弟子弥丰,充满天下。"(《吕氏春秋·尊师》)可见,墨家是当时最重要的学派之一,和儒家并称"显学",而与道家,也成双雄对峙之势,其学术活动持续了整个战国时期,不仅时间长,而且影响巨大。

墨子首倡的"兼爱"之说,主张大公无私地"爱人无别",即便是墨子的批评者孟子、庄子也叹服其道德高尚。不仅如此,墨家在逻辑学以及数学、光学等自然科学领域也有许多重大的发现和建树,这在先秦诸子各家中可谓独树一帜。

但是，这些却无法令墨子摆脱被批评指责的困境，无法令墨家避免销声匿迹的命运。要想找到这些问题的答案，我们必须回到墨子的思想之中。

一、墨子思想的诞生

先秦诸子百家是在春秋后期以来的"礼崩乐坏"的宗法制危机中应运而生的。包括墨子在内的诸子们所面对的春秋战国时代是一个充满战争与灾难的时代。或者通俗点讲，"世道乱了"。那么，究竟是什么原因造成了这一残酷的社会现实？怎样才能从根本上解除这一社会危机呢？也就是说，"是否应该救世"？以及"究竟应当怎样救世"？这些问题是春秋战国时代重大的社会问题，也是许多思想家和哲学家孜孜以求、苦苦探索并试图解决的根本问题。墨子的思想正是在这样的时代画卷中应运而生。

（一）墨子的生平

墨家的创始人是墨翟，被尊称为墨子；对这一点，历来没有争议。然而，由于传世史料有关墨子的记载极为简略，为后世争论墨子其人其事埋下了伏笔。司马迁著《史记》，并未专门为墨子列传，而是仅在《孟子荀卿列传》中提及一句："盖墨翟，宋之大夫，善守御，为节用。或曰并孔子时，或曰在其后"，仅仅 24 个字，而且不乏推断之辞。由于史料阙疑，围绕着墨子的姓氏来历、国家籍贯、时代、生平等诸多问题，后世学者展开了广泛而激烈的争论。

从姓氏来看，先秦诸子的姓氏一般比较明确，但"墨子"则属例外。由于"墨"姓相对罕见，所以关于墨子的姓氏来历，先后形成了多种看法。

其一，"墨"是古代刑罚之名，墨子盖为刑徒。钱穆是持这一看法的代表人物，他在《先秦诸子系年考辨》中提出："盖墨者，古刑名也。《白虎通》

五刑：'墨者，墨其额也。'《尚书》、《周礼》、《孝经》、《汉书》诸注疏，均以墨为黥罪，刻其面额，涅之以墨。墨家之墨，即取义于斯矣。夫墨尚劳作，近于刑徒。古时身婴重罪，并籍家族为奴。又有无力赎罪，额涅之以墨。"钱穆主张"墨子"并非姓"墨"；此"墨"乃古代刑罚之名，亦名鲸刑，即用刀在刑徒面额之上划出伤口，再在伤口上涂染墨碳，使其留下长久印记。墨子盖为刑徒。钱穆从墨子擅长劳作推断，墨子有可能出身低微，本无姓氏；其地位可能接近于刑徒，后来干脆以自身所受墨刑作为姓氏，以为自嘲或自勉。

其二，墨子本是地位低下的工匠（极可能是木匠出身），"墨子"的"墨"可能源于木工所使用的绳墨。《墨子》书中有丰富的手工业技术尤其是木工技艺的记录，因此一直以来有人认为墨子可能原本没有姓氏，其"墨"姓只不过是从他日常工作的绳墨、墨斗等物随意取得。此外，《庄子·天下》记载："不侈于后世，不靡于万物，不晖于数度，以绳墨自矫，而备世之急。古之道术有在于是者，墨翟、禽滑釐闻其风而悦之。"墨家的律己精神似乎同样从其手工业技艺的严格要求中发展而来。

其三，"墨"即"黑"，"翟"通"狄"，"墨翟"即长相黝黑的夷狄之人，进而主张墨子为南亚（印度）人。胡怀琛、卫聚贤主张此说。

其四，墨子是宋国贵族目夷的后代，原姓氏为"墨胎氏"。《通志·氏族略》引《元和姓纂》说："墨子，孤竹君之后，本墨骀氏，后改为墨氏。"

其五，元代伊世珍《琅嬛记》提出了一种独特的看法："墨翟"并不姓"墨"，而是姓"翟"。

其六，清代江瑔《读子卮言》也主张"墨子"并不姓"墨"，不过他没有探寻"墨子"的真正姓氏，而是提出"墨"乃是墨家这一学派的名称。

综合来看，第三种看法过于牵强，第五种和第六种看法证据不足，均可以暂时忽略。目前，更为值得重视的是第一、第二和第四种看法。至于究竟取何种，尚有待新的材料出现。

墨子是广义的鲁国人，受鲁文化影响最深。他应当生活在孔子的时代之后，但不会晚于战国中期。换言之，墨子的生活时代为战国前期。

（二）墨子思想诞生的土壤

按照《汉书·艺文志》的说法，"墨家者流，盖出于清庙之守"。[①]《左传》认为"清庙"就是"太庙"（《左传·桓公二年》），在周王朝指的是祭祀文王的太庙。"清"既有德性清明之义，也有清淡、朴素之义。这似乎也说明了墨家学说看重公利、俭朴自律的来源。然而，没有证据表明墨子曾经担任过与清庙有关的官职。或许我们只能模糊地说，以"清庙之守"为枢纽的广义王官之学为墨子提供了思想的重要根基。

《淮南子·要略》则提出，墨子早年"学儒者之业，受孔子之术"。按这一说法，儒墨两家乃是同源而异流：墨子曾经受教于儒家，当然不可能是孔子本人，而是孔子的弟子或再传弟子。这点从《墨子》书中经常引用儒家经典和史册似乎可以看出一二。不过，墨子很有独立的学术态度和批判精神，觉得儒家的这套东西礼节太过繁琐，不是很满意。后来干脆放弃了这套学说，与儒家分道扬镳，甚至对儒学进行了尖锐的批评。当然，儒墨同源的说法也遇到了一些挑战，例如《墨子》一书的语言风格与传统儒家著述差异很大。《墨子》一书的文风生硬、呆板、乏味而重复，强调实用知识而非词章文采；而传统儒者的作品往往语辞精美、文采斐然。这或许从一个侧面表明墨子并未接受系统的儒家学术训练，而主要是靠自学成才。

墨子对儒家所推崇的周文化持批评态度。他试图从更为古老的夏文化中找寻创立自己学说的资源。《庄子·天下》篇记载了墨子赞颂大禹的话语，并认为墨者近乎苦修者的生活态度正是取法于大禹。夏文化给墨子的启示，除了《庄子·天下》篇提到的勤苦、奉献精神之外，还有其鬼神信仰。夏代的鬼神信仰可能尚处于不成熟的阶段，有着浓郁的万物有灵的特征。禹夏时

---

① ［东汉］班固：《汉书》卷三十，中华书局 1962 年版，第 1738 页。

期质朴的鬼神信仰，也成为墨子创建学说的重要精神资源。

另一个不容忽视的要素，是职业对墨子思想的影响。很多证据显示了墨子与手工业之间的紧密联系，他尤其精擅木工。任继愈曾指出，春秋后期手工业进一步发展并走向专门化，产生了"百工"，为墨家的诞生提供了专业技术的土壤。不仅如此，小生产者的职业身份，使得墨子不得不直接面对愈演愈烈的兼并掠夺战争所带来的苦难与重负。而墨子正是代表了逐渐自立的小农和小手工业者在乱世中发出抗争的声音。①

综合来看，墨子是在春秋晚期至战国初期剧烈的社会大变动的时代背景下应运而生的思想者；其学说的形成是多重因素共同作用的结果：以"清庙之守"为枢纽的广义王官之学为墨子提供了思想的重要根基；禹夏文化的俭朴节制和鬼神信仰被墨子吸纳转化为精神支撑与信仰基石；下层手工业者的职业身份与社会诉求则为墨子的学说奠定了基础底色；此外，包括儒家学说影响在内的诸多时代要素也从正反各面为墨子思想的形成提供了养分。在这个意义上讲，墨子可谓是一个"顶天立地"、面向时代的思想家。

（三）墨家学派的形成

与孔子类似，墨子也曾非常活跃地周游于各国之间。在长期的奔走与传道过程中，他逐步确立起自己学说，并依托其身边的一大批非常忠诚的弟子，形成了一个有独特气质的学派——墨家。

先秦时期产生的各大学派往往形式松散，如道家、法家、名家、阴阳家、兵家等，其成员多半散布在不同地区，相互间的联系并不固定和密切，师承脉络也不清晰，甚至其中的一些思想家对自己的学派属性缺乏明确的自觉。儒家和墨家则不同，共同的思想资源和明确的创派宗师使儒家和墨家这样的学派有着很强的向心力，其成员的学派身份认同相对要更明晰一些。不

---

① 任继愈：《墨子与墨家》，商务印书馆 2005 年版，第 3—4 页。

过，儒家成员之间的联系仍旧是自发的、随意的。墨家则是一个有严格纪律的团体，其成员的自我身份认同非常明确和坚定，成员与学派领袖（巨子）之间的联系是稳定而紧密的。

墨家的这一特质源于其复杂的学派性质。

首先，墨家的成员往往有职业的联系，很多人都是下层手工业者，如木匠等。因此，墨家有点像后世的"行会"，或类似今天的手工业者协会。与后世常讲的"同行是冤家"不太一样，早期的手工业者属于同病相怜的社会底层，彼此支持、抱团取暖才能拓展生存空间。其次，墨家有着很强的纪律性。共同的工作性质与职业要求，在一定程度上促进了墨家的纪律性。墨家成员往往有着一定的技艺，大多来自社会底层，团结互助，服膺学派领袖的命令，不怕吃苦，为了公利勇于奉献牺牲，有着侠义精神。第三，墨家有着很强的精神凝聚力。墨家学派从创立之初便有着影响政治、改造社会的诉求，加之其所依托的夏文化的鬼神信仰，使墨家成为一个糅合了政治自觉与宗教情怀的社会团体。梁启超指出，墨子存救世之心，希图改造社会，但资源有限，只好"利用古代迷信的心理，把这新社会建设在宗教基础之上。他的性格，本来是敬虔、严肃一路，对于古代宗教，想来也有热忱的信仰，所以借'天志'、'明鬼'这些理论，来做主义的后援。"[1] 墨家学派的这些属性与先秦其他学派有着显著差别。

任继愈将墨家学派的特点归纳为四点：第一，派遣学生到各诸侯国做官。也就是说，墨家希望通过培养杰出弟子，再让他们分赴各诸侯国做官，以推广墨家的政治理想，实现墨家的社会目标。这一点与儒家相似，或许可能受到儒家做法的启发，体现了墨家学说强烈的政治诉求。第二，倘若派到各诸侯国做官的弟子背弃了墨家的"兼爱"、"非攻"等基本精神，墨家领袖可以随时把他召回。这表明墨家对政治理想的坚守，同时反映了墨家领袖对于整个学派成员具有强烈的影响力。第三，墨家有极严格的纪律和坚强的组

---

① 《梁启超论诸子百家》，商务印书馆 2012 年版，第 143—144 页。

织，如孟胜携弟子共赴劫难，以及墨家巨子腹（黄＋享）大义灭亲、杀子偿命等，彰显了墨家服从真理的精神。第四，墨子和墨家派到各诸侯国做官的弟子，有义务把自己薪俸的一部分贡献给墨家团体。这既体现了墨家成员的奉献精神，同样也凸显了墨家作为学派的组织纪律性与内在凝聚力。①

从上述归纳，可以看出墨家在组建学派的过程中，一方面借鉴了儒家的某些成功经验和做法，另一方面也有意识地突出自己与儒家的区别。

二、墨子的思想方法

墨子天分极高，善于从手工业者的职业身份中汲取养分。相传，墨子最早发现了"小孔成像"的光学原则；他还利用杠杆原理研制了桔槔，用于提水。在他的影响下，墨家学派在逻辑学和数学、光学、力学等多个自然科学领域有不少重要的尝试和发现。从思想的角度看，手工业者的职业身份除了影响墨子的学术立场和情感倾向之外，还给予了他一种独特的财富，那就是偏向于实证的精神，和一种带有朴素科学色彩的认识原则与思想方法。与先秦时期的其他学派、其余诸子相比，墨子的认识原则和思想方法带有鲜明的理性色彩，重视逻辑，看重实证经验。

首先，墨子提出了"取实予名"和"察类明故"的认识原则。

所谓"取实予名"，就是应根据事物的实际情况（"实"），来给予相称的名称（"名"），即："名"应该以"实"为根据和依托，做到"名副其实"。"名"、"实"脱节是春秋战国时期礼崩乐坏的社会危机的一个重要体现，很多学派都对名实问题展开思考。墨子也非常关注这一问题。《墨子·贵义》篇记载："今瞽曰：'钜者白也，黔者黑也。'虽明目者无以易之。兼白黑，使瞽取焉，不能知也。故我曰'瞽不知白黑'者，非以其名也，以其取也。今天下之君

---

① 参见任继愈：《墨子与墨家》，商务印书馆 2005 年版，第 20—21 页。

子之名仁也，虽禹汤无以易之。兼仁与不仁，而使天下之君子取焉，不能知也。故我曰'天下之君子不知仁'者，非以其名也，亦以其取也。"意思是：现在有一个盲人，他说："银子是白色的，烟熏过的墙是黑色的"。那么，即使视力健全的人也无法反驳这个盲人的说法。但倘若我们将白色的和黑色的物品混放在一起，请这位盲人来选取，他就没办法根据我们的要求选出白色或黑色的物品了。因此，我们说"盲人无法分辨黑白"，并不是说他们不能分辨黑白的名称，而是说他们无法分辨出黑白的实际物品并加以取舍。进而，墨子由对人的生理性的反思，推及至对人的思想与价值观念的反思，批评时人仅知"仁"之"名"而不知"仁"之"实"的错谬。通过这段论述，我们可以感受到墨子在认知问题上的偏重经验的实证精神，这与唯物主义认识原则颇多契合之处。

"察类明故"是墨子主张的论辩原则。墨子所处的战国前期，社会变化急遽，诸子百家纷争，"辩"成为各家论战的重要形式。墨家认为："辩，争彼也，辩胜，当也。"（《墨经·经上》）"当"就是合情合理，与事实一致。在《墨经·小取》篇，有一段关于"辩"的经典论述："夫辩者，将以明是非之分，审治乱之纪，明同异之处，察名实之理，处厉害，决嫌疑。焉摹略万物之然，论求群言之比。以名举实，以辞抒意，以说出故。以类取，以类予。有诸己不非诸人，无诸己不求诸人。"这段话的含义十分丰富。其中，"以类取，以类予"就是类比推论。墨子非常看重"类"在推理论辩中的作用。"类"既指事物与事物相区分的客观属性，也指根据这些事物的客观属性差异将它们划分为不同的种类。墨子认为"类"是认识和论辩的基础，主张"异类不比"，不同类的事物不具有比较的前提；有意义的比较只能在同类事物中进行。墨子进而提出"察类明故"，即：在认识与辩论的时候，应该根据事物的客观属性进行合理分类，并找出各类事物同与异背后的理由和根据。

墨子还把他的认识原则运用到社会历史领域，提出了"三表法"。《墨子·非命上》篇记载："言必有三表。何谓三表？子墨子言曰：'有本之者，有原之者，有用之者。于何本之？上本之古者圣王之事。于何原之？下原察百姓耳目之实。于何用之？废（发）以为刑政，观其中国家百姓人民之利。此所谓言有三表也。'"墨子认为，认识事物及检验认知可靠性有三个标准：首先，要重视历史根据，要考察历史上圣王的事迹，看看是否符合古代的经验。其次，要重视广大人民的经验、感受，看看它是否符合老百姓的日常经验和直观感受。第三，要重视客观效果，要将其运用于治理国家的实践，看看它是否对国家、对百姓有利。

墨子和墨家学派的认识原则和思想方法看重实证经验，推崇逻辑，具有鲜明的理性色彩，在先秦诸子百家中别具特色。

三、墨子的主要思想主张

《墨子·鲁问》篇记载："子墨子曰：'凡入国，必择务而从事焉。国家昏乱，则语之'尚贤''尚同'。国家贫，则语之'节用''节葬'。国家憙音湛湎，则语之'非乐''非命'。国家淫僻无礼，则语之'尊天''事鬼'。国家务夺侵凌，即语之'兼爱'、'非攻'。故曰：择务而从事焉。'"上述十事是墨子认为的当务之急。在《墨子》书中，又详细地论列了十大要务，这些篇目被后世称为"墨子十论"，分别是：《尚贤》、《尚同》、《兼爱》、《非攻》、《节用》、《节葬》、《天志》、《明鬼》、《非乐》和《非命》。这些篇目均各有上、中、下三篇，当然其中有些篇目保存得不完整。学术界的主流观点认为，"墨子十论"集中反映了墨翟本人的重要思想主张，是《墨子》一书的核心部分。当然，"十论"中各篇的地位和价值并不相同，《兼爱》最为重要。

（一）兼爱

在深入考察当时的种种社会问题后，墨子提出，当前社会危机的根源是由于"爱"的偏差：人们只爱自己的国家，而不爱别人的国家；只爱自己的家庭，而不爱他人的家庭；只爱自身，而不爱他人。这就导致人们将自身、自家、自国的利益，与他人、他家、他国的利益完全对立起来；进而，为了维护前者，而损害后者。一旦所有人都这样做，必然会引发各方面的矛盾，带来社会的动荡。所以，要想从根本上克服社会危机，就只能实行"兼爱"。

"兼"是"兼顾"、"一并"的意思。"兼爱"就是"并爱"，普遍的爱，无差别的爱。墨子提出"兼爱"，是为了与"别爱"相区别。所谓"别爱"，就是有等级、有区别的爱。墨子认为，儒家所主张的仁爱，强调"亲亲之杀，尊贤之等"，情感由近及远、由亲及疏推扩开来，实质上正是一种典型的"别爱"。仅仅做到这一步还不行，还要"兼以易别"，用无等级、无差别的"兼爱"来代替有等级、有差别的"别爱"。

在墨子看来，以"仁爱"为代表的"别爱"，并不能真正化解人与人、家与家、国与国之间的矛盾纷争，无法从根本上解决社会危机。只有当人们"兼以易别"，用普遍的"兼爱"来取代狭隘的"别爱"，做到"视人之国若视其国，视人之家若视其家，视人之身若视其身"，才会从根源上化解矛盾，使人们彼此相爱，和谐相处，从而改变纷争、动乱的社会现实。

墨子从多个层面论证了"兼爱"主张。

首先，他从两个方面阐述了奉行"兼爱"的理由。一方面，从功利的角度看，"兼爱"能够维护我们自身的利益。墨子说："夫爱人者，人必从而爱之；利人者，人必从而利之；恶人者，人必从而恶之；害人者，人必从而害之"。意思是：如果我关爱他人，他人反过来也会关爱我；如果我给他人带来好处，他人反过来也会给我回报以好处；这就是我们通常讲的"投桃报李"。反之，如果我厌恶、伤害他人，他人反过来也会厌恶、伤害我。在现实生活中，我们都希望他人能够友善地对待我们，不希望他人伤害我们；而要做到这一点，只有我们自己首先做到关爱他人、帮助他人。通过这种功利主义的心态分析，墨子指出个人利益和他人的利益，家庭的利益和社会的利益本来是一致的。我们可以通过"兼爱"他人、他家、他国，来获得他人对于我、我家、我国的关爱与帮助。另一方面，墨子通过人们的实际选择，来论证"兼爱"的必要性。墨子假设：如果有两个士人，一个主张"兼爱"，一个主张"别爱"。再假设他们有一位邻人，且不论邻人持有何种"爱"的立场。倘若邻人即将走上战场或远赴他乡，前途未知，生死难料。邻人需要将家中老小托付于人。那么，他会把家人托付给谁呢？墨子说，即便不主张兼爱的人，也会毫不犹豫地选择将家人托付给奉行"兼爱"的士人，而不是托付给奉行"仁爱"的士人。墨子指出，认为兼爱不可行的人，在言语上排斥兼爱，但在行为上却选择兼爱，这是言行不一。墨子又进一步推论天下饥饿受冻、转死沟壑的民众在"兼君"与"别君"之间，一定也会选择前者。墨子以兼爱是天下所有人都需要的，来论证兼爱主张的正当性。

其次，墨子又论证了兼爱的可行性。有人质疑"兼爱"的主张过于高远，难以实行。墨子回应说：有很多事情比"兼爱"要求更高，更加困难，但这些事情最后都做成了；因此，做到"兼爱"同样是可能的，关键在于统治者是否推崇、是否倡导。他举了"楚王好细腰"和"越王勾践练兵"的历史典故作为论据：楚灵王喜欢细腰，于是楚国大夫和后宫嫔妃投其所好，每天只吃一顿饭，要让自己瘦下来，不少人饿得无法自行站立，扶着墙才能勉强走路。即便如此，很多人最终还是坚持下来了，竟成为楚国一时的风尚。越王勾践卧薪尝胆，训练将士。为了检验练兵效果，擂鼓命令军士冲向烧着的木船，烧死淹死者不计其数。饥饿是难以忍受的，死亡是让人畏惧的，但因为国君推崇、奖励，很多人都能克服困难做到。与之相比，"兼爱"要容易得多。所以，只要国君重视，鼓励倡导，最终也一样能做到。

接着，墨子论述了"兼爱"的有用性。当时不少人怀疑兼爱的效果，如巫马子就质疑说："墨子你总在倡导兼爱，但也看不出你的主张有什么好处；我不倡导兼爱，但看不出我的主张有什么坏处。既然我们看不到'兼爱'或者'不兼爱'有什么效果上的差异，那凭什么说'兼爱'是对的，而'不兼爱'是错的?"墨子的回答很机智,他说:"假设现在发生了火灾,有两个人看到了,一个人拿着容器盛水要去灭火,另一个则拿着木材要让火烧得更旺一些。尽管他们的行为所造成的效果还看不出什么差别,但能说他们的行为没有对与错之分吗?"墨子看到了行为的动机在道德评判中的重要作用。

墨子又提出,"兼爱"不仅仅是一种思想、学说,还应该具体落实为帮助他人、让他人获得利益,这就是"兼相爱,交相利",大家共同相爱,彼此都获得好处。墨子的"兼相爱,交相利"思想明显带有手工业者之间互利互助的行业特征,反映了居于社会下层的普通民众的心声,并带有原始共产主义的一些特征。

墨子为实现"兼爱"的社会理想四处奔波,历史上有"墨突不黔"的典故,描述的正是墨子为了天下公利奔走呼号的崇高精神。墨子周游列国游说王公贵族推行兼爱,身体力行教导百姓实行兼爱。墨子还授徒立说,带领他的弟子们以牺牲、奉献的精神践行兼爱。尽管墨子的"兼爱"主张具有很大的空想性,但是其理论价值和精神内涵却是宝贵而崇高的。

(二)非攻

"兼爱"精神的一个重要体现是"视人之国若视其国",把别人的国家当作自己的国家一样尊重、维护。这一主张的消极表现形式就是"非攻"。"非"指"非难"、"谴责","攻"指战争攻伐。"非攻"就是批评谴责战争。墨子所处的时代战争连绵不断,是社会动荡的根源。稍晚于墨子的孟子曾描述过战争的残酷场面:"争地以战,杀人盈野;争城以战,杀人盈城。"(《孟子·离娄下》)墨子作为社会下层民众的思想代表,对连年战争给老百姓造成的痛苦和创伤有着更为直接和深刻的体会。因此,墨子旗帜鲜明地提出了反对战争的主张。不过,墨子并没有反对一切形式的战争。"非攻"所谴责的战争,指的是不正义的战争,也就是为了满足统治者的私利,以掠夺土地、财产和人口为目的的侵略战争。墨子坚决反对这种形式的战争。至于上古传说中

"诛"，如商汤诛夏桀、周武诛商纣，是以正义讨伐不义，则属于一种正义的战争。墨子并不反对这种形式的战争。

墨子运用"察类明故"的认识原理来论证"非攻"的合理性。他举例说：倘若有一个人，翻墙进入别人家的果园盗窃桃子、李子，人们听说了会批评他，为政者知道了会惩罚他，因为他的行为是自私的、不正义的；接下来，当这个人偷盗别人家的鸡犬、牛马，甚至滥杀无辜时，人们会因为他的罪行越来越深重，对他的谴责和惩罚也会相应地越来越严厉。但是，当这个人为了一己私利，发动侵略战争去攻伐别人的国家，掠夺别人的土地、财富、人口，反倒没人谴责他、处罚他；甚至大家会反过来去歌颂他、赞赏他，称他的做法为"义"举。这难道算得上是明白"义"与"不义"的真正区别吗？（参见《墨子·非攻上》）在墨子看来，统治者为满足私欲所发动的兼并战争，在性质上与偷盗他人的财物、伤害他人的性命一样，都是不正义的，是需要谴责的。不仅如此，发动侵略战争在不正义的程度上要远远超过偷盗财物、滥杀无辜，人们应该更尖锐、更猛烈地抨击、反对并严惩这一恶行。这是墨子的逻辑思想运用于说理的一个成功例证。

墨子认为当务之急，就是要制止最大的不义——侵略战争，也就是要"非攻"。

他指出，战争破坏了正常农业的生产，夺去了无数生灵，消耗了大量社会财富，不仅给人民带来了深重的灾难，而且也会因为没有牺牲品可以奉献给神灵，从而招致鬼神的疏离。

墨家的伟大在于它不仅"坐而论道"，从理论上揭示攻伐战争的不正义性；更是"起而行道"，用实际的行动阻止不正义战争。例如后世传颂的墨子"止楚攻宋"的故事（详见《墨子·公输》篇），就是墨子运用墨家的"非攻"学说以及防御器械阻止侵略战争的一个精彩案例。墨子一生都反对侵略战争，经常带领门徒帮人打仗守城，帮助弱小国家防御，我们今天所说的"墨守成规"的成语即来源于墨子的反战主张。

（三）节用、非乐、非命、节葬

墨子"十论"中有一组主张关系很密切，包括"节用"、"非乐"、"非命"、"节葬"。其中，核心是"节用"。其他三个主张都可以看作是"节用"的应用和引申。所谓"节用"，就是节俭用度，反对浪费。墨子之所以重视"节用"，有两方面的原因：其一，是他很反感当时社会上层统治阶层奢侈浪费行为。墨子生活的时代，贫富分化已经十分悬殊，占据统治地位的王公贵族穷奢极欲，而居于社会底层的贫苦大众则食不果腹。就此而言，墨子的"节用"以及相关主张代表了社会下层民众的朴素心声，有其进步意义。其二，是墨子不满于儒家的礼乐制度。墨子曾经学儒，但他始终和儒家的基本价值存有隔膜。除了不认同儒家的"仁爱"（墨子称其为"别爱"），墨子也不赞同儒家的礼乐制度。在墨子看来，儒家的礼乐制度要求"弹琴鼓瑟"、"撞钟鸣鼓"、"久丧"、"厚葬"，不仅浪费了大量的社会资源，而且占用了宝贵的劳作时间，有百害而无一利，应坚决废弃。正如荀子所批评的，"墨子蔽于用而不知文"，墨子只是片面地看到事物的直接功用，而无法理解间接的文化娱乐和精神陶冶的价值。就此而言，墨子的"节用"和相关主张又暴露了其所处的社会下层民众直接、短浅的认识局限性和狭隘性。

我们可以通过墨子对音乐的抵制，清晰感受到墨子此类主张的优缺点：

墨子说：之所以要反对音乐，并不是因为音乐不使人感到快乐，而是因为向上考察，发现音乐不符合圣王的事迹；向下推断，发现音乐不符合万民的利益。为什么这样说呢？首先，制作大钟、响鼓、琴、瑟、竽、笙等等乐器的钱财只能是源于从老百姓那里征收的赋税；然而，消耗了大量财富所制作的乐器却并不能满足人们的基本需要，即：饥而得食，寒而得衣，累而得息。可见，音乐对于"为天下求利，为天下除害"的目标是无济于事的。

即便已经置办好了一整套乐器，还需要有人来演奏它们；不仅如此，老弱病残者也无法胜任演奏的工作，还需要那些身强力壮的人来演奏乐器。而这些身强力壮者原本是从事男耕女织的劳作主力，现在反倒要靠别人来养活。此外，在演奏乐舞的时候，这些人总不能穿着粗布衣服吧？于是，还得为他们置办华丽的演出服装。

不仅如此，从音乐的效果来看，王公贵族如果沉迷于音乐，就会不理朝政；士君子如果沉迷于音乐，就不能尽心竭力，管理事务；农夫如果沉迷于音乐，就不愿早出晚归，用心耕作；妇人如果沉迷于音乐，就不愿早起晚睡，勤于纺织。其恶果就是国家混乱、社会动荡、物资匮乏。

正是出于这样的考虑，墨子旗帜鲜明地主张"非乐"，即反对礼乐。墨子的反思固然有一定的合理之处，但却陷入了僵化、片面的窠臼，因此后人批评墨子的这一系列主张是认识偏狭、因噎废食。

（四）"尚贤"、"尚同"

墨子提倡"尚贤"，指出"尚贤"是为政之本。墨子指出，如果贤者治理国家，他们早出晚入、勤于政事，可以使国家财物富足、刑法明正，继而上可祭祀天鬼，下可赈济百姓。既然贤者治国有这么多好处，就应该打破官爵世袭制度，将国家管理职位向所有"农与工肆之人"开放，选拔其中的贤者来治理国家。他提出官吏选拔原则是：官无常贵，民无终贱，有能则举之，无能则下之。墨子的"尚贤"主张体现了平民参政的要求，亦是其"兴天下之利，除天下之害"总目标实现的要求。

"尚贤"主张实质上认为，在道德学问上的贤者，在政治地位上也应当是贵者；贤者和在高位者应当统一。这是对上古"圣王"传统的继承，当然墨子要走得更远一些。

墨子又从"尚贤"推导出"尚同"。"尚同"也就是"同于上"，在下位者的观点立场应与在上位者保持一致。

墨子设想古代还没有国家领袖的时候，天下的人各有各的道理。因此一人一个道理，十人有十个道理，百人有百个道理，人数越多，他们的所谓道理也越多。每人都以为自己的道理对，而不赞成别人的道理。由此彼此攻讦，互不买账。因此，墨子把天下混乱残害的根源归结为两点：第一是缺乏共同的认识，第二是缺乏有权威的领袖。

解决这些问题的关键就是"尚同"。"尚贤"是"尚同"的前提。既然已经选拔贤者担任国家的各级管理者，而贤者的能力和见识又远远超过普罗大众；那么，面临各种问题的时候，下层民众应该放弃自己的判断和立场，完全以在上位的贤者的判断和立场作为自己的判断和立场。这样，就可以自上而下保证观点的一致和正确。

墨子的"尚同"主张将"贤者"绝对化，以为经由选举而产生的"贤者"一定是道德和能力都更卓越的人，进而将普通民众的基本权力交给"贤者"来行使。墨子把"尚同"主张安放在没有保障、虚构出来的基础上，在认知上存在着幼稚的缺陷；在实际运用中，更是容易被人歪曲利用，沦为类似于法家的独裁的武器。就此而言，墨子在某种程度上背弃了自己的平民价值立场。

（五）"天志"、"明鬼"

墨子试图用"天志"、"明鬼"为他的"尚贤"、"尚同"（乃至"兼爱"、"非攻"）等学说提供信仰基础。墨子坚信天有意志，而鬼神正是天意的体现。在墨子这里，鬼神不再是阴森恐怖的神秘存在，而是代表了天的意志，能够赏善罚恶，监督人的道德行为的仲裁者。"天志"、"明鬼"寄寓着墨子和他所代表的社会下层民众对于和平幸福生活的向往。

由于鬼神能够客观公正地裁断世人的言行，奉行"兼爱"、"非攻"的善人自然可以得到鬼神的庇佑，背弃"兼爱"、"非攻"的恶人则将遭受鬼神的惩戒。"天志"、"明鬼"同样是"尚贤"一说中"贤者"的评判力量；"贤者"之所以"贤"，恰恰在于其获得了"天志"和"明鬼"的认可。如此一来，"尚同"中的"同"实质上是天的意志的体现。

不过，墨子对鬼神存在的论证比较浅陋。他主要是列举一些古代史传和传说中的有关鬼神事迹的例子来证明鬼神是确实存在的。在这一点上，他背叛了自己一直以来坚持的注重实证的理性精神。

《墨子·公孟》篇记载了墨子和弟子曾经围绕"天志"、"明鬼"等问题有过一场精彩的讨论："子墨子有疾，跌鼻进而问曰：'先生以鬼神为明，能为祸福，为善者赏之，为不善者罚之。今先生圣人也，何故有疾？意者先生之言有不善乎？鬼神不明知乎？'子墨子曰："虽使我有病，何遽不明？人之所得于病者多方，有得之寒暑，有得之劳苦。百门而闭一门焉，则盗何遽无从入？'"意思是：一次，墨子生重病，他的学生跌鼻去看望。跌鼻很有独立的辩难精神，直截了当地问墨子："老师您平时总讲'天志''明鬼'，告诉我们鬼神明察秋毫，能让行善之人得好报，让作恶之人受惩罚。但现在问题来了：老师您是天下有名的圣人，怎么也会得如此严重的疾病呢？这是否表明您讲的'天志''明鬼'的说法并不正确、鬼神并不是什么都知道？"言语之外，还有另一种可能性，即："天志"、"明鬼"之说没有问题，但墨子并非如表面上所显示得那般圣贤，而是内心有很多卑污；上天正是明察秋毫，才会惩戒使其得病。无论是哪一种说法，都会对墨子的"天志"、"明鬼"之说带来致命挑战。墨子的回答同样精彩，他说：尽管我得了重病，但并不能由此说鬼神不能明辨善恶。因为一个人得重病原因有很多，如不适应天气变化，或过度劳累，（不一定是受到鬼神的责罚）。正如进入房屋的门户途径有很多，即便关好了一扇门（对应行善），盗贼也可能从其他门户溜进房间偷盗。我们不能因为进了盗贼，就说明那扇门没有用。同理，行善却患病，不意味着鬼神不能明辨善恶。墨子的回应固然不无道理，但也有很大的漏洞：既然关好了这扇门（对应行善）仍可能被偷盗，那么，这扇门究竟还值得信赖吗？既然行善仍可能罹患重疾，（同理，作恶也可能得善终），那么，鬼神的赏善罚恶究竟还有多大价值？这都是墨子的"天志"、"明鬼"学说难以解答的问题。

四、墨家衰落的原因

战国晚期，大国兼并日烈，群雄并存的局面眼看即将终结。这从两个层面深刻冲击到墨家：一是思想层面，表明墨家"兼爱"、"非攻"、"天志"、"明鬼"等核心主张已被彻底边缘化，不仅不被诸侯大国所接纳，甚至卿士家臣对之亦不屑一顾。战国晚期就食于世家公子的游侠门客，徒具侠义之形而遗失公利之魂，已经不再是真正意义上的墨家信徒。二是现实处境层面，群雄并存局面即意味着中央强权的崛起，这对于先秦不少学派均提出严峻挑战，仅法家、阴阳家等少数学派例外。墨家受到的打击尤其严重。而且，这一打击并未随着秦王朝的灭亡而消失，反而在西汉建立之后甚嚣尘上，最终导致西汉武帝之后，墨家作为一个学派的终结。

推究墨家在先秦之后两千的年间默默无闻，几乎厌绝的命运的原因，大体有如下几点。

其一，与中国古代社会的基本结构有关。自商周以来，中国的政治、社会结构的根本特征就是所谓"分封建国"。整个社会自上而下由分封而来。"分封建国"制的一个特色就是国家的政治组织与家族组织是合一的，这就是以父系血亲为根源的宗法制度。可以说，它是中国古代社会国家得以确立的根基。

如此一来，作为血亲宗法制最重要的关系——父子关系就显得尤为重要。儒家的礼乐文化是顺应周代的宗法制度发展而来，在它看来，任何制度，只有当其建立在这种血亲宗法制基础之上，才能顺应社会结构的特点而发挥效能。否则就有可能动摇和破坏现有的社会宗法结构。因此，儒家的仁爱强调突出直系血亲关系的重要性，并顺应人们爱亲敬长的自然情感，将孝悌之情作为仁爱的基础，进而以推扩原则层层推广到他人、他家、他国乃至他物。与之相反，墨家兼爱主张高则高矣，但一则与血亲宗法制的社会结构相抵牾，二则缺乏一个平实可行的现实基础，所以是不可行的。又因为它貌似崇高伟大，容易蛊惑人心，所以儒家会特别严厉地批判它。稍晚于墨子的儒家思想家孟子曾对杨朱、墨子进行了十分严厉的批评，说："杨氏为我，是无君也；墨氏兼爱，是无父也；无父无君，是禽兽也。"孟子用这么激烈的言辞，就是因为墨子讲"兼爱"，爱的施行没有差等，我对待自己的父亲和别人的父亲是完全一样的，显然违背了宗法社会的根本信条，即"父子"关系的特殊性；这无疑会伤害到儒家学说的根本。所以，孟子尽管也承认墨子是一个高尚的劳苦救世的利他主义者，但仍要激烈地抨击墨子。

其二，与墨家学派的性质有关。墨家学派是由下层手工业者团结在领袖（巨子）周围形成的一个制度严格、目标远大的带有宗教性和政治诉求性的团体。他们见义勇为，身担道义，这种组织化和侠客作风不为统治者所喜。诚如韩非子说的"儒以文乱法，侠以武犯禁"，墨家的侠客作风容易引起民间的侠意识之风，内部、民间的斗争有碍于国家的法律的尊严，而严密的、宗教化的团体又易为统治者所忌。所以，汉武帝以后，墨家这样一个显学渐渐默默无闻了。

其三，是墨家对自己成员的要求太过苛刻。由于墨家尊奉大禹清苦自律的牺牲精神，所以要求它的成员过一种贫苦艰辛的生活，要为天下人的利益不惜摩顶放踵，舍弃生命；而与此同时，对自己、对亲人则不能有丝毫的私心。这种大公无私的牺牲精神，在墨家前几任巨子高风亮节的人格魅力的感召下，在墨家前期近乎宗教的氛围的洗汰下，还可以勉强维系。但到了后世，随着墨家内部的分化，巨子的权威受到削弱，其人格魅力和宗教感召力均大不如从前。在这种情形下，近乎自虐自苦的绝对无私、奉献，就变得越来越难以实行了。

其四，相较于儒道各家，墨家关于人性的理解有些简单甚至有些肤浅的，如墨子说："夫爱人者，人必而爱之；利人者，人必从而利之"，显然过分理想化。而由于对人性的简单理解，又使得墨家对于社会的理解过于简单。此外，墨子和墨家对价值的理解十分狭隘。正如荀子所指出的，"墨子有见于齐，无见于畸，有齐而无畸，则政令不施"（《荀子·天论》），"墨子蔽于用而不知文……由用谓之,道尽利矣"(《荀子·解蔽》),墨子只看到了那些能直接满足生活需要的事物的价值,对于间接服务于生活的文化和艺术等活动的价值视而不见。这也反映了其认知的偏狭一面。

总之,墨家的思想主张在外无法适应宗法制社会的特定结构,在内难以被墨家信徒继承推行,上不为君王所喜,下难以解决社会问题,以致于断绝千年。

然而,平心而论,由墨子所开创的墨家有着独特的思维方法、实践精神和完整思想体系。尤为可贵的是,墨子和墨家还是先秦诸子各家中,罕有的在逻辑学、数学、物理学等方面有很多重大的发现和建树的思想者和学派。称墨家为"毗邻近代自然科学的学派"应该是毫不过分的。无论从何种角度看,墨子和墨家思想在随后两千年的中国思想史中的缺位,都是中国思想与文化的巨大的缺憾和损失。

第七章

兴国强兵之道：韩非子与法家

春秋战国，百家九流，法家是其中重要的一支。韩非说儒墨之内各有分派，"儒分为八，墨分为三"，其实法家内部也存在不同的流派。如果按法家思想主张与理论特征划分，至少有重法、重势、重术和法术势统一等分派。若依据地域存在划分又有齐法家、晋法家和秦法家等说法。当下学界讨论法家思想及其发展流变，多以韩非、商鞅为代表的秦晋法家为重点，本章重点也以秦晋这派为主。以管子为代表的齐法家思想，与先秦道家思想、汉初黄老思想等有千丝万缕的联系，篇幅所限，本章暂不讨论。

法家是先秦诸子中对法律最为重视的一派，他们以主张"以法治国"，并提出了一整套的理论和方法，这都为秦朝的建立提供了有效理论依据。汉朝继承了秦朝中央集权的政治体制及法律体制，这也构成了我国传统社会的政治与法制主体。法家在法理学方面也做出了杰出贡献，对法律的起源、本质、作用，法律与社会经济、时代要求、国家政权、伦理道德、风俗习惯、自然环境及人口、人性的关系等基本问题都做了相应探讨，而且卓有成效。司马谈在《论六家要旨》中指出："法家不别亲疏，不殊贵贱，一断于法。"《汉书·艺文志》里面讲："法家者流，盖出于理官，信赏必罚，以辅礼制。《易》曰：先王以明罚饬法，此其所长也。及刻者为之，则无教化，去仁爱，专任刑法而欲以致治，至于残害至亲，伤恩薄厚。"法家学说偏重于功利主义和实用主义，内容核心在于巩固君主的统治，实现富国强兵，继而夺得各方面斗争的胜利。在战国时代列国竞争激烈，已经出现了"捐礼让而贵战争，弃仁义而用诈谲，苟以取强而已矣"等情况，法家思想在当时确实具有很强实用性。秦朝能够统一六国，这就是法家思想得以有效运用的明证，但其思想体系中也有天然的某些缺陷。

一、法家思想的渊源

（一）地理条件

在《礼记·王制》里面有："凡居民材，必因天地寒暖燥湿，广谷大川异制。民生其间者异俗，刚柔轻重迟速异齐，五味异和，器械异制，衣服异宜。"这段话说明了每个地域的自然地理环境存在各种差异，所以每个地方的风土人情，及在此基础上产生的思想学说也各有不同。韩、赵、魏三个国家处天下咽喉要冲，纵横之士也应运而生。三晋在春秋战国时期，一直以民风强悍，任侠好气而著称，其间多有慷慨奇节之士，很多著名的刺客都是三晋人物，如豫让、聂政、侯嬴、朱亥、荆轲、高渐离等。法家思想最初主要盛行于战国时的韩、魏、赵三国，早期的法家学派人物多来自这三个国家。比如，法家主要三个流派：慎到重"势"、申不害重"术"，商鞅重"法"，慎到来自赵国，申不害来自韩国，商鞅来自魏国，而种种不同法家的流派由韩国的韩非子集以大成。

（二）历史渊源

宗法制度和礼乐制度的影响比较小是三晋古文化的特点。晋国成为法家的摇篮，也是名家、纵横家产生的地方。晋国立国时称"唐"，"桐叶封弟"的故事讲的就是唐叔虞被周成王分封到晋国的故事。叔虞死后，其子燮即位，由唐迁于"晋"，从此改称"晋国"，燮则为晋侯。晋文公时便已经采用狐偃的建议，实行"信赏必罚"，"法行所爱"（《韩非子·外储说右上》），杀了其亲爱者颠颉、祁瞒、舟之侨，"三罪而民服"（《左传·僖公二十八年》），取得了城濮之战等一系列重大胜利，从而奠定了霸业的基础。这种思想与周礼所说的"刑不上大夫，礼不下庶人"是大不相同的。

鲁哀公四年（公元前453年），赵襄子、韩康子、魏桓子联合杀了智伯，并把公室封的土地也平分了，这就是历史上著名的"三家分晋"。在晋国内乱中，西周以来的宗法制度与礼乐制度都遭到了严重的打击与削弱。非姬姓贵族与军功贵族的大量产生，赵简子誓师词"克敌者，上大夫受县，下大夫受郡，士田十万，庶人工商遂，人臣隶圉免。"（《左传·哀公二年》）许多军功贵族就是在晋国内战中获得身份。他们便形成了法家产生的社会基础。因为他们与旧的宗法制度没有太大联系，要保持他们的地位，一般都主张变法革新，制定法律，他们的思想集中表达就是法家思想。

（三）现实思想基础

在春秋末期，郑国第一次公布了中国成文法——子产的《铸刑书》（公元前536年）。公元前513年，由晋国第二次颁布了成文法"铸刑鼎"，第二次颁布的成文法是范宣子（赵盾）在周襄王三十二年（公元前621年）整理的"刑书"，这实际上比子产"铸刑书"要早85年。法家思想的萌芽即法治思想的产生，与成文法的出现有着密切的联系。

法家思想与儒家思想也有着某种特殊的关系。尽管儒家代表人物孔子明确反对"铸刑鼎"。他认为把法律铸在鼎上，"民在鼎矣，何以尊贵？""贵贱无序，何以为国？"（《左传·昭公二十九年》）但是孔子的著名弟子子夏是儒家中比较重视礼仪制度等行为规范的学者，子夏与魏文侯对话中曾经提出了"圣人作为父子君臣以为纲纪"的政治主张。这一思想经荀子、韩非、董仲舒而形成"三纲"学说。子夏晚年在西河讲学，一度曾做过魏文侯的老师，而魏文侯在魏国进行过变法的改革，这对子夏思想从儒家向法家过渡，有颇大的促进作用。但子夏最终没有完成儒家向法家的转化。在子夏众多的弟子中，李悝成为了法家的始祖。

二、韩非之前的法家代表人物

在韩非之前，法家思想就已产生和开展。韩非正是总结了这些已有思想成果才形成了自己的法家思想，成为法家哲学的集大成者。在战国时期，由于不同地域文化的影响，出现了侧重点不同的法家思想家。

（一）李悝

李悝，魏国人，曾任魏文侯的北地守和魏相。他在魏文侯的支持下进行变法。明确主张过取消贵族的世袭特权，著有《李子》三十二篇，现在已经亡逸。他主张建立新的封建官僚制度，按功劳和才能大小授予职位，实行赏罚严明的制度，"食有劳而禄有功，使有能而赏必行，罚必当。"（《说苑·政理》）在经济上他主张实行"尽地力之教"和"平籴 [dí] 法"，《晋书·刑法志》记载："是时（指三国魏明帝时）承用秦汉旧律，其文起自魏文侯师李悝。悝撰次诸国法，著《法经》，以为王者之政，莫于盗贼，故其律始于《盗》、《贼》。盗贼须劾捕，故着《网》、《捕》二篇。其轻狡、越城、博戏、接假不廉、淫侈逾制，以为《杂律》一篇。又以《具律》具其加减。是故所著六篇而已，然皆罪名之制也。"《盗法》所涉及的内容主要是惩罚侵害他人财产的犯罪；《贼法》的主要内容是惩罚杀人、伤人等危害他人人身安全的犯罪；《网法》是有关囚禁和审判罪犯的法律规定，其内容与现代的诉讼法有类似之处；《捕法》主要对追捕盗、贼及其他犯罪者作出了具体规定；《具法》，主要是关于定罪量刑之法律原则的规定，其作用类似于现代法律中的总则部分。《杂法》是作为以上四法的补充，内容包括很多方面，主要是规定了"六禁"：淫禁（关于惩治淫乱行为的规定）；狡禁（关于惩治侵犯国家统治权、危害国家机器正常运转行为的规定）；城禁（关于惩治翻越城墙者的规定）；嬉禁（关于惩治聚众赌博行为的规定）；金禁（关于惩治官员受贿的规定）；徒禁（关于惩治聚众行为的规定)。《法经》把保护私有财产作为首要任务来完成的，李悝曾讲过："王者之政，莫急于盗贼。"

春秋时的"铸刑书"、"铸刑鼎"和"竹刑"等成文法，并不完整系统，齐国的管仲虽然较早有法治的思想，但他并没有制定法律，因此他也只能算是法家的先驱。只有李悝才称得上是法家的始祖。《法经》是第一部比较系统的新兴地主阶级的法典。《法经》非常具有开创性，从体例上讲《法经》开创了成文法典编纂的新体系，一改在此之前法令法规重叠混乱的局面。《具法》的设立，更是开历史之先河。从内容上讲，《法经》首次将官吏受贿等行为列入应受法律制裁的行列，具有很强创新性和现实意义。

（二）吴起

吴起，卫国人。他不仅是著名的法家，也是军事家、政治家。吴起曾经在孔门弟子曾参之子曾申门下学习儒术。母亲去世后，吴起没有按照儒家忠孝的信条回家奔丧守孝。曾申认为他不孝，不配做儒家的门徒，跟吴起断绝了师生关系。此后，吴起弃儒学兵。鲁元公十七年（前412年），齐宣公发兵攻打鲁国。鲁元公想任用吴起，但吴起妻子是齐国人，元公疑。吴起渴望功成名就，于是杀掉妻子表示不偏向齐国。元公任命吴起为将，率军大败齐军。后来元公对吴起产生了怀疑，免去了吴起的官职。而吴起的主公季孙氏也因懈怠宾客被杀，经人劝说，吴起离开鲁国投奔魏国。吴起曾经担任过魏国的西河郡守，向子夏学习儒家思想，并改革魏国兵制，在《吕氏春秋·慎小》里面有"吴起治西河，欲谕其信于民，夜日置表于南门之外，令于邑中曰'明日有人能偾南门之外表者，仕长大夫。'"吴起通过这种方式在百姓中建立了令出必行的威信，在西河建立起了一支威震列国的武装量——"武卒"。这支部队带上沉重铠甲，12石强弩，50支利箭，扛上长戈，头戴铁盔，腰佩短剑，三天干粮，一天之内急行军100里，"大战七十六，全胜六十四，其余则钩解。"（《吴子·图国》）

约在魏武侯九年（前 387 年）左右，吴起遭到谗害，离开魏国向南投奔楚国。楚悼王任命吴起为宛城太守，一年后升任令尹。任令尹后的吴起在楚国国内进行了大刀阔斧的改革，具体措施有：制定法律并将其公布于众，使官民都明白知晓。凡封君的贵族已传三代的取消爵禄；停止对疏远贵族的按例供给，将国内贵族充实到地广人稀的偏远之处。淘汰并裁减无关紧要的官员，削减官吏俸禄，将节约的财富用于强兵。纠正楚国官场损公肥私、谗害忠良的不良风气，使楚国群臣不顾个人荣辱一心为国家效力。统一楚国风俗，禁止私人请托。经过吴起变法后的楚国国力强大，但也招致了楚国旧贵族的怨恨，为自己埋下了杀身之祸。

吴起属于法家里面的实践派，但他对法家理论的运用过于僵化，过分强调"法治"而忽视了人在社会中所起的重要作用，忽视了"法"同样也是要由人制定并由人来实施的。

（三）申不害

申不害，战国时期郑国人，以提倡"术"著称。《史记·老子韩非列传》有"故郑之贱臣。学术以干韩昭侯，昭侯用为相。内脩政教，外应诸侯，十五年。终申子之身，国治兵强，无侵韩者"。在三家分晋的过程中，韩国所分得的地盘最小，又夹在秦、魏、楚几个大国的中间，从韩景侯正式列为诸侯，到申不害所辅佐的韩昭侯这六代中，连续发生了韩列侯（韩景侯之子）的相侠累（一作韩傀）被刺客聂政刺死、韩哀侯被杀等事件。西边的秦国又一直虎视韩国，并于公元前 371 年攻取了韩国的 6 座城池。韩国国力将更弱小的郑国灭了，迁都新郑以躲避秦的威胁。

申不害认为分封制导致操有实权的大臣总有一些人会独断专行、无视君主，君主需要用"术"来控制大臣，"明君如身，臣如手；君若号，臣如响；君设其本，臣操其末；君治其要，臣行其详；君操其柄，臣事其常"（《申子·大体》），"君所以尊者令，令不行是无君也，故明君慎令"（《申子·大

体》），"明君使臣并进辐凑。"（《群书治要》卷 36《申子·大体》）

"术"是法家理论走向阴谋权术的开始。"术"的产生，则将法家理论同人的行为有机结合起来。但重术的理论天生具有某些缺陷，韩国也只能够发展到"诸侯不来侵伐"的程度仅可自保，直至最终为秦国所灭。

（四）慎到

慎到，战国时期赵国人，早年曾"学黄老道德之术"，重视"势"。明代慎懋编纂了《慎子内外篇》并辑录慎到传记大略谓："慎到者，赵之邯郸人也。慎到博识疆记，于学无所不究。自孔子之卒，七十子之徒散游列国，或为卿相，或为士大夫，故卜子夏馆于西河，吴起、段士木、慎到之徒受业于其门，及门弟子者甚众。慎到与孟轲同时，皆通五经；轲长于《诗》，慎到长于《易》。慎到讲"天道，因则大，化则细，因也者，因人之情也。人莫不自为也，化而使之为我，则莫可得而用矣"（《慎子·因循》）"腾蛇游雾，飞龙乘云，云罢雾霁，与蚯蚓同，则失其所乘也。故贤而屈于不肖者，权轻也；不肖而服于贤者，位尊也。尧为匹夫，不能使其邻家；至南面而王，则令行禁止。由此观之，贤不足以服不肖，而势位足以屈贤矣。"（《慎子·威德》）

"势"有三层含义，其一相当于今天物理学上的"势能"；其二指的是处于有利的地位；其三是指政治生活中的权力即能支配他人的权利。慎到思想的理论价值在于：一，他论述了君主与国家的关系，指出君主仅仅是国家职能的执行者，是法的工具。二，他把国家职能规范化，使治理国家的方法由神秘转向公开。

（五）商鞅

商鞅，战国时期卫国人，后在秦国受封于商邑，所以被称为"商鞅"。

商鞅"少好刑名之学"，曾经做过魏国宰相公叔痤家臣。之后，公孙鞅在秦孝公支持下在秦国进行变法，这是战国时期法家实践的最深刻改革，为秦国实现富国强兵乃至统一中国奠定了最初的基础。商鞅变法的主要事项有：一、公开颁布法津。二、什伍间要"相牧司连坐"，鼓励告奸，不揭发检举的"腰斩"，检举揭发的同斩敌人首级一样受到赏赐，窝藏有罪的人与投降敌人同罪。三、奖励军功，禁止私斗，颁行按军功受赏的二十等爵制，鼓励秦人作战勇猛。四、重农抑末。"僇力本业耕织致粟帛多者复其身；事末利及怠而贫者，举以为收孥"。凡是一家有两个以上的成年男子，必须分家，各立户头。招徕地少人多的三晋之民，来秦国垦荒。三晋(韩、赵、魏三国)民众来秦国定居，就有地有房，三代免除徭役，不用参加战争。垦荒的特别优待，十年不交纳赋税。"令故秦兵，新民给刍食"。五、建立郡县制，由国君直接派官吏治理。废井田，开阡陌（阡陌就是田间的大路）。谁开垦荒地，就归谁所有。土地可以买卖。建立县的组织，把市镇和乡村合并起来，组织成县，由国家派官吏直接管理。迁都咸阳。为了便于向东发展，把国都从原来的栎阳迁移到渭河北面的咸阳（今陕西咸阳市东北）。"商鞅变法十年，秦民大悦，道不拾遗，山无盗贼，家给人足。民勇于公战，怯于私斗，乡邑大治。"（《史记·商君列传》）公元前338年，秦孝公崩，惠文王即位，公子虔告商鞅谋反，商鞅逃亡至边关，欲宿客舍，结果因未出示证件，店家害怕"连坐"不敢留宿。后来商鞅回到商邑，发邑兵北出击郑国，秦国发兵讨之，杀鞅于郑国黾池，被秦惠王处"车裂之刑"。

商鞅的思想主要保存在《商君书》中，以重农、重战、重法、重君权为其大要。商鞅为了论证变法的必要性和合理性，强调了一种主张变化的历史观。他说："上世亲亲而爱私，中世上贤而悦仁，下世贵贵而尊官。"（《商君书·开塞》）"上世"、"中世"、"下世"各有其时代主题，表达了历史不是循环的而是变化的。他所说的历史变化带有历史进化的意味。商鞅进而认为既然历史是变化的，那么面对变化的历史，人们的社会生活和政治制度也应适时改变。他将这个观点概括为一个命题："世事变而行道异"（《商君书·开塞》）。在他看来，正是因为"世事"的变化所以才有了"行道"的不同。商鞅进而从"行道异"出发，得出了"不法古，不修今"的结论："神农教耕而王天下，师其知也；汤、武致强而征诸侯，服其力也。……圣人不法古，不修今。法古则后于时，修今则塞于势。周不法商，夏不法虞，三代异势，而皆可以王。故兴王有道，而持之异理。"（《商君书·开塞》）与这种历史哲学相联系，商鞅阐发了自己的政治哲学。他特别强调"法"在国家政治中的重要意义。他说："国之所以治者三：一曰法，二曰信，三曰权。"（《商君书·修权》）"法令者，民之命也，为治之本也，所以备民也。"（《商君书·定分》）"圣人必为法令。"（《商君书·定分》）商鞅认为，"法"对于国家政治之所以重要在于治理好国家不是依靠圣贤的德性就能实现的，而必须依靠"法"的作用。他说："今离娄见秋毫之末，不能以明目易人；乌获举千斤之重，不能以多力易人；圣贤在体性也，不能以相易也。今当世之用事者，皆欲为上圣，举法之谓也。背法而治，此任重道远而无马牛，济大川而无船楫也。"（《商君书·弱民》）离娄之目明、乌获之气力、圣贤之德性，都不具有普遍性，不是人人都能够具有的。只有"法"才具有普遍性，才能够为人人所遵循。商鞅力主重"法"之时，特别强调在"法"的面前人人平等，提出"壹刑"主张："所谓壹刑者，刑无等级。自卿相、将军以至大夫、庶人，有不从王令、犯国禁、乱上制者，罪死不赦。有功于前，有败于后，不为损刑；有善于前，有过于后，不为亏法。忠臣孝子有过，必以其数断。守法守职之吏有不行王法者，罪死不赦，刑及三族。"（《赏刑》）

以上种种法家思想及其具体政治改革的实践，都对韩非子产生了深刻的影响。

三、韩非子：集法家之大成

韩非（约公元前281年—公元前233年），出身韩国贵族，生活于战国末期，与后来成为秦国丞相的李斯都是荀子的弟子。当时韩国很弱小，常受到邻国欺凌，韩非多次向韩王提出治国建议但均未被采纳，韩非只能通过著书来阐明他的思想观点。他的书流传到秦国后，秦王嬴政对他的思想极为赞赏。公元前233年，秦王发兵攻打韩国并向韩国索要韩非。于，韩王派韩非出使秦国，但韩非并未受到秦王的重用。不久，秦王听信大臣李斯和姚贾的谗言将韩非下狱论罪，李斯趁机派人送毒药给韩非，逼令自杀。韩非口吃，不善言辞，但善于写作。他的著作收集在《韩非子》一书中。在先秦哲学古籍中，韩非的著作窜改得比较少，但也存在不少问题。不过总的说来，《韩非子》一书大部分出于韩非之手是可以肯定的。韩非的主要代表作有：《五蠹》、《六反》、《显学》、《扬权》、《孤愤》、《说难》、《饰邪》、《亡征》、《南面》、《解老》、《喻老》等篇。

在当时"百家争鸣"的环境下，韩非受到了道家、儒家、法家、墨家等各派思想的熏染。他喜好刑名之学，继承发展了荀子的人性论，同时还受到黄老思想的深刻影响。在这些思想的基础上，韩非融合商鞅、申不害、慎到等前期法家思想家的理论和实践，形成了自己相对完备的法家思想。他既是法家的重要代表人物，也是先秦法家思想的集大成者。

（一）世异则事异事异则备变

韩非对社会历史的看法主要有两个观点：一是强调社会的进化，二是重视具体生活环境。他认为如果时代变化了，那么人们所面对的具体生活环境就会变化；具体生活环境的变化也必然让人们处理各种问题的方式发生变化，这就是韩非所讲的"世异则事异，事异则备变"（《韩非子·五蠹》）。

韩非对人类社会历史有这样一段著名的论述：在上古的时候，人类的力量很弱小，各种飞禽走兽很多，这个时候出现了一位圣人，他教人们筑巢作为遮挡，用来躲避动物的侵害，于是人们推选他成为了当时的圣王，号称"有巢氏"。当时，人们只能生吃一些动植物，这些东西又腥又臊，深深伤害了人们的肠胃，导致人们感染了很多疾病，这时候，就出现了"燧人氏"教人们钻木取火烹饪食物，于是他也成了当时的圣王。中古时候，天下发大水，这个时候才会出现鲧和禹来带领人民疏导洪水。近古的时候，桀纣太过于暴乱，才会有汤武带领人民革命。在这里，韩非把人类社会历史看成一个不断发展变化的过程，把历史分为上古之世、中古之世、近古之世，在不同的发展阶段都有不同的具体情况和问题，历史上三皇五帝等圣人的出现都是因为他们能够根据具体的时代需要，带领人民找到了处理现实问题的具体方法。只要时代条件变了，社会就需要有新的圣人出来根据新情况解决新问题。如果墨守成规、故步自封、搞老一套，在中古之世教人们钻木取火筑巢而居，在近古之世带领人民来疏导洪水就会被人嘲笑。总之，现在人们还沿用尧舜禹汤等人的老办法就只能引人耻笑。

　　韩非反对用一成不变的办法来统治不同时期的人民，他批评主张历史倒退的复古主义思想，讽刺那些复古主义者就像守株待兔一样愚蠢。在韩非看来，所谓道德完全与个人品质无关，而是由不同时期的物质生活条件决定的。他说，古代的物质生活条件极其简陋，帝尧住的是茅草房，吃的是粗米菜汤，穿的是劣质的衣服，生活和一个看门人差不多；帝禹亲自带头劳动，劳苦的程度不亚于一般贫民，所以上古存在着把天子的位置拱手让给别人的事情，这就是"禅让"。可是到了后来，一个县官都能拥有许多特权，就算他死了以后，他的子孙出门都还有马车，当然就没有人会愿意辞去官位了。因此，归根到底，仁与不仁并不是道德问题，而是具体时代的物质条件和利害关系所导致的具体结果。复古主义者盲目迷信所谓"先王"，把"先王"之言当成了神圣不可侵犯的教条，根本不去考虑实际情况。他讲了一个寓言来嘲笑那些言必称"先王"的顽固派，他说有个人去买鞋子，先量了自己的脚记下尺寸，但是却忘了把量好的尺寸带到市场上去。后来他买鞋子的时候又从市场上跑回去拿尺寸。等他拿到了尺寸再返回去买鞋子的时候，市场已经停止交易了。有人问他为什么不用自己的脚去试一下鞋子，他回答："我宁愿相信量好的尺寸，也不能相信自己的脚啊！"通过这个寓言，韩非强调人们要从实际出发，尊重社会历史发展的客观性，不能受那些早已过时的教条束缚。

那么使社会历史发生变化的根本原因何在呢？韩非认为，我们应该到具体的生活环境中去寻找原因。他讲到，远古的时候不用耕田也不用纺织，单靠着植物的果实与禽兽的毛皮，人们衣食都已经足够。正是因为人口少而财富多，人们不用怎么劳作都能够生存下来，所以社会上也没有什么争夺。在这种情况下，统治者不用赏罚这些手段，人们都能够和平相处。但是随着时间推移，人口日益滋长，人均财富变得越来越匮乏，人们辛勤努力地工作却只能获得少量的生存资料，人们就会为了生存彼此进行激烈的争夺。即使统治者确定了赏罚制度，社会上仍然会有各种各样的纠纷混乱。在韩非看来，人口再生产的速度高于生活资料再生产的速度，人口多、财富少，这是造成社会争乱的根源。他明确指出，"上古竞于道德，中世逐于智谋，当今争于气力"（《韩非子·五蠹》）。随着时代的变化，人们的行为方式会发生很大的变化。

（二）循名实而定是非因参验而审言辞

在方法论上，韩非强调在实际经验中判断事情的真伪是非。事物有现象也有本质，本质与现象并不是绝对统一的。他指出，一个国家虽然有绵延千里的大块磐石也不能算作富国，有数目以百万计的偶人也不能算作强国。因为磐石上面不可能长出食物，偶人也不可能用来打仗。磐石虽和良田一样有千里之形，偶人虽和真人一样有百万之数，但是都只是形同实异。判断事物必须从实际经验出发，比如判断刀剑是否锋利，不能只凭刀剑所用金属原料是青色或黄色来决定，挑选官员也不能只看他的外表或者光听他说的话，而是要让他从事实际的工作，通过具体事情来考察他的能力。要评判一个人的言行，不是根据他自己的说法，也不是通过争论来解决，而一定要根据他言行的实际效果来判断。

韩非主张"循名实而定是非，因参验而审言辞"（《韩非子·奸劫弑臣》），要判断一种意见、言论是否正确，不能单凭主观决定，而要看这些意见和言论是否符合实际，是否能在现实生活中得到证实。就此，他提出了"参验"的方法，具体来讲就是"偶参伍之验，以责陈言之实"（《韩非子·备内》）。"参"是相互比较，切忌偏听偏信，要从多方面收集情况进行全面的综合，但是要辨明真理、判断是非，最根本的还是要通过实际的检验。"验"是强调实际效用，所谓"明主听其言必责其用，观其行必求其功"（《韩非子·六反》）。韩非明确要求一切言行都必须有一定的目的，要有的放矢，反对脱离实际夸夸其谈的空论。他这些思想具有合理的因素，但又带有浓厚的实用主义色彩。

韩非反对先验论，认为所谓"前识"是很荒谬的。他举了一个故事来批判"前识"：有一天，詹何坐在家里，他的弟子在他身边侍奉。突然，有一头牛在门口叫了起来，弟子认为那是一头黑牛而且牛蹄子是白的，詹何也认为是一头黑牛，但牛角是白的。后来他们派人去看，的确是黑牛，但是牛角却用白布裹了起来。这种没有接触具体事物就谈认识，完全只是个人毫无根据的妄想和臆测。詹何的伎俩不过是一种主观猜测，像这样的事情，派一个儿童实地看一下就能确定是非，根本用不着像詹何那样故弄玄虚而且冥思苦想。他费劲猜测的结果，只是做了任何一个小孩都能做的事，是没有意义的。实践才是评判事物的依据，有些问题本来就只能在实践中求得解决方案。比如说，大家都在睡觉的时候就无法分别出谁是盲人，要区别盲人就得让他看东西试一试；大家都不说话的时候就无法发现谁是哑巴，要区别哑巴就得让他回答问题。

对于没有根据、无法"参验"的学说，他更认为是"无参验而必之者，愚也；弗能必而据之者，诬也。故明据先王，必定尧舜者，非愚即诬也"（《韩非子·显学》）。韩非用这种"参验"的方法反对当时某些学派死抱着旧教条不放、反对改革的保守主义。他指出，在孔丘、墨翟之后，儒家分为八派，墨家分为三派，这些学派取舍不同，却都自称为孔、墨的真传。孔、墨称道尧舜，自称为尧舜的真传。可是尧舜早已死了三千多年，孔子墨子也死了不能复活，谁能评判这些派别的真假呢？因此，我们不能盲目相信旧教条，依据当前现实、根据具体情况来确定什么是有用的理论才是最重要的。

（三）不兼容之事不两立

韩非接受了老子对立统一的思想，又比老子更深刻地揭示了对立统一，韩非矛盾观的特点是强调矛盾双方的对立。"自相矛盾"这个成语就是来源于韩非子，故事大体是这样的：有个人在集市上卖矛和盾，他说自己的盾非常坚固，没有什么东西能够刺穿；过了一会儿，他又说自己的矛很锋利，什么东西都能刺穿。于是，就有人问他："用你的矛来刺你的盾会怎么样呢？"这个人就只能瞠目结舌了。这个故事形象地描述了矛盾双方势不两立的局面，另外类似的表达还有"夫冰炭不同器而久，寒暑不兼时而至，杂反之学不两立而治。"（《韩非子·显学》）

韩非认为对待矛盾双方要强调两者之"异"，不可着眼其"同"。矛盾双方应该是势不两立的，要强调矛盾双方的对立斗争。君臣之间充满了对立，他们之间是不停斗争的关系，所有的臣子都时时刻刻觊觎着君主的权位。矛盾双方不分上下是引起祸乱之源，"一栖两雄"、"一家两贵"、"夫妻持政"的话，国家或者家庭将永远不能安宁。因此，一方必须以绝对的优势压倒另一方，这在君臣关系中尤为重要，"故明主之牧臣也，说在畜鸟"（《韩非子·外储说右上》）形象生动地描绘了君臣之间的关系。他讲到人要真正地驯服鸟，就要把鸟的下翎折断，让鸟只有依靠人提供的食物才能活下去；君主对待臣子也是应该像人驯服鸟一样，臣子需要仰仗君主的恩赐才能获得名利爵位，这样臣子才能服从君主。韩非非常重视君主对整个国家的控制，甚至把这个问题上升到国家生死存亡的高度，他说："利出一空者，其国无敌；利出二空者，其兵半用；利出十空者，民不守。"（《韩非子·饬令》）

根据其矛盾观，韩非主张定法家于一尊，禁止儒墨其他各家学说，以此防止老百姓受到法家以外其他学派思想的影响，从而实现统治者对民众思想的严格控制。韩非讲"故明主之国，无书简之文，以法为教；无先王之语，以吏为师；无私剑之捍，以斩首为勇。是境内之民，其言谈者必轨于法，动作者归之于功，为勇者尽之于军"（《韩非子·五蠹》）。在他看来，一个国家没有必要保存无用的书籍，这些书籍只会用各种思想惑乱人心。只要有法律文书用以规范人们的行为，有熟悉法律的官吏进行管理，人人做到遵守法律规范，国家就能很好地得到治理了。后来，秦始皇采用了这种主张，焚烧诗书，驱赶儒生，企图钳制人们的思想，这就是中国历史上著名的"焚书坑儒"。

（四）好利恶害，夫人之所固有

韩非的法治思想建立在其人性论基础之上。他的人性论继承发挥了荀子的性恶论，认为人都是自私自利的，同动物一样趋利避害，正所谓"人焉能去安利之道而就危害之处哉？"（《韩非子·奸劫弑臣》）

韩非认为人性好利，首先是基于人的本能需要，他说："人无毛羽，不衣则不犯寒，上不属天，而下不着地，以肠胃为根本，不食则不能活。是以不免于欲利之心……"（《韩非子·解老》）在这里，韩非从人的生理需求出发，认为人生来就有身体，有身体就要争取生存，要生存就需要谋取衣食，谋取衣食就不免有欲利之心。他把人类最重要最无私的亲子关系也看成是互相算计的关系，父母子女之间"皆挟自为之心"，他说"人为婴儿也，父母养之简，子长而怨。子盛壮成人，其供养薄，父母怒而诮之。子父至亲也，而或谯或怨者，皆挟相为而不周于为己也。……故人行事施予，以利之为心，则越人易和；以害之为心，则父子离且怨"（《韩非子·外储说左上》）父母与子女之间不仅会因为供养的厚薄而反目成仇，而且父母亲还会在生了儿子以后庆贺，生了女儿以后将其溺杀，之所以会有这样的举动，也是因为父母考虑到自身长远的实际利益，父母对待子女"犹用计算之心以相待也，而况无父子之泽乎!"(《韩非子·六反》)既然人类最亲密的亲子关系都是以利益为纽结的,其他关系也就不言而喻了,一切都是因为利益的驱动。

在韩非看来,社会中人与人之间的关系都是利益关系,以人们的自为自利心为基础。医生为病人吮吸脓血治疗伤口,不是出于真正的仁慈之心而是出于利益;车匠是为了卖出车子,会希望人们会变得富贵;木匠为了卖出棺材,会希望别人早死。不是车匠天性善良而木匠为人恶毒,他们都是出于自身经济利益的考虑。这样,人们之间的一切关系都受利己主义的支配,人们行为的决定因素是直接的物质利益。利益的巨大力量甚至能够让懦夫变成猛士。"鳝似蛇,蚕似蠋,人见蛇则惊骇,见蠋则毛起。然而妇人拾蚕,渔夫握鳝,利之所在,则忘其所恶,皆为孟贲。"(《韩非子·内储说上》)既然所有人都是自为自利、只考虑自己的利益,人们互相可能建立的关系就只能是买卖关系。在中国历史上,韩非第一次提出了君臣之间就是一种买卖关系,《韩非子·难一》中说:"臣尽死力以与君市,君垂爵禄以与臣市,君臣之际,非父子之亲也,计数之所出也。"君王对人民更是一种利用,根本谈不上什么恩德,在危难的时候,君主利用人民服兵役为他卖命打仗;在安乐的时候,君主利用人民服各种劳役供他享受。

韩非认为自利自为是人与生俱来的本性,即使人的本能需要得到满足,人这种本性也不会消失。他认为,人的欲望是无止境的,满足了一种欲望之后又会为其他的欲望去争夺,自利自为的本性会越来越变本加厉。但是,他也认为人这种本性也可以暂时隐匿起来,只不过隐匿本性也是出于避害这一自利的目的,他讲到有个品行很不好的孩子,父母亲生气训斥他,朋友劝解他,师长教育他,种种措施都不能让他改变;但是如果官员带着差役来捉拿他了,他也会因为恐惧改变他的恶行,他之所以"变其节,易其行"(《韩非子·五蠹》)完全是为了免受处罚,这就是趋利避害的具体表现。

在这种人人皆为自身利益而不择手段的情况下,韩非反对儒家的德治,认为仁义礼智都不足以治国,他说:"夫严家无悍虏,而慈母有败子,吾以此知威势之可以禁暴,而德厚之不足以止乱也。"(《韩非子·显学》)他把六国衰败归因于儒学的影响，《韩非子·五蠹》指责儒学为"邦之蠹"，只要有儒学存在，"海内虽有破亡之国，削灭之朝，亦勿怪矣"。他把六国衰败与秦强盛的原因归结为一点：六国受到儒家学说影响太重，秦国则一直奉行法术。在韩非看来，仁爱之道与人的好利本性相悖，《韩非子·六反》中有"今学者之说人主也，皆去求利之心，出相爱之道，是求人主之过于父母之亲也"，这种要求是根本不可能做到的。韩非从现实经验来观察人性的目的，主要是为了君主治理天下服务，"凡治天下，必因人情。人情者有好恶，故赏罚可用；赏罚可用则禁令可立，而治道具矣。……赏莫如厚，使民利之；誉莫如美，使民荣之；诛莫如重，使民畏之；毁莫如恶，使民耻之。"（《韩非子·八经》）君主要治理天下，首先要掌握人的性情所趋，根据并利用人性之常来达到统治的目的。在韩非看来，人都自利自为、趋利避害，根据这点，君主奖惩恩威并施就能达到国家的治理。

在人性好利的基础上，韩非强调在人们的私利发生冲突时，仲裁的标准应该是象征君权的法律，因为代表君权的法律是代表公利，要以国家利益规范私利之间的冲突。国家利益在于现实的富国强兵。韩非的逻辑非常明确：既然人的本性好利，君主就可以根据这一特性来规划国家的社会政治体制。韩非建议君主，一方面大力提倡和鼓励耕战。在兼并战争空前惨烈的战国时代，国家的强弱决定了其能否生存下去。要在这种激烈残酷的竞争中立于不败之地，每个国家就必须想出保存和增强国力的办法。耕战是最根本的立国基础，这是以往法家的一贯主张。韩非总结了早期法家进行变法使国家富强的经验，认为首先必须重视农业生产，在对外政策方面，韩非认为要用武力兼并来求得统一。他明确指出要用名利鼓励耕战，"夫耕之用力也劳，而民为之者，曰：'可得以富也。'战之为事也危，而民为之者，曰：'可得以贵也。'"（《韩非子·五蠹》）人们可以通过努力耕种而致富，可以通过拼命打仗获得爵禄，这就会打破传统的贵族政治。另一方面，韩非认为要以强权控制国家的经济运行和社会生活，取缔国家不能控制或者危害国家利益的行业，他严厉斥责与耕战无关的五种人：学者、言谈者、带剑者、患御者和工商之民，他们不仅不能从事耕战，还会用言论损害法令的威严与政令的推行，因此韩非把他们称为"五蠹"。总之，凡是不能为国家生产粮食和打仗的就是社会的害虫，都应该在统治者打击排斥的范围内。

（五）人主之大物，非法则术也

韩非的法治思想一方面来源于荀子，荀子一贯主张"隆礼尊贤而王，重法爱民而霸"（《荀子·天论》），他注重法制的思想被韩非子继承并且发展；另一方面，早期法家的学说也是韩非法治理论的重要思想来源。早期法家中，商鞅看重法，申不害看重术，慎到看重势。作为先秦法家思想的集大成者，韩非兼采三家学说，加以融会贯通，对各家又有所批评纠正，形成了比前代法家学说更完整、更系统的一套政治理论。可以说，韩非的政治哲学代表着先秦法家思想发展的最高峰。

在法、术、势三者当中，韩非特别注重势。所谓"势"，也就是在推行法、术的时候，君主需要的掌握绝对权力。势是实行法、术的前提条件。他说：

> 慎子曰：飞龙乘云，腾蛇游雾，云罢雾霁，而龙蛇与蟮蚁同矣，则失其所乘也。贤人而诎于不肖者，则权轻位卑也；不肖而能服于贤者，则权重位尊也。尧为匹夫不能治三人，而桀为天子能乱天下。吾以此知势位之足恃，而贤智之不足慕也。（《韩非子·难势》）

韩非完全认同慎到的看法，君主不管贤能与否，只有掌握了最高权力就能实行统治。如果失去权势，君主就会像虎豹失去了爪牙一样，必然受制于人；没有权势，君主也就实现不了法治。君主要保证自己权势的威慑作用，把全部权力都握在自己手中，成为绝对权威，他指出："万乘之主、千乘之君所以制天下而征诸侯者，以其威势也。威势者，人主之筋力也。"（《韩非

子·人主》)

君主是"道"的体现者，自然比别人高明，"道不同于万物"，"君不同于群臣"，"道无双，故曰一。是故明君贵独道之容"(《韩非子·扬权》)，"道者，万物之始，是非之纪也。是以明君守始以知万物之源，治纪以知善败之端。"(《韩非子·主道》)君主掌握"道"，因而享有绝对的统治权；君臣不能也不会同道，作为臣子只能俯首帖耳为君主效劳。"万物莫如身之至贵也，位之至尊也，主威之重，主势之隆也。"(《韩非子·爱臣》)君主应该独擅大事、独断专行，必须防止大权旁落，"权势不可以借人，上失其一，臣以为百。"(《韩非子·内储说下六》)如果君权旁落，大臣权重，那就有亡国的危险，韩非在《亡征》中第一条就说："凡人主之国小而家大，权轻而臣重者，可亡也。"(《韩非子·亡征》)君主要牢牢把握自己的权势才能驾驭臣民，"人臣之于其君也，非有骨肉之亲也，缚于势而不得不事也。"《韩非子·备内》韩非把势分为"自然之势"与"人为之势"。"自然之势"是指既成条件下，掌握权力和运用权力；"人为之势"是指可能条件下能动地运用权力。对于君主而言，掌握着最高权力是既成事实；要注重的应该是"人为之势"，君主要善于利用别人的智慧和力量，"明主者，使天下不得不为己视，使天下不得不为己听。故身在深宫之中，而明照四海之内，而天下弗能蔽，弗能欺者，何也？暗乱之道废，而聪明之势兴也。"《韩非子·奸劫弑臣》韩非特别强调这种"人为之势"。

韩非以主张"法治"著称，在法、术、势中，法是中心。韩非设想君主的势与术都在法律规定的范围内进行，而且他也认为必须依靠势与术来保证法的顺利实现。在韩非看来什么是法呢？他认为"法者，事最适者也"(《韩非子·问辩》)，所谓"事最适者"，就是符合时代要求、合乎事理、能被君主利用。为了使所有的人都能遵法守法，首先制定法律要详细具体，"书约而弟子辩，法省而民讼简，是以圣人之书必着论，明主之法必详事。"(《韩非子·八说》)其次，法要公诸于众。"法者，编著之图籍，设之于官府，而布之于百姓者也。"(《韩非子·难三》)"法莫如显"(《韩非子·难三》)。韩非强调必须使法深入人心，他之所以强调法律普及，是为了使"境内之民莫敢不臣"（《韩非子·五蠹》）。韩非所倡导的法是一种对任何道德修养的人都适用的强制性规范，要让曾参、史䲡这类君子与盗跖这类小人，都在法律规定的范围内活动。再者，法由国君颁布以后，应该成为臣民一切行动的唯一准则，必须人人遵守。"法不阿贵"，"刑过不避大臣，赏善不遗匹夫"（《韩非子·有度》），"是故诚有功则虽疏贱必赏，诚有过则虽近爱必诛。"（《韩非子·主道》）国君也应该依法令行事，《韩非子·问辩》说："明主之国，令者，言最贵者也；法者，事最适者也。言无二贵，法不两适，故言行而不轨于法令者必禁。"这充分体现了在法律面前人人平等的思想。

法令的执行主要靠赏罚，遵守法令的有赏，违反法令的受罚。赏罚的大权，应该都掌握在君主手中，"明主之所导制其臣者，二柄而已矣。二柄者，刑、德也。何谓刑、德？曰：杀戮之谓刑，庆赏之谓德。为人臣者畏诛罚而利庆赏，故人主自用其刑德，则群臣畏其威而归其利矣"（《韩非子·二柄》）。韩非强调赏罚分明，主张论功行赏，反对无功受禄，不论出身贵贱，任何只要按法行事立下功劳，就可担任一定的官职，"故明主之吏，宰相必起于州部，猛将必发于卒伍"（《韩非子·显学》）。韩非选拔人才的标准完全从功利出发，反对贤人政治。他认为臣子的不需要具备很好的道德品质，品行不好的人也可以当官，只要这个人有一定的才能并且能够被君主利用就可以了。韩非法治更重要的还是强调罚而且主张重罚，他明确提出要"峭其法而严其刑"，"罚莫如重而必，使民畏之"，要"行诛无赦"（《韩非子·五蠹》），要依靠严刑峻法来治理国家。

在韩非的治国策略中，术的重要内容在于"因任而授官，循名而责实，操杀生之柄，课群臣之能者也"（《韩非子·定法》），君主要按照每个人的能力授予相应的官职，根据每种官职相应的职责考察官员的实际成绩，并且根据他们的实际成绩确定赏罚。术是君主驾驭群臣的手段。韩非之所以强调驾驭臣属，是因为他看到臣子在政权中具有特别重要的作用。君主最终的统治对象是民众，然而君主却不能直接面对民众，必须通过官吏这一中间环节实现其统治，韩非认为即使官吏治理政务一团糟糕，也会有独善其身的良民；但是如果人民都起来造反了，那么说明他们绝对没有得到很好的治理，肯定是相关官吏有很大的问题，这就是"闻有吏虽乱而有独善之民，不闻有乱民而有独治之吏"（《韩非子·外储说右下》），因此贤明的君主主要精力会放在整顿吏治这方面，不会直接去治理人民；只要官吏治理好了，百姓自然就能得到治理。

法和术同为君主治国的基本工具。术与法的不同在于法是臣之所师，术为君主之所执；法针对民，术针对臣；法公诸天下，术藏于君主，所谓"法者，编著之图籍，设之于官府，而布之于百姓者也。术者，藏之于胸中，以偶众端，而潜御群臣者也。故法莫如显，而术不欲见"（《韩非子·难三》）。术是"国之利器不可以示人"（《韩非子·二柄》）。之所以强调"术"不可示人，是因为君主绝对不可相信任何人，"今贞信之士不盈于十"（《韩非子·五蠹》），"人主之患在于信人，信人则制于人"（《韩非子·备内》）。不仅大臣不可靠，就连君主的后妃、儿女、父兄等亲人也都不可靠。从人情上来讲，这些人未必怨恨君主，但利害之争会超过亲情。"君不死则势不重"，当君主的存在影响到自己切身利益的时候，利欲就会压倒人情。君主的这些亲人臣子不仅会希望君主早点死去，甚至还会用其他非常手段谋害君主。为了防止大臣左右的危害，君主就一定要防奸、察奸、除阴奸。韩非具体讲明了君主驾驭臣子的种种权术，比如利用特务、广设耳目、奖励告密等等。君主要看起来似乎无所作为，却使其他人感到恐惧害怕，这样君主就确定了自己的威权。同时，君主不要具体处理任何事情，要充分利用臣子百姓的力量，事情办成功了，由君主享有贤名；出了过错，由臣下负担罪责，这样君主就不会有任何过错。君主行事要叫人捉摸不透，不能暴露自己的真实意见和好恶，让群臣感到莫测高深，"明主观人，不使人观己"（《韩非子·观行》）。

总之，在韩非看来，法、术、势三者都是君主手中的工具，"人主之大物，非法则术也"（《韩非子·难三》），"势者，胜众之资也"（《韩非子·八经》），三者缺一不可。这三者构成了韩非法家思想最重要也是最有特色的一部分。

四、法家思想的历史影响

虽然韩非在生前未能亲自实践自己的学说，但秦国以韩非的法家思想为指导，最终统一了中国，某种程度上可以说，"秦王朝的建立是韩非学说的胜利"①。韩非子反对蹈空论虚，崇尚务实理性，充分体现了法家思想现实主义的基本品格。韩非所阐发"不兼容之事不两立"的思维模式，所主张的以"法"为本，"法"、"术"、"势"相统一的政治哲学，一方面适应了时代的需要，另一方面又存在明显的局限性。

（一）法不阿贵

韩非子"法不阿贵，绳不挠曲"的思想在中国政治实践中得到了一定程度的发展。秦亡汉兴的深刻教训使主张仁义道德的儒家思想获得汉代君主的认可和提倡，韩非子及法家的思想主张逐渐退居幕后。然而汉承秦制的历史事实又清楚表明，无论汉代统治抑或后世历代王朝，其实都以法治为基本政治框架支撑着庞大帝国政治体系的运作，所不同者在于韩非子片面强调"以法治国"，后世统治者基本提倡"德主刑辅"，《淮南子》对法治所做的评价颇具代表性："有禁恶之力，而乏劝善之功"，强调"法必待圣贤而后治"。《淮南子》在法治思想方面肯定了法治的主要功能之一在于限制和约束君权："法籍礼义者，所以禁君，使无擅权也。"进一步强调法律的制定必须符合人民的根本利益，要"众适"，要"合于人心"。这些都是韩非子法治思想的题中应有之义，经由后人的阐释发扬以更明确的方式表达出来。

汉代循吏对也一直尊崇谨守法治思想，可谓深得韩非子思想的精髓。比如，汉文帝时期的张释之。某天汉文帝乘舆路过渭桥，恰好桥下走出一人，

---

① 辛冠洁、李曦主编：《中国古代著名哲学家评传》第 1 卷，齐鲁书社 1980 年版，第 551 页。

使马受惊。侍卫随即将此人拘捕送至廷尉处以候惩处裁决，廷尉依律判"罚金"。文帝对此十分不满大怒曰："此人亲惊吾马，吾马赖柔和，令他马，固不败伤我乎？而廷尉乃当之罚金！"张释之则以刑罚相等的原则主张天子不得干预廷尉执法，曰："法者，天子所与天下公共也。今法如此而更重之，是法不信于民也。且方其时，上使立诛之则已。今既下廷尉。廷尉，天下之平也，一倾而天下用法皆为轻重，民安所错其手足？唯陛下察之。"张释之此举实与韩非子法治思想的真精神一脉相承。东汉末年，王符《潜夫论》、仲长统《昌言》、崔寔《政论》皆以阐释和提倡法家思想为宗。

（二）富国强兵

法家所提倡的富国强兵和重农抑商的思想对后世影响非常深远。韩非子富国强兵思想在中国分裂割据的历史时期一般都会非常受重视，如三国时期曹操、诸葛亮等都曾大力推行法家的富国强兵思想，以期在列强纷争中求得一席之地。比较有意思的是韩非子重农抑商思想在后世的演变。表面上看，虽然绝大多数秦汉以后的历代统治者实行"重农抑商"政策，这些也可以从韩非子的现实政治策略中找到相关论述，但是其所依据的内在思路已然与韩非子论述"重农抑商"政策的正当性依据有所不同。汉代盐铁会议上御史大夫的重商言论，倒与韩非子的思想十分吻合。

盐铁会议上，贤良文学一派根据儒家"重义轻利"的义利观，赋予"重农抑商"思想浓厚的道德色彩，如《盐铁论·本议》称："夫导民以德，则民归厚；示民以利，则民俗薄"，主张重农抑商贤良文学主张的"示民以利，则民俗薄"，与韩非子"凡治天下，必因人情。人情者，有好恶"体现的"示民以利"的"人情论"的思想显然是不符合的，也很难说明这是法家"重农抑商"思想内在理路的合理发展。就此而论，一方面从实际功用的角度主张重视"利"，另一方面又强调"无末利，则本业无所出"、"农商交易，以里本末"（《盐铁论·通有》）的御史大夫一派，倒与韩非子以利益为核心的"人情论"及法治思想存在紧密联系。从御史大夫的重商言论来看，他们确实对法家的政治主张抱有很大的认同感。韩非子"人情论"的理论依据存乎"买卖"关系高度发展的现实社会，从人人"自为"到"主卖官爵，臣卖智力"，处处均贯穿着商品交换关系和利益关系，充分体现了其对"人情好利"这一事实的尊重和宽容，而对"人情"的尊重和宽容决定了韩非子在理论上应该对商品经济以及商品关系的宽容。无论是商鞅所说农夫赢利不如商贾和技巧之人，还是韩非子所认为的"为末作者富"（《韩非子·诡使》），这些都表明将工商业作为独立的部门，其获取利益的便捷与享受生活的高贵远远超越"朝而出，暮而归"的艰苦农民生活，这势必使得农民在利益的驱使下"弃农经商"，这本是法家"人情论"的自然逻辑推演。

韩非子等法家诸子之所以在战国时期主张的"重农抑商"政策，只是当时特定历史背景下的现实政治策略，而非他们"人情"、"法治"理论的必然逻辑。因此韩非子"凡治天下，必因人情"蕴涵着不排斥商品经济的意味。也就是说，韩非子因"人情而治"的政治原理与"重农抑商"的现实政策之间其实存在一定的内在张力。

（三）暴政统治

秦朝政治实践中诸如"刑者相半于道，而死人日成积于市，杀人众者为忠臣"与《韩非子·难二》篇"踊贵而屦贱"、《韩非子·内储说上》之"弃灰于公道者断其手"表现出来的残忍刻薄确实不无关系。秦朝的"焚书坑儒"政策也能《韩非子·和氏》"燔诗书而明法令"以及《韩非子·五蠹》"明主之国，无书简之文，以法为教；无先王之语，以吏为师"找到理论依据。事实上，秦朝统治者无论秦始皇、秦二世还是李斯，都对韩非子政治思想推崇备至，诸如秦始皇在看到韩非子所著《孤愤》、《五蠹》时曾大呼："嗟夫，寡人得见此人与之游，死不恨矣！"（《史记·老子韩非列传》）

秦二世在陈胜、吴广起义之后仍然沉迷于声色犬马不能自拔，李斯欲劝之，不意秦二世居然以韩非子言论为其奢侈淫乱的生活辩论，所谓"吾有私议而有所闻于韩子也"，进而以《韩非子·五蠹》尧"虽逆旅之宿不勤于此矣"和禹"虽逆旅之宿不勤于此矣"的艰苦生活做论据，然后振振有词地得出一个结论："然则夫所贵于有天下者，岂欲苦形劳神，身处逆旅之宿，口食监门之养，手持臣虏之作哉？此不肖人之所勉也，非贤者之所务也。彼贤人之有天下也，专用天下适己而已矣，此所以贵于有天下也。夫所谓贤人者，必能安天下而治万民，今身且不能利，将恶能治天下哉！故吾愿赐志广欲，长享天下而无害，为之奈何？"（《史记·李斯列传》）李斯同样赞许韩非子的政治思想。他在援引《韩非子·显学》"慈母有败子而严家无格虏"、《韩非子·五蠹》"布帛寻常，庸人不释，铄金百镒，盗跖不搏"，怂恿鼓励秦二世厉行督责，所谓"能荦然独行恣睢之心而莫之敢逆"，最终造成"刑者相半于道，而死人日成积于市，杀人众者为忠臣"的残暴局面（《史记·李斯列传》）。随着秦王朝的残暴统治短命而亡，后世的人们对法家学说开始了深刻的反省。

在西汉，司马谈批评了法家"严而少恩"，"可以行一时之计，而不可长用"（《史记·太史公自序》），这说明法家思想可用于一时，但是并非长安久治之道。班固也认为法家"无教化，去仁爱，专任刑法，而欲以致治，至于残害至亲，伤恩薄厚"（《汉书·艺文志》）。东汉著名思想家王充曾经专门写了一篇《非韩》用以批评韩非的思想，他严厉批评了韩非只单纯地强调"养力"，而不讲"养德"，这隐藏着非常大的祸患，他说："治国之道，所养有二：一曰养德，二曰养力……夫德不可独任以治国，力不可直任以御敌也。韩子之术不养德，偃王之操不任力，二者偏驳，各有不足。偃王有无力之祸，知韩子必有无德之患。"（《论衡·非韩》）法家在追求大一统中央集权的政治制度和国家形态的同时，强化了君主专制制度，过度强调严刑峻法，对后世的负面影响也不可忽视。

第 八 章

魏晋玄学：自然与人伦之思

倘若从历史的角度看，魏晋时期可谓是一段苦难而黑暗的岁月：国家政权不断更迭，高门贵族相互倾轧，社会动荡不安，外族大举入侵，百姓流离失所。然而，同样是在这个时代，却产生了以魏晋玄学为核心的中国思想和文化的巨大繁荣。为什么深重的苦难中，却孕育了哲学思想的伟大勃发？为什么这一时期会集中出现如此众多特立独行、个性鲜明、思想深邃、魅力四射的名士？这恐怕是人们接触魏晋玄学时最早产生的感性印象和困惑。

纵观魏晋时代，在持续动荡不安、看不到未来希望的困境中，反而刺激出思想的大繁荣、精神的大解放！按照法国学者涂尔干（也译作迪尔凯姆）的说法，乱世就是一种"失范（脱序）社会"，旧的观念、规范失去功效的社会。由于内在或外在的原因，社会的结构发生根本性变化。原有的秩序、规范面临着巨大的冲击甚至出现崩溃，社会也因此陷入混乱无序的状态。人们的欲望、情感、行为、心态等等，一切都失控了。旧有的价值观念和行为模式被普遍否定或遭到严重破坏，逐渐失去了对社会成员的约束力；新的价值观念和行为模式尚未形成或未被普遍接受，还不具有对社会成员的有效约束力，使得社会成员的行为缺乏明确的社会规范约束，形成社会规范的"真空"状态。通俗点讲，就是："是非对错"缺乏了外在的客观标准，人生的考试已经没有标准答案了，迫使每个人自己去寻找答案。魏晋时期正是这样的乱世。正统的价值和曾经的道路已经走不通了。

既然无路可走，不如信马由缰。魏晋是一个特立独行的时代，是一个真性情的时代。它或许没有唐朝耀眼明亮，但是它是历史长河中最独特的一颗明珠，散发着奇特的动人心魄的光芒。魏晋的格调既是玄远清淡又是慷慨激昂的。魏晋是一个人性最真实、个性最张扬的时代。

让我们走进魏晋玄学，去感受这个时代的愤懑与勃发。

一、魏晋玄学诞生的背景

从字面看，"玄学"就是有关"玄"的学说，或者具有"玄"之特色的学说。如此一来，老子的思想、扬雄的思想似乎都可以称为"玄学"；二十世纪前期中国学术界也有所谓"科学"与"玄学"的论战。不过，从严格意义上讲，这些都不能叫"玄学"。目前主流中国哲学界对"玄学"这一概念有特定的界说，"玄学"特指魏晋南北朝时期发生、发展的某种具备独特形态的学术风潮。关于"玄学"的定义，尽管有各种不同说法，但总体上大同小异，即：玄学讨论的问题主要是有无、本末，其性质为本体之学。这一说法源于现代魏晋玄学研究的奠基人汤用彤。汤用彤认为："夫玄学者，乃本体之学，为本末有无之辨。"[①] 此后，学者们基本延续了这一定义。如冯友兰主张："玄学是中国历史中的一个时代思潮。……它的特殊的哲学中心问题，是有无问题。"[②] 汤用彤的哲嗣汤一介指出："魏晋玄学是指魏晋时期以老庄思想为骨架的一种特定的哲学思潮，它所讨论的中心为'本末有无'问题，即有关天地万物存在的根据的问题，也就是说关于远离'事务'和'事物'的形而上学本体论的问题。"[③] 可见，魏晋玄学是以"本末有无"等本体性的论题为关注重心的学问，可谓是"纯粹的哲学"。

那么，这种以纯粹思辨为旨趣的学问，究竟因何而产生？

---

① 汤用彤：《魏晋玄学流别略论》，《魏晋玄学论稿》，人民出版社 1957 年版，第 59 页。
② 冯友兰：《中国哲学史新编》第 4 册，人民出版社 1986 年版，第 186 页。
③ 冯友兰：《中国哲学史新编》第 4 册，人民出版社 1986 年版，第 33—37 页。

（一）对汉代经学的反思与批判

魏晋玄学更大程度上是对两汉经学化儒学的批判，而非继承。以经学为主要形式的两汉儒学，借助官方的名义和神学的模式促成了儒家思想的时代转化以及向社会层面的落实。儒学因而成为具有宗教色彩的社会意识形态，广泛地影响了两汉社会的风俗、礼教和民生等各个方面。但是不可否认，两汉儒学的神学色彩与先秦原始儒学的人文理性之间确实存在不可调和的矛盾。甚至在某种程度上讲，两汉时期具有神学色彩的经学化儒学相较于先秦儒学，不仅在格局气象上渐趋偏狭，更在精神气质上严重萎缩。加之两汉儒学固有的一些弊端，如注重谶纬、强调感应等等神秘化的倾向导致它在理论性和思辨性上存在缺陷，终极理性的缺失又使得注经活动在源头活水上先天不足，必然走向繁琐、支离甚至荒诞。

因此，早在两汉时期，扬雄、桓谭、王充等一些具有自然哲学倾向的思想家便已从各个方面对两汉儒学所存在的弊端做出批评。只是两汉儒学当时已成气候，王充等人的批评并未能伤其根本。真正终结两汉儒学，并开出一套新学的，是魏晋玄学。

（二）人才观念的新突破

曹操等人提出的全新的人才观念，成为促生魏晋玄学的又一重要资源。人才选拔制度反映着一个社会的统治策略和价值取向，影响着一个社会的政风民风和道德行为。统治者制定的人才选拔制度，将成为全社会的风向标。东汉末年出现的乱局，表明汉代经学在选拔、输送人才之功能方面出现的严重危机。由于汉代经学的内忧外患，导致经学培养输送人才的传统通道（即"征辟"、举"孝廉"等）中断。汉末人物品评风潮固然能在一定程度上发挥替代作用，不过，因其固有的主观性、模糊性等特质，汉末的人物品评很难从根本上摆脱形式主义的窠臼，容易沦入暗箱操作的泥潭。在此背景下，曹操的《求才令》应时而出。

　　为了网罗人才，曹操一改两汉以来重德轻才的价值导向，将其改为重才轻德，要求属下甚至可以推荐那些"不仁不孝，但有用兵之术"的人为官。曹操还明确指出了"德"和"才"之间存在的差别和矛盾："有行之士未必能进取，进取之士未必能有行"，在曹操看来，"才"还应当凌驾于"德"之上，很显然，曹操是同两汉以来的名教思想唱反调。

　　不过，曹操的"唯才是举"主张，应该被理解为在看重才干的前提下对"德"的削弱，而非彻底否定。曹操本人也很赞赏那些忠孝节义之士，但基本的前提是：这些人必须有真才干。因此，曹操对人才的真实态度包括三层含义。

　　第一层，放弃东汉以来基于乡间风评（"孝廉"）的"察举"、"征辟"的选官制度。因为与之相伴随的，是越来越多的人开始钻制度的漏洞，采用投其所好的方式骗取善名，或者利用广泛的交游来增益名望。结果导致人才的名实脱节，很多人有"德性"之名而无"德行"之实在，反而刺激了伪善浮夸和交游结党的不良风气。

　　第二层，即便一些人名副其实地具备"仁孝"等品格，也不一定是真正的人才。在社会实践中，"德"与"才"存在四种情形：第一类的人"德才兼备"，第二类的人"有德无才"，第三类的人"有才无德"，第四类的人"无德无才"。这种分类与东汉以来传统德才观念的差别在于：增加了"有德无才"和"有才无德"的类型。东汉以来的德才观主张"德才一致、以德为主"。具体到个人，有德必有才，无德亦无才；"德"为本，"才"为末；君子务本，应先立其德。这延续了儒家"修身为本"、"内圣"重于"外王"的基本思路。曹操的政策实际上是对东汉奉行的儒家人才观的扩充，而非否定。换言之，在处理"德才一致"的情况时，曹操仍然是赏识"德才兼备"的人，并视之为第一流的人才；同时，对那些"无德无才"的人，则不屑一顾。不过，曹操更加关注"德才分离"的情形，他发现"有德无才"、"有才无德"的人要比"德才兼备"的人多得多，尤其是在社会急剧变动时期，原有的社会秩序和结构被破坏，"德"与"才"脱节的情况会更加明显。此时，"德才兼备"之士可谓凤毛麟角，各方霸主对其趋之若鹜。如此一来，如何在"有德无才"、"有才无德"这两类人中选拔人才，反而成为乱世人才竞争的关键。在这一层意义上，曹操尚未对传统德才观提出真正的挑战。

第三层，"两害相权取其轻、两利相权取其重"，在处理"德才分离"的情况时，曹操认为，如果无法求到"德才兼备"的人才，退而求其次，宁愿得到"有才无德"之人，也不要"有德无才"之人。如此一来，"才干"被升格为人才标准的关键要素，有真正才干的人就是人才，无论其有德无德；没有才干的人就不是人才，哪怕他的德行很好。东汉人才观最为推崇的"德行"指标，在曹操这里，被降格为锦上添花的非必要指标，实质上成为可有可无的东西。这一点，是对东汉以来的儒家人才观的根本动摇和致命挑战。因为按照儒家的思路，最好的情形当然是"德才兼备"；最坏的情形是"无德无才"。万一"德才分离"，出现了"有德无才"、"有才无德"的情况，也应该是选拔"有德无才"之人，而贬抑"有才无德"之辈。正如《论语·阳货》中谈及"勇"时，特别强调"勇"和"义"的关系："君子义以为上，君子有勇而无义为乱，小人有勇而无义为盗。"这里的"勇"属于"才"的范畴，"义"属于"德"的范畴，孔子主张：有德行的才干是值得倡导的，对社会、对个人都是一件好事；没有德行的才干则是需要警惕的，有可能给社会带来灾难。因此，对于没有德行的人来说，有才干还不如没有才干。而曹操则旗帜鲜明地提出：倘若德才不可兼得，宁要才也不要德。曹操的观点明显与孔子相左，带有法家思想的功利务实色彩。

曹操"唯才是举"、重才轻德的主张一经提出，犹如一声惊雷，震撼了当时的整个社会。曹操的人才选拔标准具有根本的颠覆性，极大地解放了士人的天性，对于魏晋时期名士精神的塑造、思想观念的解放、真实性情的舒展、自由精神的申发，都具有深刻的影响。

二、魏晋玄学的独特方法

魏晋玄学的魅力之一，在于它有着独特的表达方式。其中，"辨名析理"的方法主要盛行于曹魏初期；"清谈"之风则贯穿于魏晋玄学的全部过程。

（一）辨名析理

"辨名析理"的论说方法远源可以追溯到先秦时期的名家之学和诸子各家均重视的名实之辩，近源则为汉魏之际盛行的"名理学"。所谓"名"，本义指事物的名词概念；"理"，本义指该名词概念所对应的内涵理则。"名理学"原本是服务于汉代选官制度的，目的是择取名实一致的合格人才充任官吏。不过，思想家们的兴趣逐渐由实转虚，不再满足于操作层面，而是深入更为抽象的内在层面，将"名理学"发展为"辨名析理"。

冯友兰十分重视"辨名析理"，将其视作魏晋玄学的主要方法。他说："玄学的方法是'辨名析理'，简称'名理'。名就是名词，理就是一个名词的内涵。一个名称代表一个概念，一个概念的对象就是一类事物的规定性，那个规定性就是理……'辨名析理'是就一个名词分析它所表示的理，它所表示的理就是它的内涵。"[①] 冯先生认为魏晋玄学的"辨名析理"方法已经深入到语言和逻辑的极深层次，故而可以作为一种普遍的论说方法。

傅嘏、王粲、钟会等人是发起"辨名析理"的先锋。"魏之初霸，术兼名法，傅嘏、王粲，校练名理"（《文心雕龙》），所谓"校练名理"就是辨名析理。

《世说新语·文学篇》提到裴徽调停傅嘏与荀粲言论分歧的故事："傅嘏善言虚胜，荀粲谈尚玄远。每至共语，有争而不相喻。裴冀州释二家之义，

---

① 冯友兰：《中国哲学史新编》第四册，人民出版社 1986 年版，第 33—37 页。

通彼我之怀，常使两情皆得，彼此俱畅。"汤一介对"虚胜"和"玄远"做了极为细致的辨析，他认为："'虚胜'则谓为'虚无贵胜之道'，盖所论不关具体事实，而以谈某些抽象原则为高明，但似仍未离政治人伦的抽象原则而进入宇宙本体的形而上学领域"；"'玄远'在当时或有二义：说阮籍'言及玄远'，则指远离'事务'（世事），仍属政治人伦方面；而说荀粲'尚玄远'，则指远离'事物'，则属于超言绝象的形而上学问题"。① 无论"虚胜"，还是"玄远"，都是精妙、抽象的思辨论题，而裴徽能够"释二家之义，通彼我之怀"，最终令二人都心服口服，这表明裴徽的理解能力、协调能力，特别是玄理见识均已达到极高水准。有学者认为，裴徽调停二人之说，并不是不偏不倚，折中其间，而是更加偏向荀粲的"玄远"之论："裴徽通识二家自然是倾向荀粲玄远之义解说才性名理，而其所立足的哲学高度又比荀粲更上一层楼，他在儒道兼治的问题上意识到了'有'与'无'的矛盾存在，更切近于玄学核心。……裴徽在荀粲言意之辨探及本末的基础上，认识到了'无'是世界万物的本源，有生于无，无为万有之凭资，应该说这已经达到对道家思想关于世界观的本体哲学的最终认识了，但是在将对现实世界儒道关系存在的疑惑思考上升为系统化的哲学理论的努力方面，裴徽相较于荀粲并没有本质进步。"② 应该说，这一判断是比较可信的。裴徽对"无"之价值的体认已经深入到道家本体哲学的内部；不过，如果从玄学的视角看，裴徽尚未完全进入魏晋玄学"有无本末"的本体论的论域。

傅嘏对于玄学的贡献在于其精通名理、"善言虚胜"。汤一介指出："所谓'名理'，开始盖为讨论'名分之理'，人君臣民各有其职守，如何使之名实相符而天下治，此为政治理论的问题；后来渐进而讨论鉴识人物的标准问题，于是'名理之学'趋向'辨名析理'，向着抽象原则的方面发展。"③ 曹魏初期兴起了辨名析理之风，才性问题的讨论正是其成果之一。辨名析理与魏

---

① 汤一介：《郭象与魏晋玄学》，湖北人民出版社 1983 年版，第 5—6 页。

② 秦跃宇：《会通孔老催生玄学——早期名士兼综儒道研究》，《学习与探索》2005 年第 2 期。

③ 汤一介：《郭象与魏晋玄学》，湖北人民出版社 1983 年版，第 4—6 页。

晋玄学关系密切，可以被视作是魏晋玄学思想的萌芽。傅嘏善言虚无贵胜之道，不离政治人伦，而谈抽象之道，是辨名析理的重要代表。

曹魏初期盛行的"辨名析理"的学术活动，不仅锤炼了学者们的思辨能力，也促成了学术风气向精微玄奥之论题的转向。正始时期的学者均受益于此，如王弼曾明言："夫不能辨名，则不可与言理；不能定名，则不可与论实也。"（《老子指略》）

（二）清谈

魏晋玄学得以大行其道，"清谈"功不可没。"清谈"是魏晋时期特有的一种学术社交活动，是魏晋玄学必不可少的重要载体和平台。

从渊源上看，魏晋时期的"清谈"与东汉后期的"清议"有一定的关联性，但二者之间存在着很大的差别。汉末的"清谈"主要内容在于人物品评，是为选拔人才的社会现实需要服务的，与老庄关系不大，也不崇尚虚玄之谈。由正始之音开启的魏晋清谈则主要谈老庄，崇尚虚玄之论。当然，魏晋清谈也没有完全放弃人物品评的内容，这是魏晋清谈与汉末清议（清谈）相一致的地方。

魏晋玄学研究专家唐翼明对"清谈"做了非常精到的考察，有利于我们了解魏晋清谈的全貌。根据他的定义，清谈"指的是魏晋时代的贵族和知识分子，以探讨人生、社会、宇宙的哲理为主要内容，以讲究修辞技巧的谈说论辩为基本方式而进行的一种学术社交活动"。作为魏晋时期极具特色的学术社交活动，"清谈"的参与者都是魏晋时期有文化、有地位的社会精英，也就是所谓"名士"；"清谈"的内容与现实生活关系比较疏远，而是指向抽象、深刻的玄理；"清谈"在形式上十分重视语言艺术和论说技巧，既有先秦名家的遗风，又融入汉末以来"辨名析理"的新风尚。

从形式上看，魏晋时期的"清谈"颇有些类似于今天的辩论赛或学术沙龙：论辩者少则两人，多则十余人，分为"主"、"客"双方；先是为"主"

的一方就某一抽象论题提出自己的新颖观点，并予以论证；接着，为"客"的一方批驳"主"方的观点，并提出不同意见。如此你来我往，针锋相对，以驳倒对方为目的，展开思想和语言的游戏。有时，当其他人对某一问题并无高见时，某一玄学家也可以分任"主"、"客"二职，自己设问，自己解答，尽情展示思想才华和语言技巧。"清谈"活动有着相对固定的程序，"玄学家们举行辩论，常常有通（即正面解释议论），有难（即发难致诘），有胜（即辩论胜利），有屈（即辩论失败），有主客之设，还有评判人。这比起儒家的师道独尊来，实在是一种学术风气上的解放"。① 换言之，"清谈"活动在形式上保证了参与者能够畅所欲言，独立、清晰地表达自己的观点，充分、完整地阐述自己的理由。这对于玄学思想的酝酿、升华起到了无可替代的重要作用。

从内容上看，"清谈"的内容可以用两个字来概括：第一个字是"清"，第二个字是"玄"。"清"与"俗"相对立，有清逸、清雅之意。与东汉"清议"关注政治、具有抗争性不同，"清谈"最显著的特点之一正是不谈国事、不言民生。魏晋的名士们是一群精神上的贵族，他们很看不惯汉代经学家凭借通晓经典而博得名利、飞黄腾达。不过，名士们的态度不免有些矫枉过正，连带着也鄙视起经世致用之学，对那些讨论治理国家、强兵富民的学说主张冠以"庸俗"之名，极尽挖苦、嘲讽之能事。与之形成鲜明的对照，魏晋名士们的"清谈"几乎不涉及社会或人生的具体问题，而努力保留其超脱、优雅、飘逸、从容的特色。说到"玄"，魏晋名士们很反感两汉经学沉溺于章句训诂以致支离与琐碎，于是转而将目光投向先秦时期的典籍，尤其是《周易》、《老子》和《庄子》。在他们看来，这三部书雅致玄远，浩博无涯，论及了宇宙天地的终极奥秘。所以，《易》、《老》、《庄》被他们尊奉为"三玄"，并成为"清谈"的主要内容。正因为如此，魏晋的"清谈"也被称作"玄谈"。

---

① 辛冠洁：《玄学散论》，《魏晋玄学笔谈》（一），载《文史哲》1985 年第 3 期。

"清谈"是贯穿整个魏晋玄学发展史的最重要的学术文化现象。除了在竹林玄学时期清谈稍受抑制，其余的正始时期、元康时期和江左时期，清谈都是玄学家们阐发思想、展示才情的最主要的舞台。

从社会历史原因看，魏晋"清谈"所具有的非政治性、非抗争性、不关注现实、而追尚虚无玄远之论的特点，还体现着名士们存身免祸的不得已苦衷。魏晋之交，司马氏集团篡夺曹魏集团的大权之后，钳制思想，控制物议，知识分子的思想言论空间狭窄，生存处境残酷，大批杰出知识分子惨遭杀戮。可以说，名士们"清议玄谈"，乃至纵酒服药、狂逸放荡，很大程度上是为了明哲保身，逃避黑暗的社会现实，寻求精神上的解脱。在他们的内心深处，沉淀的是深深的无奈和浓浓的悲哀。

三、魏晋玄学的演进历程

按照时间发展的纵向脉络，魏晋玄学的全过程可以分为萌发期、正始玄学、竹林玄学、元康玄学和江左玄学等几个阶段。

（一）萌发期

从汉末建安元年（公元 196 年）到魏齐帝正始元年（公元 240 年）之前的这一阶段，思想界出现了一些新动向：如以曹操开启、刘劭《人物志》发展、《四本论》为成熟成果的人物才性之辩；又如荆州学派所开创的清新学风，尤其是易学方面的新探索；再如裴徽、傅嘏等人推动的"辨名析理"风潮等等，均间接地为魏晋玄学的出现提供了思想基础，可以视为魏晋玄学思潮正式勃兴之前的潜伏、酝酿时期。曹魏初期的一系列思想新动向尽管还未能真正达到玄学的高度，但是在逻辑上已经属于魏晋玄学思潮的一个内在部分，是魏晋玄学的萌发期。

（二）正始玄学

进入正始时期，魏晋玄学正式诞生。"正始"是魏齐王曹芳的年号，从公元 240 开始，至 249 年截至。这短短十年，是魏晋玄学发展史上最重要的阶段。一般的学术思潮往往有一个由弱到强、由低潮到高潮的渐次上升的过程；但魏晋玄学则迥乎不同，它在正式兴起的第一个阶段——正始时期——就奏出了"最强音"！可以说，无论是在天才学者的横空出世、学术团体的频繁互动方面，还是在核心范畴的深度掘发、理论体系的精密建构方面，正始时期的玄学均达到了巅峰。与此后的竹林时期的玄学、元康时期的玄学和江左时期的玄学相比，正始时期更能代表整个魏晋玄学的理论水平和思想成就。也因为如此，正始时期的玄学被专门称作"正始玄风"或"正始之音"，具有了特殊的地位。

正始时期，夏侯玄、何晏、王弼等一批天才学者横空出世，逐渐形成了一个学术共同体，其成员频繁互动。而由汉末"清议"发展而来的"清谈"为玄学提供了完美的舞台，促成了玄学核心范畴的深度掘发、理论体系的精密建构。夏侯玄提出"天地以自然运，圣人以自然用"，将道的本性归结为"自然"，直接启迪了魏晋玄学对"无"的关注。何晏主张"以无释道"，从逻辑上探讨"无"和"有"的终极关系，提出这个"无所有"的道才是天地万物的依据和根源，正式提出"贵无"论。王弼将何晏的"以无释道"发展为"以无为本"，畅言"有之所始，以无为本"，"有"对应现象世界，而"无"对应本体世界。王弼通过引入经他改造过的"本"、"末"这对范畴来诠释"无"和"有"的关系，不仅讲清楚了"无"和"有"之间的差异性（本体不同于现象），也讲清楚了"无"和"有"之间的联系性（本体为现象提供了存在的依据），使"贵无"论成为魏晋玄学中最重要的本体哲学，并且刺激和提升了魏晋玄学本体论的整体水平。此后玄学各个发展阶段尽管主题有所殊异，但皆不离"有无"、"本末"的主轴。因此，正始之音不愧为玄学思潮中一股最强劲的巨浪！

（三）竹林玄学

"高平陵"事变标志着"正始之音"的终结，玄学的主潮因之稍有压抑，转入到竹林玄学阶段。以阮籍、嵇康为核心的竹林名士将魏晋玄学探讨的领域拓展到文学、美学、语言哲学等多个方面，并以自己的鲜活生命来体证和实践玄学的精神，使魏晋玄学成为一种更具广泛影响力的社会思潮。竹林玄学以"名教"与"自然"的关系为核心议题，借助道家老子、庄子、杨朱等人遵自然、重养生等思想资源，揭露和批判司马氏宣扬的名教之治的虚伪与异化，提出"越名教而任自然"，反对名教对大道的分剖和对人性的戕害，从而超越名教的束缚，使人的自然真心本性得以彰显。阮、嵇等人用率真自然、特立独行的思想言行对魏晋玄学做出了新的阐释，丰富了玄学的形式与内涵，并且为中国思想史、美学史、文学史留下了宝贵的财富。

（四）元康玄学

继之而起的是魏晋玄学的又一波高潮，即以元康时期为代表的西晋玄学。裴𬱟从玄学内部修正了"贵无论"的偏差，提出了"崇有"哲学。向秀、郭象则主要通过对《庄子》文本的解读，将魏晋玄学发展出一个新的维度。特别是郭象提出"万物独化于玄冥之境"，主张万物各有其性分，应该在各自性分的范围之内活动，各安其性、适性逍遥。从"各安其分"、"各适其性"的观点出发，郭象主张调和"名教"与"自然"的关系，认为名教即是自然，自然即为名教。郭象也将一度平缓的魏晋玄学主潮重新推向新的高潮。

（五）江左玄学

江左（东晋时期）玄学是整个魏晋玄学主潮的尾声和余韵。在理论方面，以张湛为代表的江左玄学家们所做的工作更多是总结此前的玄学理论，调和王弼贵无论与郭象独化论之间的分歧。在形式方面，江左玄学对此前的清谈做了一些组合的工作：它择取了正始玄风的辩难形式，却忽略了更重要的开放超越的气质；它照搬了竹林玄学的自由放达的情韵，却舍弃了更有价值的批判精神；它参考了元康玄学的调和自然与名教的圆融方法，却丢掉了更关键的思辨精神。江左玄学体现了魏晋玄学主潮整体衰退的趋势。不过，王导、谢安的宰相气度，王徽之、陶渊明的潇洒淡泊，作为几朵炫目的浪花，也为江左玄学增添了些许生动的色彩。作为魏晋玄学主潮的延展，江左时期也呈现出一些新的变化，即：玄学理论延伸到当时已经逐渐勃兴的道教和佛教领域，推进了玄学化的道教和玄学化的佛教的发展。

四、魏晋玄学的核心论题

（一）贵无与崇有

"究竟是先有鸡，还是先有蛋"——这是大家都碰到过的一个令人头疼的问题。如果说先有鸡，那么请问鸡是从哪里来的？显然是从蛋孵化而来！所以，"先有鸡"之说不能成立。如果说先有蛋，那么蛋又是从哪里来的？显然只能是由鸡下的！所以，"先有蛋"之说也不能成立。

这个看似儿戏的两难论题，其实显示了人们对于终极根源的追寻。人之为人，一个根本的标志就在于我们会反思，会追溯事物存在的终极根源。当人们在反思自身和宇宙存在的终极根源时，除非将一切抛弃于充斥着偶然性的混乱世界中，否则，必然会尴尬地发现自己陷入了一种"恶的循环"，一种无穷回溯的困境：有果必有因，因又有其因，因之因又有其因，如此无限追溯。这种无穷回溯的困境，可以看作是对"第一因"的追寻；而所谓"第一因"，在逻辑上其实也就是"终极果"。任何一位探索宇宙与人生之极境的思想巨匠，都不能不对"第一因"（亦即"终极果"）有所思考。

　　魏晋时期的"贵无"与"崇有"之争，正是玄学家们对此问题的探索。玄学家们是在先秦文献《周易》、《老子》、《庄子》思想成就的基础上展开思索和辩论的；其中，尤以《老子》思想影响极大。

　　所谓"无"，原本是老子用来描述"道"之特性的重要观念。"道"是老子哲学的最高范畴，体现了老子对终极本体的追寻。本体论探讨的是宇宙万物产生、存在和作用的终极原因，所以，本体性的"道"超出了人们的日常经验，不是日常语言所能形容与界说的。为此，老子采用了一系列否定的方式来诠释"道"："道可道，非常道；名可名，非常名"（《老子·第一章》），"道"是无限的，不可以用有限的感观、知性、名言去感觉、界说或限制；可以言说、表述的"道"与"名"，不是永恒的"道"与"名"。"视之不见名曰夷，听之不闻名曰希，搏之不得名曰微"（《老子·第十四章》），"道"是看不见、听不到、摸不着的；倘若人们执意用日常经验来把握"道"，势必会如盲人摸象，离真相越来越远。

　　然而，这绝不意味"道"就是空无所有的绝对"虚无"。或许我们可以如此来理解"道"与"无"的关系：当人们在认识和描述某个事物时，总是要将其放置在一定的参照系中。换言之，我们只能在一定的参照系统中把握某一对象。但"道"却是这样一种东西：它是"绝对"的，也就是没有任何东西和它相对、相似、相反。所以，不存在形容"道"的参照系；"可道"之"道"，绝非老子此处所申言的"道"；"道"是无法形容的。然而，有时我们又不得不"言说不可言说者"，老子只好用"无"来勉强描述"道"的一部分特性。所以，"道"之"无"并非空无所有，而是指"道"的绝对性、超越性、无规定性和无以名状性。

　　不过，老子思想的旨趣在宇宙生成论上，他说："天下万物生于有，有生于无。"（《老子·第四十章》）此处的"生"看重的是时间上的先后秩序，而不是逻辑上前后关系。换言之，老子更为关注宇宙天地万物生成的过程，而非背后的根源。这就使得老子未能将本体性的追寻贯彻到底，他的思想只停留在"宇宙生成论"的层面，而未能达到"宇宙本体论"层面。贯彻本体性的追寻、建构系统本体论的任务，便落在魏晋的玄学家身上。

　　率先展开形上玄思、提出"贵无"主张、建构本体论的，是大思想家何晏。何晏是汉末大将军何进的孙子，其父早亡，母亲尹氏改嫁给曹操为妾，何晏因而成为曹操的继子，并深得曹操宠爱，视若己出。

　　作为魏晋玄学的奠基人之一，何晏指出，如果天下万物是"有所有"的话，"道"则是"无所有"，是"不可体"的。在这一点上，他完全继承了老子的思想。但是，何晏的贡献在于，他进一步从逻辑上探讨"无"和"有"的终极关系，提出这个"无所有"的道才是天地万物的依据和根源。所以，无语、无名、无形、无声才是"道之全"。在他看来，"有"与"无"两者之中，"无"才是根本，才是真正起决定作用的。"无"是宇宙间万事万物产生的依据和根源，也是人类社会的最高法则。

　　何晏的忘年之交、天才少年王弼继承了何晏的这一主张，并将其发挥到极致，提出了系统完整的"贵无"思想，完成了本体论的建构。王弼只活了24岁，却成为素来以思想玄奥著称的魏晋玄学的奠基人和最伟大的哲学家之一，真正可以称得上是"天纵之才"！

　　王弼"贵无"思想的一个显著特色，是他第一次引入"本"、"末"概念来讨论"有"、"无"的关系。

　　老子所谓"有生于无"是在生成、化生的意义上讲的，"无"和"有"的关系乃是"本源"与"化生物"的关系。王弼并不赞同老子的这一观点。通过为《老子》作注，王弼改造了老子的思想，将"无"和"有"的关系解读为"无"为"有"的存在提供了"根据"。他说："天下之物，皆以有为生。有之所始，以无为本。将欲全有，必反于无也。"（《老子道德经注》四十章）在此，王弼跳出了"有"和"无"何者生成何者的时间性思维模式，而从两者存在的逻辑关系上探讨"有"、"无"何者为本、何者为末的问题。"有之所始，以无为本"，指宇宙万有的存在，从根本上是以"无"作为终极原因和最高根据的。

　　王弼通过一系列的事例来加以论证：以"动静"而言，"动"与"静"

不是对等的，"静"是根本，是本原状态，是"动"的原因和根据。以"语默"而言，"言语"和"静默"也不是对等的，"静默"才是基本形态，"言语"是在"静默"基础上产生的，以"静默"为存在的前提。同样，天地万物风云变幻并不是本然状态，"寂然至无"才是其本体；万物生灭、雷动风行，都依据"寂然至无"而生，并回归于"寂然至无"。"动"、"语"、风云变幻都属于"有"，"静"、"默"、"寂然"都属于"无"；可见，"无"是"有"产生和存在的前提与根据。王弼"以无为本"的主张带有了一种鲜明的本体论色彩。

在"以无为本"的基础上，王弼进而提出了"崇本息末"的思想。他创造性地将《老子》一书的宗旨归纳为"崇本息末"，认为这是以"道"治国的关键。

自何晏、王弼后，"贵无论"成为"有"、"无"关系讨论的主流。但是，随着玄学向精神和生活层面逐渐渗透，一些极端现象也相伴而生。某些名士以"贵无自然"为标榜，将"贵无"思想作庸俗化的理解，于是裸体、纵酒、放荡、服食，无所不为。此类现象越来越频繁，而且上行下效，严重地败坏了社会风气，造成恶劣的社会影响。

在这种情况下，以裴頠为代表的一批玄学家开始反省"贵无论"的理论缺失，进而提出"崇有论"以补"贵无"之弊。

何晏、王弼的"贵无论"主张"以无为本"，认为"无"是道的本性，是世界万物的本原；"有"是以"无"为存在依据的。裴頠不赞同"贵无论"的看法，坚信世界的本原和依据只能是"有"，万物都生于"有"，甚至"无"也是从"有"而来。

裴頠指出，从发生的角度看，"无"既然是"无"，就应该是没有任何内容也没有任何规定性的。这种没有任何规定性的"无"当然不可能产生任何有规定性的东西。换言之，"无"不能生"有"。那么，有规定性的东西是怎么产生的呢？为此，裴頠特意提出了"自生"的观念：这些有规定性的东西其实都是"自己产生自己"的！

而有规定性的东西必定会把它的规定性落实到一定的形体上，这就是"有"。"道"正是最大的规定性的落实；所以，"道"乃是最大的"有"。万物"自生"过程的实质是万物剖分了"大有"之"道"。"无"则是"大有"被剖分完之后剩余下来的虚空。

因此，裴頠得出结论："有"才是世界的本原，是"道"的本性。世间万物都是分享"有"而得以产生的；"无"作为"有"被分享殆尽之后剩余的虚空，从根本上来说，也是由"有"产生的。只有"有"才能济"有"；"虚无"对于万有的产生是无能为力的。

以上，裴頠从"崇有"的立场阐发了"有"相对于"无"的决定作用，在一定程度上弥补了"贵无论"的理论偏失，使魏晋玄学围绕"有"、"无"关系问题的讨论更加全面和深入。不过，饶有趣味的是，尽管裴頠在思想上坚持"崇有"的主张，但在社会政治领域，他还是欣赏"无为而治"。这可能是当时思想界的一个吊诡吧！

后来，向秀和郭象借助为《庄子》作注的形式，进一步发展了"崇有论"。向秀提出物"自生"、"自化"说，强调天地万物的"生化之本"不在万物之外，而在万物自身。郭象则提出万物"独化于玄冥之境"的思想，指出万物既不是由虚无产生的，也不是万物相互作用产生的；真正的造物者只能是物体自己，是它自己产生了自己。万物的出现和存在，只能是自己出现、自己存在。所谓"自"，就是"自然"，就是自己而然、不待他物而然。

（二）圣人体无

王弼在论证"无"的本体性与崇高性的过程中，不可避免地遇到了一个理论难题，那就是：如何安排"有"、"无"之辩与"儒"、"道"关系。这集中表现在一个很敏感的问题上，即：孔子和老子二人，究竟谁才是理想的圣人？

当时的情况是：一方面，自战国时期到汉代，孔子的"圣人"地位已逐渐深入人心，不仅被士大夫阶层所公认，而且也为普通民众接受。也就是说，孔子的"圣人"地位几乎是不可挑战的。但另一方面，据已有的资料记载，孔子很少谈论虚无玄远的东西，而是多就日常生活中的伦常仪则随机指点，内容都很具体；倒是老子，对"无"谈论得很多、很彻底。从形式上看，孔子是探讨"有"的，老子才是讨论"无"的。

这样一来，"贵无"、"以无为本"就会面临一个尴尬的局面：凸显"无"的价值，就会抬升老子的地位而压低孔子的地位，使老子优于孔子；但这又与当时人们对孔子的情感相左，甚至会因此而遭到坚决的批评和抵制。

天才的王弼没有被这个理论难题困住，他很聪明地另辟蹊径，跳出了这种两难处境。他采取的方法是：剥离老子与"无"的联系，让孔子成为"无"的真正代表。他说："圣人体无，无又不可以训，故不说也。老子是有者也，故恒言无所不足。"（《三国志·魏书·王弼传》注引何劭《王弼传》）王弼并没有对孔子采取批评的态度，表面上仍然尊重孔子为圣人。不过，在实质上，王弼却以老子的义理来界定孔子思想。王弼指出，尽管老子总将"无"字放在嘴边论说，但其实他并不真正懂得"无"，而是故弄玄虚，欲盖弥彰。孔子则不然。尽管他绝少谈论"无"，但他才是真正体悟到"无"的精神的人；只不过因为他明白"无"是不能够用言语去论说的，所以才不愿意妄谈"无"。如此一来，孔子反而是"体无"者，老子却成了"有者"。就形式而言，王弼主张孔子比老子高明，孔子才是真正的"圣人"；但实质上却是"阳尊孔丘"、"阴崇老聃"，抽换了孔子"圣人"之所以为"圣"的依据。正是通过这种将孔子思想道家化的巧妙伎俩，王弼漂亮地解决了"以无为本"和"孔优老劣"之间的矛盾。当然，我们也不难发现，经过这样解释的孔子，已经不是原先意义上的"孔子"，而是被王弼改造过的道家化的"孔子"。

与"圣人体无"相对应，王弼又提出了"圣人有情而无累"的思想。

"圣人是否有情"？这是魏晋玄学家很喜欢讨论的一个问题。王弼的朋友何晏受道家思想影响，主张圣人无喜怒哀乐之情。钟会继承了这一看法。

尽管王弼在"贵无论"上将何晏引为同调，但却不同意何晏"圣人无情"

的主张。王弼说，自己一开始也以为圣人没有喜怒哀乐的情感。但是，后来读《论语》读到孔丘为颜渊好学而高兴、为颜渊早逝而悲哀时，才意识到原来圣人也是有情的！原因不难理解：喜怒哀乐是人的"自然之性"，圣人也是人，当然也有"自然之性"，这是圣人和寻常人一样的地方。不过圣人之所以为圣人，在于他们在智慧上、在对待"情"的态度上超出常人。王弼的理论，可以归结为一句话："圣人有情而无累"。套用《世说新语》里面的讲法，圣人是"忘情"，而不是"无情"。"情"是人与外物接触而产生的反映，圣人与常人皆同。然而圣人之心就像明镜一样，能反映外物却不受其干扰、影响。故而，圣人虽"有情"，却不受情的牵累。有情是人性自然的表现，而无累则是体道的结果，只有圣人才能做到。推究其原因，是因为圣人洞悉了"有"和"无"的关系——"有情"为"有"，"无累"为"无"；"无累"为"有情"之本，"有情"需回归于"无累"。

（三）言与意

作为"有"、"无"之辩的一个理论延伸，"言"与"意"的关系问题成为魏晋玄学关注的另一热点。

"言"、"意"是中国传统哲学的一对重要范畴。所谓"言"，是指言说、名词、概念等；所谓"意"，是指意象、义理、精神等。"言"、"意"之间的关系问题，早在先秦时期就已引起许多思想家的注意。在《墨子·经下》、《庄子·天道》、《易传·系辞》、《吕氏春秋·离谓》等篇目中都有相关的精彩论述。以《易》、《老》、《庄》为圭臬的魏晋玄学家们，更是集中讨论了"言"、"意"关系，将"言"、"意"之辩提升到本体论的层面，并先后形成三派有代表性的观点，即："言不尽意"论、"言尽意"论和"得意忘象"说。

荀粲继承了先秦道家的主张，坚持"言不尽意"论。通过解读《周易》，荀粲指出《周易》之"意"、"象"、"系"的意义系统均可分为内、外两部分，即："意内"、"象内"、"系内"，和"意外"、"象外"、"系表"。只有前者可以用语言传达出来；对于后者，语言却无能为力。

欧阳建站在客观主义的立场上，提出"言尽意"论。他注意到语言在辨名析理方面的重要作用，指出"言"与"意"的关系正如"响"之应"声"、"影"之附"形"，是紧密相连、不可分割的；经过"正名"的"言"可以完全穷尽事物的意涵。

王弼是"得意忘象"说的典型代表。"得意忘象"说是对"言不尽意"论和"言尽意"论的调和。一方面，王弼承认语言在表达事物意涵的过程中存在很大的局限，肯定"言不尽意"论具有一定的合理性；另一方面，他又认为事物的终极意涵是可以被我们穷尽的，这与"言尽意"论殊途同归。

王弼的做法是：在原有的"言"、"意"两大要素之间，再加入一个新的要素——"象"。在王弼看来，"言"与"意"之间存在一定的距离，倘若坚持用语言来传达意义，必然会陷入词不达意的窘迫境地。而"象"则可以很好地充当中介和桥梁作用。在《周易略例》一书中，他提出了"寻言以观象"、"寻象以观意"、"得象而忘言"、"得意而忘象"的全新解《易》方法。

王弼认为，作为万物之本的"无"是无言、无形、无名、无象的；如果人们只停留在言辞、概念的层面上去追索"无"，结果是不可能达到对"无"的体认和把握的。要想真正把握"无"的意涵，就必须通过直观的"形象"才能实现。从方法论上来讲，也就是必须"寻象以观意"、进而"忘象以求意"。因为"有生于无"，"象生于意"。王弼的这一思想包含有重视直觉体认的合理因素。但由于过分强调"得意在忘象"，片面夸大了"立言垂教"的作用，使它带上了一种神秘主义的色彩。"得意忘象"作为一种方法论，不仅对玄学"贵无"理论的建立有着重要意义，而且对当时佛教在中国的传播和发展也起到了重要作用。

（四）名教与自然

"名教"与"自然"的关系问题，是"有"、"无"之辩在社会政治领域的集中反映。所谓"名教"，指的是社会的等级名分、伦理仪则、道德法规、制度典范等等的统称；所谓"自然"，则是指人的本初状态或自然本性，同时也指天地万物的自然状态。魏晋玄学家对"名教"与"自然"的关系格外重视。

王弼从道家的自然哲学立场出发调和二者，主张"名教本于自然"，以"自然"为"无"、为本；以"名教"为末、为用，强调名教应该顺应人的自然本性。

阮籍则以自己的生命体证来展示自然对名教的突破。《世说新语·任诞》篇中里记载了一则有关阮籍与酒的故事："阮公邻家妇，有美色，当垆酤酒。阮与王安丰常从妇饮酒，阮醉，便眠其妇侧。夫始殊疑之，伺察，终无他意。"阮籍与邻家美妇畅饮，酒醉便卧其身旁。像阮籍这样惊世骇俗而又纯真无邪的举动，正是摆脱名教、纯任自然的最好写照。阮籍任性放诞的行为其实体现了他对名教与自然关系的看法。他认为自然为本、名教为末，所以他会按照自然的方式去任性放诞、去肆情酣酒，而对礼乐等名教不屑一顾。这一点，集中地反映在他的《大人先生传》一文中。

所谓"大人先生"，是阮籍心目中的理想形象，也是自然精神的凝聚。与"大人先生"相对的是所谓"域中君子"，这是那些拘束于礼乐名教的世俗之人。在阮籍看来，"大人先生"是与道同体、与天地并生的，行为高妙，不拘于俗，以天地为家，与造化为友，视自然为生命。而"域中君子"则是"服有常色，貌有常则，言有常度，行有常式"，循礼守则，"诵周孔之遗训，叹唐虞之道德"，以名教为圭臬。这两个形象的鲜明对照，体现了阮籍崇尚自然、反对名教的自由精神。

与阮籍同为"竹林七贤"的嵇康，则明确地把"名教"与"自然"的关系作为哲学的主题，提出了"越名教而任自然"的思想主张。

在嵇康生活的时代，儒家名教思想及其所宣扬的忠、孝、节、义等规范已经逐渐被篡权的司马氏集团所利用，成为他们维护统治、钳制人心的有效工具。嵇康对这种现象深恶痛绝，决心从根子上动摇司马氏的说教。同时，由于深受道家思想影响、追求精神自由独立，嵇康从情感上也不愿意接受名教的规范。所以，他将"名教"和"自然"对立起来，认为名教是违背自然本性的，是对大道的凌迟。

嵇康继承老庄的"绝仁弃义"思想，认为"名教"乃是"自然"破坏之后的产物，是低于"自然"的。"自然"合乎大道之本性，是天地间的最高法则，也是最真实的存在。因此，针对时人推崇名教的风尚，嵇康提出要"越名教而任自然"，反对名教对大道的剖分和对人性的戕害，从而超越名教，使人的自然真心本性得以彰显。

魏晋玄学发展至元康时期，司马氏政权已有所稳定，重整名教的要求极为迫切。郭象身居要职，所要考虑的是在阮籍、嵇康等人所倡导的"越名教而任自然"的理论大行于世之时，如何缓和自然与名教之间的矛盾，重新证明名教的合法性与合理性，并重新树立士人对政治的信心。郭象从其自性论出发，论证了万物的自生独化、自然而然。这种自然而然的状态是万物现存的状态，也是万物所应有的状态。可以说，对郭象来说，现存的一切都是合理的，而名教也是存在的一部分，名教即自然。

从"各安其分"、"各适其性"的观点出发，郭象主张调和"名教"与"自然"的关系，认为名教即是自然，自然即为名教。仁义之类的道德规范并不在人的本性之外，而正是人性自然的一部分。人们如果能够"各安其天性"，顺应名教的规范，就能各遂其欲、各尽其性，实现自然。

第九章

唯识与禅学：破执超脱之智慧

中国佛教宗派比较多，从理论严密性的角度来说，则首推唯识宗，从佛教在中国实践和推广的角度来看，影响最大的还是禅宗。本章给读者简要介绍一下唯识宗与禅宗的哲学意蕴。

一、唯识宗的八识说

中国唯识宗的开创人是玄奘、窥基师徒。窥基法师曾列出了唯识宗所依据的主要经论："今此论援引六经，所谓《华严》、《深密》、《如来出现功德庄严》、《阿毗达磨》、《楞伽》、《厚严（密严）》；十一部论：《瑜伽》、《显扬》、《庄严》、《集量》、《摄论》、《十地》、《分别瑜伽》、《观所缘缘》、《二十唯识》、《辨中边》、《集论》等为证。"[①] 这是唯识学所依据的"六经、十一论"。在这些经论之中，具有"本体"意蕴的词汇有心、阿赖耶识（又译：阿梨耶识）、阿陀那识、异熟识、阿摩罗识（意译"无垢识"）等词汇。《入楞伽经》提出了"八识"说，世亲之《百法明门论》将八识排序为：一、眼识；二、耳识；三、鼻识；四、舌识；五、身识；六、意识；七、末那识；八、阿赖耶识。后世据此把阿赖耶识简称为"第八识"。

玄奘法师糅译的《成唯识论》对于第八识的种种异名做了分析："然第

---

① 窥基：《成唯识论述记》，《大正新修大藏经》第 43 册，第 229 页，新文丰出版有限公司 1983 版。以下从《大正新修大藏经》的引文仅注明册数、页码。

八识虽诸有情皆悉成就，而随义别立种种名，谓或名心，由种种法熏习种子所积集故。或名阿陀那，执持种子及诸色根令不坏故。或名所知依，能与染净所知诸法为依止故。或名种子识，能遍任持世出世间诸种子故，此等诸名通一切位。或名阿赖耶，摄藏一切杂染品法令不失故，我见爱等执藏以为自内我故；此名唯在异生有学，非无学位不退菩萨有杂染法执藏义故。或名异熟识，能引生死善不善业异熟果故，此名唯在异生、二乘、诸菩萨位，非如来地犹有异熟无记法故。或名无垢识，最极清净诸无漏法所依止故，此名唯在如来地有；菩萨二乘及异生位持有漏种可受熏习，未得善净第八识故。"①

　　这段文字指出，一切有情众生及其生存的世间都以"第八识"而得成就，以第八识为本体，"第八识"包含的内容非常深广，佛学典籍中就随其意涵的不同侧面立不同的名。第一个名称是"心"，因为第八识由熏习各类种子而积集，并在第八识心体中现行，所以命名为"心"。第二个名称是"阿陀那识"，因为"第八识"能执持一切众生的色身、六根及一切种子，令众生的色身长期不坏，所以名为"阿陀那识"。第三个名称为"所知依"，因为第八识可以当作染法、净法及众生所知一切法的依止之心。第四个名称是"种子识"，因为第八识能执持世间、出世间的一切法的种子。以上所说的四种名称，可以在六道轮回的凡夫及阿罗汉、辟支佛、菩萨、佛四类圣人阶位，因为一切凡圣的第八识仍然有这些有为的体性。第五个名称是"阿赖耶识"，因为第八识在普通众生的凡夫位或大乘七地菩萨以下的某些圣贤位，都还摄藏一切杂染种子，或多或少仍有我见、我爱等种子现行，并将八识心体的功德执为自内我，所以名为"阿赖耶识"，这个名称只在六道众生的凡夫位及有学位的小乘圣人、菩萨中使用之，而无学位的小乘圣人或者大乘念不退位的八地以上菩萨的第八识就不用"阿赖耶"这个名称了。第六个名称是"异熟识"，因为第八识能引生五蕴身之分段生死所包含的善、不善业的异熟果

---

① 护法等造，玄奘译：《成唯识论》，《大正新修大藏经》第31册，第13页。

报,"异熟识"之名在小乘阿罗汉、大乘等觉菩萨及以下果位中使用,究竟成佛就不可以用这个名称了,因为"如来地"就不会有"异熟性的生灭"和"无记法现行"。第七个名称是"无垢识(音译为阿摩罗识)",这是表示第八识已经被修行到了佛地的最究竟清净位;这个名称只有在成佛的如来地才有,因为未成佛的大小乘圣贤都还多分或者少分执持有漏法种,仍可受熏,不可称"无垢"。

(一)第八识衍化出"精神与物质"世界

一切众生的色身、分别识及其所生存的山河大地、物质世界都是第八识所变现,这是唯识学的一个基本观点。但是,《楞伽经》、《宗镜录》等典籍都指出,第八识变现世界的过程如水变波,波浪的起伏生灭并不代表水体有生灭增减,在变现世间法的同时,一切众生的第八识还是保持着其不生不灭、不垢不净、不增不减的本来自性清净体性。

1. 心生万法

永明延寿融合唯识、华严、禅宗、天台等各家思想,编撰《宗镜录》一书,其在《宗镜录自序》中依据唯识学的思想,对真心(真源)变现出五蕴世间与器世间的过程进行了精炼的描述,"伏以真源湛寂,觉海澄清;绝名相之端,无能所之迹。最初不觉,忽起动心,成业识之由,为觉明之咎。因明起照,见分俄兴,随照立尘,相分安布。如镜现像,顿起根身,次则随想,而世界成差。"[①] 这里的"真源、觉海"就代指唯识学中具有本体意义的第八识。"名相"是佛学的一个基本概念,名指万事万物的名称,相指万事万物的相状,以"名"能诠释事物之"相",合称名相。"能"是认识之主体,"所"是被认识之客体。而第八识真心的初始状态是"澄清湛寂",

---

① 延寿:《宗镜录自序》,《大正新修大藏经》第48册,第415页。

并没有任何一法在"心"之外作为心认识的对象。所以真心应该是"亡能所、绝待对"，但这一片"真源湛寂"之中却保持着种子的流注，由于种子的流注不息，"忽然"产生"根本无明"之惑，起了动心，就像湖水澄清湛寂，忽然起了波浪，而后就是后浪推前浪，绵绵不绝。第八识本心在寂然不动中变现出现象界的流转生死，但这种生死流转是从现象上说的，其本心仍然不增不减、非动非寂。真心之中含藏的"我执"种子在无量的种子流注之中激发动起，这就是"业识（又称第七识、末那识）"产生显现的开端，然后随第七识与外尘相应，产生妄知妄觉，五蕴十八界随之俱显，不生不灭的真心与生灭轮回的五蕴身和合并存，"真心"因此具有"阿赖耶识"之名。《自序》随后又指出，"因明起照，见分俄兴，随照立尘，相分安布。""见分、相分"是唯识宗的基本概念。见，为认识之主体。相，为认识之客体。见分又可以分为根本智之见分与虚妄分别智之见分，根本智之见分乃无见之见，是对真心自性的领受。永明延寿此处所用的见分是指虚妄分别智之见分。相分也可以分为实相之相分与虚妄境相之相分，实相之相分乃真心无相之相，是真心自性的体性，永明延寿此处所用的相分是指虚妄境相之相分。文中指出，因为妄心忽然起了动心，促使真心配合七转识出生了虚妄分别之有漏之"明"，由此而产生了"照"的功用，也就有了能照和所照。此能照就是"见分"，由于虚妄分别识的显现，其认识的对象——外境也就随之显现，这就是"随照立尘"，"尘"就是"境"，为引起眼、耳、鼻、舌、身、意六根的感觉思维作用之对境，即色、声、香、味、触、法，称之六境、六尘。"尘、境"产生了，"相分"也就产生了。见分、相分形成以后，就像镜子显现影像一样，根身、器世间相应而起。"根身"就是由眼、耳、鼻、舌、身、意诸根及其所依存之身体。根身形成的同时，相应的山河大地、日月星辰等现象世界就形成了。由此可见，在唯识学中有真实的本体，精神世界（末那识、意识及眼耳鼻舌身识）与物质世界（身体及依存的世界）都是第八识真心所显现的现象，从逻辑上说精神世界显现要先于物质世界的显现。

2. 生住异灭

唯识学典籍还指出，第八识是不生不灭的，但其含藏着变现一切诸法的种子是有生灭的。其所藏"种子"又分为共相种子和不共相种子，变现出世间万法。不共相种子变现出来的事物，只有每一个众生个体才能感受或使用，即每个众生的"色受想行识—五蕴"之身，包括单体众生的物质身体与精神活动的全部，类别上包括天、人、阿修罗、畜生、饿鬼、地狱界六道众生。共相种子变出来的事物，一切众生共同"所居之土"、也叫"器世间"，是由地水火风四种元素构成的山河大地、国土家屋等六道众生所生存居住的环境，其中需要特别指出的是，无色界的天人只有"受想行识—四蕴"的精神活动，没有色法的物质形体，也就不存在"所居之土"。从佛学的角度来看，"五蕴之身"与其"所居之土"都属于世间有为法，依因缘之和合，不离生、住、异、灭四相。生住异灭之四相，有有情、无情二别：有情众生一期四相，谓生、老、病、死；无情器世间一期四相，谓成、住、坏、空。此世间生灭之相皆按照因缘果报之原则发展。

3. 时间无始

《护国仁王般若经》云："然诸有情于久远劫，初刹那识异于木石，生得染净，各自能为无量无数染净识本。从初刹那不可说劫，乃至金刚终一刹那，有不可说不可说识，生诸有情色、心二法，色名色蕴，心名四蕴，皆积聚性，隐覆真实。……此一色法生无量色——眼得为色，耳得为声，鼻得为香，舌得为味，身得为触；坚持名地，津润名水，暖性名火，轻动名风；生五识处，名五色根。如是展转一色一心，生不可说无量色心，皆如幻故。"[1]此处的"初刹那识"似乎指真心有一个起始点，后因"无明"而显现出了"色、心"二法，此"心"乃生灭"妄心"而不是本原"真心"，由此而不断

---

① 不空译：《护国仁王般若经》，《大正新修大藏经》8 册，第 838 页。

流转于生死轮回之中。但这一说法与佛教的世间法"无始"、没有开端之说有矛盾，实叉难陀译的《大乘起信论》云："言心初起者，但随俗说，求其初相，终不可得。心尚无有，何况有初？"[1] 指出本体变现世间法并无时间上的起点，所言初起只是随顺俗世观点的假说。《宗镜录》也曾对此问题进行了阐释："觉海澄源，一心湛寂，云何最初起诸识浪？答云：虽云识浪，起处无从，无始无生，能穷识性。只谓不觉，忽尔念生，犹若澄澜，歘然风起。不出不入，汹涌之洪浪滔天；非内非外，颠倒之狂心遍境。……唯此无明为染法之原，最极微细，更无染法能为此本，故云'忽然念起'也。无明之前，无别有法为始集之本，故云'无始'。则是忽然义，非约时节以说忽然而起，无初故也。"[2] 此处明确指出了，所谓"最初不觉，忽起动心"、初刹那等是一个逻辑上的最初，世间万法没有一个时间上开始，众生无始以来执迷于五蕴十八界法、世间万法，不能了知真心的体性，被称为"无始无明"。

（二）佛教修行与第八识纯化

第八识真心变现出了五蕴之身及所居之土，就进入生死轮回的生命进程，佛教将此总结为以"五蕴炽盛苦"为核心的"生、老、病、死、求不得、怨憎会、爱别离、五蕴炽盛八苦"，指出生死轮回是痛苦的根源，但佛教也指出，正是生命流转过程中具有的虚妄觉知心为众生开辟了破除烦恼、体悟真心、纯化本心的可能性。

《成唯识论》列举的第八识七种异名中，后三种名称牵涉到了本体、本心的纯化问题。"或名阿赖耶，摄藏一切杂染品法令不失故，我见爱等执藏以为自内我故；此名唯在异生、有学，非无学位不退菩萨有杂染法执藏义故。或名异熟识，能引生死善不善业异熟果故，此名唯在异生、二乘、

---

[1]　实叉难陀译，马鸣造：《大乘起信论》，《大正新修大藏经》第 32 册，第 585 页。

[2]　延寿：《宗镜录》，《大正新修大藏经》第 48 册，第 743—744 页。

诸菩萨位，非如来地犹有异熟无记法故。或名无垢识，最极清净诸无漏法所依止故，此名唯在如来地有；菩萨、二乘及异生位持有漏种可受熏习，未得善净第八识故。"①此处的"异生、有学位、无学位、有漏法种、无漏法种"等概念需要稍加解释。"异生"为"凡夫"的别称，六道轮回中的凡夫，误执世间法为真，在生死苦海中轮转不息，受种种别异之果报，故称异生。"有学位"分为大小乘两种，小乘的"有学位"是断了我见的初果须陀洹、二果斯陀含、三果阿那含的圣者，但我执尚未断尽，尚需进一步学习、践行；大乘有学位是指处于大乘见道位与修道位第七地之间的菩萨。"无学位"也分大小乘两种，小乘无学位指四果阿罗汉，其所要学习、修行的小乘佛教已学完，以后决定不再受生死轮回的果报，此生逝时必舍报入无余涅槃。大乘的无学位是指修习位的八地以上菩萨，其分段生死已经灭除，已经没有五蕴身的生死轮回，但其无始无明并没有完全断除，第八识内的有漏种子还有变异，异熟性还存在。生死轮回是"有漏"之业，圆满佛果属"究竟无漏"之业。所谓"有漏法种"，指的是第八识中蕴含的导致众生执着世间法、不离生死苦海的种子。所谓"无漏法种"，指的是第八识中蕴含的导致众生远离生死苦海、成就阿罗汉果、辟支佛果、大乘佛果的法种。

1. 修除阿赖耶识的阿赖耶性

根据《成唯识论》的论述，从凡夫位直到七地菩萨，都没有脱离分段生死，都在三界中生死轮回，他们的第八识摄藏一切杂染法种，使得众生在三界中生死轮回、无有止息，这些凡圣有情的第八识都可叫作阿赖耶识。此类众生及菩萨具有生死轮回的外在现象，内因则是八识中蕴藏的有漏法种不断的生灭变易。但此蕴藏染污种子的阿赖耶识又本来具足本来自性清净的心体，无论其五蕴身如何的生死轮回、生灭变异，也无论其有漏法种如何生灭

---

① 护法等造，玄奘译：《成唯识论》，《大正新修大藏经》第31册，第13页。

不息，但阿赖耶识的心体是不生不灭、永无生死轮回的。

所谓阿赖耶性，主要是阿赖耶识本性清净但却同时具有三界的分段生死性。阿赖耶识之名只在凡夫及三乘圣人中的有学位佛子中使用。小乘的有学位是声闻初果到三果人，大乘有学位指见道位到七地满心位的圣者，他们的第八识中还有杂染的分段生死法种执藏，还不能离开生死轮回。所以凡夫乃至初地到七地菩萨的真心第八识还称为阿赖耶识。大乘八地以上菩萨或者小乘阿罗汉，灭除分段生死性，也就灭除阿赖耶性，第八识就不能再称呼为"阿赖耶识"。

2. 修除异熟识的异熟性

在《成唯识论》之中，第八识有时候又叫作异熟识，这个名称范围包括很广，我们可分为两个阶段：第一阶段是作为阿赖耶识的异名，第二阶段是断除了阿赖耶性的无学位圣人的第八识之名。

其一，阿赖耶识的"阿赖耶性"主要特征之一就是凡夫及有学位的圣人还有三界中的生死轮回，还有分段生死性。而异熟识的"异熟性"的主要特征是第八识蕴藏的有漏法种有变易生死的现象。"分段生死"只是一个在三界显现的表面现象，其根本原因必然是第八识中蕴藏的有漏法种的变易生死，所以"异熟识"必然涵盖了"阿赖耶识"，"异熟性"必然涵盖了"阿赖耶性"。阿赖耶识之种子受薰所产生的果报，一定是异时、异类、异地才能成熟，因此阿赖耶识可以包含在异熟识这个概念之中。

其二，当大小乘无学位的圣人把"阿赖耶性"修除以后，阿赖耶识的名称也就不复存在了。小乘的无学圣人就是四果阿罗汉；大乘的无学位包括八地、九地、十地以及等觉菩萨。然小乘四果阿罗汉的第八识不叫阿赖耶识，而可以叫作异熟识，因为其仍然不离"异熟性"，还是要接受往世业种现前时的果报。即使入无余涅槃，永不出现在三界了，但其还有烦恼法种未灭、种子还保持其流注性，其第八识还属于"异熟识"的范围。大乘八地以上菩萨的三界世间烦恼永不现行，永不生退转之心，永远随缘利乐众生，任运增进佛法；但是八地以上的菩萨仍然没有断尽异熟识中的习气种子。

而修除"异熟性"是指大乘八地以上菩萨再把剩下的有漏法种全部断尽，逐步进入佛地，究竟清净、究竟圆满，变易生死已经断尽。这就是修除了"异熟性"，第八识就舍去"异熟识"之名改称"无垢识（音译"阿摩罗识"）"，是"最极清净诸无漏法所依止"。

3. 无垢识与三身四智

阿赖耶识心体去掉阿赖耶性以后，可以改名异熟识；再去掉异熟性以后，改名无垢识；无垢识心体与无垢识名相，永不灭坏。佛地无垢识、无学位之异熟识都是从阿赖耶识修行转变清净而成，这几个识都是同一真心、同是第八识，只是在不同的阶段，用不同的名称体现其不同的特性而已。窥基《成唯识论述记》云："《楞伽经》有九种识，如上下会，此无垢识，是圆镜智相应识名，转因第八心体得之。"[①] 窥基认为《楞伽经》等经典虽有"九识"之名，但结合这些经典的上下文分析，就知道九识并非是第八识之上的本体，"阿摩罗识"并不是阿赖耶识之外的"识"，而是阿赖耶识修除阿赖耶性、异熟性之后的"果上之名"。

此真如无垢识是佛地一切善净法种所依止的根本心，能出生佛地的三身四智，所谓三身是清净法身、色相庄严地圆满报身和教化众生随机而现的百千万亿化身。四智包括：一、大圆镜智，乃转第八识所得；其二是平等性智，系转第七末那识所得；其三是妙观察智，系转第六意识所得；其四是成所作智相，系转眼、耳、鼻、舌、身等前五识所得。

4. 渐修与顿悟

根据唯识宗的学说，本体的纯化是一个漫长的过程，需要三大无量阿僧

---

① 窥基：《成唯识论述记》，《大正新修大藏经》第43册，第344页。

祇劫。但是在《法华经·提婆达多品》中，智积菩萨向文殊师利菩萨提出"勤加精进，修行此经，速得佛不"①的问题。文殊菩萨给出肯定的回答，指出一个八岁的龙王女可以迅速成佛，而智积菩萨等不信一个畜生道的小女子能不经过三大无量阿僧祇劫立刻成佛，《法华经》云："当时众会，皆见龙女忽然之间变成男子，具菩萨行，即往南方无垢世界，坐宝莲华，成等正觉，三十二相、八十种好，普为十方一切众生演说妙法。"②这也引起了中国佛教史上顿悟与渐修的争议。根据《法华经》的描述，此龙女虽有年少、女身、畜生身的特点，但是更有不同凡俗的许多特征："智慧利根，善知众生诸根行业，得陀罗尼，诸佛所说甚深秘藏悉能受持，深入禅定，了达诸法，于刹那顷发菩提心，得不退转，辩才无碍。"③明显是已经具备深妙智慧的大菩萨，唯识宗的窥基坚持三祇成佛说，他在《妙法莲华经玄赞》卷第九云："一证发心谓入初地，二行发心次六地，三不退发心八九地，四一生补处发心谓第十地。今此龙女或即第四发心，化为龙女，小而能学《法华》，速得菩提，劝奖众人，非为实尔。"④窥基法师认为龙女实际上是已经经过长时间修行的十地菩萨，机缘成熟自然可以示现成佛、完成本体的纯化。但《佛说十地经》中亦云："或长劫入短劫，短劫入长劫，或短劫入非短劫，非短劫入短劫。"⑤由此可见，精进之人可以化长劫为短劫，懈怠的人则把短劫变成长劫，本体纯化的时间长短亦非一定。

（三）八识论是大小乘佛教的共同基础

玄奘法师曾依照《解深密经》、《金光明经》立三法轮说，将小乘（声

① 鸠摩罗什译：《法华经》，《大正新修大藏经》第9册，第35页。
② 鸠摩罗什译：《法华经》，《大正新修大藏经》第9册，第35页。
③ 鸠摩罗什译：《法华经》，《大正新修大藏经》第9册，第35页。
④ 窥基：《妙法莲华经玄赞》，《大正新修大藏经》第34册，第816页。
⑤ 尸罗达摩译：《佛说十地经》，《大正新修大藏经》第10册，第569页。

闻、缘觉）列为"初时有教"，名转法轮；将大乘般若空列为"第二时空教"，名照法轮；将大乘唯识学列为"第三时中道教"，名持法轮。佛教因众生根器之不同，从浅至深施设三乘法教是一脉相承的，三乘佛教具有共同的理论基础。《阿含经》中曾略说灭尽定中有"不离身识"，唯识典籍《瑜伽师地论》卷十二据此分析云："灭尽定中，诸心、心法，并皆灭尽。云何说'识不离於身？'答：由不变坏诸色根中，有能执持转识种子阿赖耶识，不灭尽故；后时彼法、从此得生。"① 灭尽定也称"灭受想定"，是超越四禅八定的俱解脱阿罗汉的甚深禅定状态，此定中意识灭了，五蕴之"受、想"也断了，虽然没有呼吸、心跳，但是其身体还有体温，维持生命体征，其出定后还会乞食、行脚、讲法。《瑜伽师地论》指出支撑阿罗汉在灭尽定中不死亡、不入涅槃的"不离身识"就是"第八识"，窥基在《成唯识论述记》中也说："契经所言不离身识，即是第八。"②《四阿含》中多处说无余涅槃界有"无为法、实际、如"，《杂阿含经》卷12云："如此二法，谓有为、无为。有为者若生、若住、若异、若灭；无为者不生、不住、不异、不灭。"③ 一切世间法都是"有为法"，又离不开"生住异灭"的基本规律，而与此"有为法"和合并存的"无为法"，则没有"生住异灭"的生灭相，此无为法即是大乘佛教详细解说的"本心第八识"，但都是隐略说而非详细解说，其原因如《解深密经》所云："阿陀那识甚深细，一切种子如暴流，我于凡愚不开演，恐彼分别执为我"④，阿陀那识是八识的异名之一，《解深密经》认为小乘及凡夫众生的智慧还有待开发，深说第八识会误解其为五蕴十八界之假我，反生羁绊。由此可见，第八识本体论是大小乘佛教共同基础。

---

① 弥勒造，玄奘译：《瑜伽师地论》，《大正新修大藏经》第30册，第340页。

② 窥基：《成唯识论述记》，《大正新修大藏经》第43册，第373页。

③ 求那跋陀罗译：《杂阿含经》卷12，《大正新修大藏经》第2册，第83页。

④ 玄奘译：《解深密经》，《大正新修大藏经》第16册，第692页。

二、禅学与禅宗

"禅"在佛教之外的教派以及佛教内部的不同教派中含义各不相同，但其共同的目标都是降伏无明烦恼而得解脱。外道所修习四禅八定，只是暂时压伏了烦恼，"不制意地，未断其原"，当有外缘刺激，仍然有可能还生欲觉、恚觉、害觉三种恶觉，不能脱离三界轮回。小乘佛教的声闻、缘觉以四谛、十二因缘的智慧观行辅以禅修，证得灭尽定，入无余涅槃而得解脱，将禅定之学扩充为九次第定，但是由于小乘人未证真心实相，只能断烦恼之现行，对于多生以来形成而未萌发现行的烦恼种子不能断除，阿罗汉虽然除了烦恼但习气尚存。大乘般若空宗经典则强调亲证真心，真心与妄心和合运作、不垢不净、非定非动，一切众生、无论凡圣常处理地的大禅定之中，以此理定明烦恼菩提不二，然后不废事定，定慧相资，可理定、事定兼具，更加彻底的断除无明烦恼，中国禅宗之"禅"与大乘般若禅是一脉相承的。大乘有宗则在空宗的基础上进一步断除真心所蕴含的烦恼种子根源，彻底断除一念无明与无始无明，成一切种智，入究竟佛地，达到"如来禅"的至善境界。

（一）四禅八定的世间禅

"禅"是"禅那"的简称，本是梵语，有"思维修"、"静虑"、"禅定"等含义，是印度各宗教派别与佛教共同的修行方法之一，是令心专注而达于不散乱之状态，人间众生通过禅定的锻炼逐渐可以达到色界天人或者无色界天人的状态。以"三界"为划分依据，根据禅定程度的不同，可以划分为"欲界定、色界定、无色界定"，但总而言之，都属于"世间定"，因其不能超越三界故、不能亲证本心故。下面简述色界禅定与无色界禅定。

1. 色界四禅与无想定

初禅的境界相，是离欲界之法，舍寿后不再受生于"欲界"中；从智慧上说，他已经破除欲界五欲（财色名食睡）的贪爱，在此基础上进一步修行禅定，而发起初禅。初禅并不是单有轻安、一心专注的境界，而是伴随着胸中的乐触；具足获得初禅的五支功德：一心、觉、观、喜、乐，属于离欲界生而得喜乐之禅定，所以初禅也称离生喜乐定。

初禅已经离开欲界的味觉与香嗅觉，舌识、鼻识已经不存，然初禅中的觉与观，不离色、声、触三尘，还有眼、耳、身三识存在，依于色界身、色界定、意识心而有仍是三界中的世俗境界，也是无常之法，所以须背弃而远离之，乃修第二禅，在第二禅等至境界中，灭了眼、耳、身识，没有初禅中的色、声、触三尘的存在，所以只余意识觉知心住于二禅定境中，这时已能远离五尘中的觉与观，此人色身虽然仍在欲界而不住于欲界觉观中，故名无觉无观三昧；这个定味胜妙于初禅，心中大喜，故名为定生喜乐定。

行者在二禅的基础上，心无所求，让意识觉知心已确实舍弃二禅境界而无所著时，即可发起第三禅境界，正念、正智而发起更微细而胜妙身乐，更觉安适寂静，意识觉知心虽无二禅定境中之大喜，念念向于意识心中安住，所以称为"离生喜乐定"。

行者在三禅基础上，超越灭除身乐觉受，身乐无常恐惧之苦亦随之而灭，极微细之念想亦不存在，对于三禅境界已经无所贪爱，由是灭除喜、忧；如是不苦、不乐，舍一切身觉境界，亦舍离种种念想，凡所有念都是想要清净的远离境界而安住，此时息、脉俱灭，心得寂静。此时即是第四禅境界，也成为"舍念清净定"。

行者在第四禅的等至位中，了知意识觉知心的生灭性而应该灭除，却因为不解"真心"不生不灭之理，恐怕灭了意识心灭了以后成为断灭，所以在灭除自己的意识觉知心后，继续保留著色身而不肯灭除，就在第四禅中进入无想定；死后生到无想天而留住无想天身，成为无想天人，误以为这样就是永恒的涅槃境界。由于色身未除故，遍缘一切法的"意根"不断，所以仍然是三界有的境界，未出三界生死法。无想天的众生等到寿命已终时，忽而又在三界中出现觉知心，再入六道轮回，辗转不息。

2. 无色界四空定

若行者于第四禅中，观察色界之法，缘于意识心之色界定境而由微细之四大所成，故有色界身、心；凡有色之法必定无常、灾患，不入"无想定"而转入空无边处，成就空无量处无色界定境。此时已超越第四禅境界有，但是转被空无边处系缚；此时意识觉知心爱著于实证色空的世俗智慧，贪著空无边处的法味，住于空无边处而被系缚。

行者在空无边处定境中，观察空无边处之觉知心，缘于空无边之外法，知其过患，不再向心外而求，转向意识自心中安住，超越了空无边处定，以意识觉知心种子无量无边故，名此处为识无边处定，或名无量识处定。但此一境界意识觉知心转被识无边处所系缚，行者观察识无边处之过患，既不缘于空无边，亦不缘于识无边，住于无所有中，名为证得无所有处，依此定境而安住不动，称为无所有处定。

但此时的意识觉知心执著无所有的智慧法味，依无所有处、缘无所有处而住，所以被系缚于此境界中。行者在无所有处中详细观察，了知无所有处中仍有觉知心现行，对于无所有处定境仍有了知性存在，故名有想，由此缘故，修行者即欲灭想—灭除了知性。即故意灭除意识的了知性，不再返观意识自己，也不再面对无所有处定境，但是其对于世间十八界法中的意识心的知见不正确，在断除意识了知性的同时不能弃舍意识觉知心，但因为觉知心不起返观之作用，正在非非想定中时并不知道自己存在，此即是非想非非想定境界。此非想非非想处定是很容易被误认为涅槃的定境，然而此时意识觉知心执著非想非非想的智慧法味，被系缚于此境界中，仍非涅槃。①

3.四禅八定的局限

五代时期的永明延寿禅师在《宗境录》中对于外道所修习的事相上的禅定有详细的评价,该书卷八十一云:"若唯修事定,但集世禅,虽曰修行,犹生恶觉,以不制意地,未断其原,长劫练磨,返沉苦道。"延寿指出,外道修习四禅八定,只是暂时压伏了烦恼,让意识表象的烦恼逐渐淡薄,但是并没有从真心入手,将烦恼的种子化解,"不制意地,未断其原",所以若仅修习世禅,即使四禅八定具足,还是不能脱离生死轮回。

该书还运用佛经中记载的"欝头蓝弗"的典故来说明这个问题。"欝头蓝弗,以世俗智,伏下地惑,获非想定,具五神通,时君敬重。就宫供养,欝头蓝弗每来与去,皆乘神通,赴宫供养。王因出巡,命其爱女依前旧仪,供养蓝弗,王女珍敬,接足作礼,欝头蓝弗触女身手,因兹起贪,便生欲觉,遂失神通,饭食已讫,矫施异计,语王女言:'我顷来去,皆乘神通,国人思敬,莫由见我,我今食竟,意欲步归,令国内人咸得见我。'王女谓实,送出阁门,步游归山,既失神通。情怀怅怏,端坐林薮,洁志安禅。林间鸟鸣,喧噪闹乱,久不得定。移就池边,安布求禅,池中鱼游,惊聒禅思,又不得定。因兹起瞋,便生恚觉,遂发恶愿:'愿我来生,作着翅水獭身,上树害鸟,入水食鱼,报鱼鸟怨,誓不相放。'因兹便起害觉,现前复移异处专志习禅,久方得定,依前证得非想三昧。命终之后,生非想天,顺生受业,八万大劫,受异熟果;八万劫满,顺后受业,酬前恶愿,生于欲界作水獭,身亦云飞狸身,若到所在,水陆空行一切物命,悉皆吃尽。故《经》云:'虽断烦恼,生非想处,犹故还堕三恶道中,即其义也。'"②欝头蓝弗是一位修行四禅八定的外道,他以世俗智慧分析,暂时放弃表面的贪欲,使自

---

① 有关世间禅的论述,参见《中阿含经·别观法经》,中国佛教文化研究所点校,《中阿含经》,宗教文化出版社1999年版,第738—742页。

② 延寿:《宗镜录》,卷八十一,三秦出版社1994年影印版。

己可以依照四禅八定的秩序, 逐渐降伏下地的烦恼, 获得非想非非想定, 具备了五神通, 但是由于与国王之女有了礼节性的身体接触, 激发出了他潜在的各种欲望, 使得神通丧失, 禅定境界也丧失了。后来补修禅定之时, 受鱼、鸟干扰, 又对鱼和鸟生起怨恨的情绪, 恢复禅定之后虽然上升到非想天, 顺生受业八万大劫, 但是后来还是因为当时对鱼鸟的嗔念而入畜生道受生。这说明外道世间禅以及世间智慧不能超越三界、不能解决生死轮回的问题。而佛教教化的目标则是要超越三界, 脱离苦海而证入涅槃。

(二) 小乘与大乘禅学

1. 定慧相辅相成的小乘佛教禅定之学

小乘佛学还将禅定之学由四禅八定发展成为"九次第定"。小乘佛教认为, 佛教之外的宗教修习的四禅八定, 缺乏智慧的观行, 没有断除我执烦恼, 是有漏之禅, 是"凡夫之禅", 凡夫外道只将上升禅定次第时必须去除的烦恼障暂时搁置、伏藏起来, 而小乘佛教则通过智慧观行将上升禅定次第时必须去除的烦恼障之现行断除了。"凡夫外道"之禅虽然可升至色界天、无色界天, 但终究还会堕落, 不能脱离三界, 不能脱离六道轮回。而小乘佛教通过智慧与禅定的相辅相成, 断除了烦恼障的现行, 可以脱离三界, 不入轮回。也可以在四禅八定的基础上, 更进一步达到"灭尽定", 形成了九次第定。在佛教经典之中, 四禅八定称之为世间定, 而第九定灭尽定属于出世间定, 是佛教特有的不共法。四禅八定的最高层之非想非非想定中, 似为无我, 然而觉知之心尚在, 并非我执灭尽。灭尽定乃在定慧相辅相成的进修根本四禅八定的基础上, 完全断除我执之境界, 到此即为俱解脱, 到此方可谓脱离三界。灭尽定既是"禅定"的境界, 也是佛教智慧观行的结果。此实乃定慧一体之境界, 从定而言名"灭尽定", 从慧而言名"俱解脱"。俱解脱阿罗汉所证之灭尽定是小乘智慧与禅定相辅相成的结果, 为佛教独有、外道所无之不共法。

小乘佛教主要是依靠四圣谛、十二因缘理论，去思维与观行而明白缘起性空、缘起无我之理，去除烦恼执著、不再受业力与无明牵制，达到证得阿罗汉四果、脱离三界而取证涅槃的目的。十二缘起观与四谛观同为小乘佛教重要之观法。四谛即苦集灭道，世间有漏之果为苦谛，世间有漏之因为集谛，出世无漏之果为灭谛，出世无漏之因为道谛。十二因缘为：缘痴（无明）有行，缘行有识，缘识有名色，缘名色有六入，缘六入有触，缘触有受，缘受有爱，缘爱有取，缘取有有，缘有有生，缘生有老、死、忧、悲、苦恼大患所集，是为此大苦阴缘。此十二因缘还有缘生、缘灭之说。经中以"此有故彼有，此生故彼生"言缘生，以"此无故彼无，此灭故彼灭"言缘灭。此十二因缘观还有顺观、逆观两种，依"无明而行"等逐步观察迷之生起，称为杂染顺观；从老死反向观察迷之生起，称为杂染逆观。由"无明灭则行灭"等逐步观察"性空无我"之理，称为清净顺观；由"老死灭而生灭"等反向观察"性空无我"之理，称为清净逆观。此十二因缘观与四谛观相通，若依缘生观、顺观二者，则十二因缘为苦、集之二谛，即无明、行、爱、取、有等五支为集谛，识、名色、六处、触、受、生、老死等七支为苦谛。若依缘生、缘灭二观与顺、逆二观，则生、顺二观为苦、集之二谛，灭、逆二观为灭、道之二谛。以此十二因缘顺观逆观，由此明白缘起之法必归于灭，其性必空，故知五蕴、十二处、十八界之性空，由是体悟缘起性空之理，断除我执、烦恼，由此而出离三界，证小乘解脱之无余涅槃。

比之于传统的注重禅定的教派，小乘佛教更加注重智慧的观行，但这并不代表小乘佛教不注重禅定，相反，小乘佛教特别强调定慧相辅相成。小乘佛教认为，注重"慧"而不注重"定"，由无漏之智慧力断除烦恼障，只能证得慧解脱阿罗汉。慧解脱的阿罗汉在顺逆观察体悟十二因缘的过程中，可以逐步断除无明烦恼，慧解脱之阿罗汉已经断尽三界惑业，不再有妄想妄念，这样自然有利于禅定的提升。即使不专修禅定，慧解脱的阿罗汉也能达到初禅以上的证境。但是这种依靠智慧之力自然增进的禅定还是不够的，还必须专门兼修禅定才能够定慧相资，获得阿罗汉之极果。根据小乘佛教教义，只有定、慧相辅相成，在智慧的基础上兼修四禅八定以及最终的第九灭尽定，断除烦恼、解脱二障，才能证得"俱解脱阿罗汉"。慧解脱阿罗汉在证境上低于俱解脱阿罗汉，慧解脱阿罗汉虽脱离三界六道之轮回，然尚需要世尊为其证明才能确认自己"不受后有"，俱解脱阿罗汉已经如实证觉涅槃的境界，不需要世尊证明就可以确信自己能出离三界六道。据小乘经典所述，慧解脱者与俱解脱者在"神变"以及三明八解脱上也有很大的差异。

正是因为小乘佛教有了断除"我执"的智慧观行，使得四禅八定与第九灭尽定的修行与世间外道四禅八定的修行有了很大的区别。小乘经论中将依照佛教理论修行的四禅八定称成为"根本定"，而依照凡夫外道禅所修的四禅八定称为"近分定"。《七十五法名目》曰："根本定离下地烦恼得之，近分定伏下地烦恼得之。"[1] 如果禅定是伏下地烦恼而获得，那些被暂时压伏的烦恼种子总会有再萌发的时候，就像"爵头蓝弗"的典故一样，他所证的只是近分禅定。而如果按照小乘佛教的要求，渐渐用智慧观行的断除我执，则就会完全离下地烦恼、断除烦恼之现行而得根本禅定。

但是，小乘佛教的禅学观尚不完备，其运用第六意识层面的智慧观行与禅定相结合，所断除的只是烦恼之现行，并没有断除烦恼的习气种子随眠。无著在《六门教授习定论》中指出：声闻解脱者"已除烦恼障，习气未蠲除，此谓声闻乘，余唯佛能断，若彼惑虽无，作仪如有惑，是习气前生，若除便异此"[2]。这是说小乘佛教之能断烦恼之现行，对于多生以来形成而未萌发现行的烦恼种子却没有完全断除，有些阿罗汉虽然除了烦恼但还是有习气。当小乘佛教徒证的灭尽定之后，在舍寿之后入无余涅槃，失去了自觉觉他、断除烦恼种子根源的机会，也失去了亲证大乘般若的机会。《阿含经》中说："灭尽定中有不离身识。"窥基在《成唯识论述记》中说："契经所言不离身识，

---

① 佚名：《七十五法名目》，《大正藏》第71册。

② 义净译，无著造：《六门教授习定论》，《大正藏》第31册。

即是第八（阿赖耶识）。"① 这个"不离身之识"的体性正是小乘佛教所没有证得的，他们也不能在亲证真心八识的基础上断除一切无明烦恼的种子。从大乘佛教的视野来看，小乘佛教尚需高竿进尺，进一步回心大乘发起菩萨性，成就究竟佛道。

2. 定慧不二的大乘佛教的般若禅

小乘佛教运用意识层面的智慧观行与禅定相结合，证得阿罗汉果，但并没有亲证真心、转依实相，进修成佛之道。这说明小乘佛教尚需高竿进尺，进一步回心大乘发起菩萨性，修学大乘般若、唯识要义，才能亲证第八识真心，逐渐断除烦恼种子根源，成就究竟佛道。小乘佛教注重运用第六意识的智慧观行来断除烦恼之现行，而大乘佛教强调契入自性真心，了知真心的烦恼与菩提不二。由此可知，大乘智慧学说与小乘智慧学说有根本的区别。与此相应的定慧关系也别开生面，大乘"禅"也同时具备了新的含义。

大乘佛教以亲证空性真心，获得根本无分别智为关键，证悟者可以现观第八识真心与前七识妄心是和合运作之体性。大乘经典常用"波"与"水"来比附真心与妄心、无分别智与分别智的关系。波有起伏流动，有大有小，但是，我们知道无论是惊涛骇浪还是一平如镜，无论有波无波、波生波灭、波增波减，"水"并没有增减，也没有生灭。水是波之根本，波只是一个不断生灭变异的现象，这个不增不减、不生不灭的"水"与有生有灭、有增有减的波浪是和合并存的。在这个比喻之中，波浪比喻意识心之分别、生灭、变动不息，而水则比喻真心之不增不减、不生不灭、无有分别之体性，两者是和合共存的。两者决不是你死我活、非此即彼的关系。这就是大乘经典中所阐明的空性真心与色、受、想、行、识五蕴不一不异、烦恼与菩提不一不异的关系。

---

① 窥基：《成唯识论述记》卷四（末），《大正藏》第 43 册。

大乘佛教般若系经典《维摩诘所说经.佛道品第八》云："示受于五欲，亦复现行禅，令魔心愦乱，不能得其便，火中生莲华，是可谓希有，在欲而行禅，希有亦如是。"① 这种"在欲行禅"之禅，不是"息心除妄念"的外道禅，也不是"观行四谛、十二因缘"并辅修禅定而来的"小乘智慧之禅"，而是指亲证第八根本识、无分别智的大乘般若禅。从第八识真心之体来说，无论第六意识妄心在如何活动，此真心无始以来常住涅槃，无有动静、生灭、分别之相，本来就在"大禅定"之中。

另一部大乘佛教经典《思益梵天所问经》也指出："普华言：是故常知一切凡夫常在于定。舍利弗言：以何定故？一切凡夫常在定耶？普华言：以不坏法性三昧故。舍利弗言：若然者，凡夫圣人无有差别。普华言：如是如是，我不欲令凡夫圣人有差别也，所以者何？圣人无所断，凡夫无所生，是二不出法性平等之相。"② 此段论述明确指出，圣人与凡夫其本心都是在凡不减，在圣不增，不生不灭、不垢不净，其法性常在大禅定中。此大禅定中之真心与思维计虑之妄心和合运作，辗转出生或显现三界一切万法。当然，大乘佛教强调大乘般若禅，也并不排斥传统的"禅定"之禅，在大乘佛教的六度学说中，仍然将禅定与布施、持戒、忍辱、精进、般若并列为佛教修行的关键环节。

三、中国禅宗之"禅"

慧能说："吾所说法，不离自性。"（《坛经顿渐品》）他以本心自性为起点，随机设教，开创禅宗教育的新面貌。那么，什么是自性呢？据《坛经》记载，慧能于五祖讲解《金刚经》之时，大悟自性，慧能曰："何期自性，

---

① 鸠摩罗什译：《维摩诘所说经·佛道品第八》，《大正藏》第 14 册。
② 鸠摩罗什译：《思益梵天所问经》，《大正藏》第 15 册。

本自清净；何期自性，本不生灭；何期自性，本自具足；何期自性，本无动摇；何期自性，能生万法。"自性具有本自清静、本不生灭、本自具足、本无动摇、能生万法诸种体性。慧能在晚年还明指自性就是"含藏识"，即阿赖耶识。他说："自性能含万法，名含藏识；若起思量，即是转识。生六识，出六门，见六尘，如是一十八界，皆从自性起用。"（《坛经付嘱品》）在《坛经》里面，自性也叫"本心、自性、道、真如本性"等等。坛经的自性说这与大乘经典是相通的，这是慧能立论的逻辑起点。

（一）定慧不二

在《坛经·定慧品》中，慧能说："我此法门，以定慧为本，大众勿迷，言定慧别。定慧一体，不是二；定是慧体，慧是定用，即慧之时定在慧，即定之时慧在定。若识此义，即是定慧等学。诸学道人，莫言先定发慧，先慧发定各别。作此见者，法有二相，口说善语，心中不善，空有定慧，定慧不等；若心口俱善，内外一如，定慧即等。……定慧犹如何等？犹如灯光。有灯即光，无灯即暗；灯是光之体，光是灯之用。名虽有二，体本同一。此定慧法，亦复如走。"① 在这里，慧能批判了那种本于意识心的"先定发慧，先慧发定"的禅定之学。提出了定慧不二的学说，是对传统禅定说的扬弃。禅宗六祖慧能继承了大乘般若禅的真意，将禅定与智慧合一。

根据慧能"直指本心"的风格，他还明确指出了禅宗的"禅定"和一般的"禅定"的不同。《坛经·坐禅品》说："何名禅定？外离相为禅；内不乱为定。外若著相，内心即乱；外若离相，心即不乱。本性自净自定，只为见境思境即乱。若见诸境心不乱者，是真定也。……外离相即禅，内不乱即定；外禅内定，是为禅定。"慧能还指出："此门坐禅，元不著心，亦不著净，亦不是不动。若言著心，心元是妄，知心如幻，故无所著也。若言著净，人性

---

① 慧能述、法海集、元代宗宝编：《坛经》，《大正藏》，第48册。

本净，由妄念故，盖覆真如，但无妄想，性自清净。起心著净，却生净妄，妄无处所，著者是妄。净无形相，却立净相，言是工夫；作此见者，障自本性，却被净缚。"他要求坐禅者不可系心净念，因为净念本就是一个妄想。慧能从"本心、本性"出发，对"禅定、坐禅"进行了新的解释，指出"见诸境心不乱者是真定"，"外离相即禅"。这是对于《金刚经》"应无所住而生其心"的灵活运用。

根据《坛经》的记载，神秀的徒弟志诚到广东听法，慧能问志诚神秀的教育方法，他说神秀"常指诲大众，住心观净，长坐不卧。"由此可见，神秀一直是将传统的禅定之学当作佛法真谛。据《坛经.护法品》记载，武则天和中宗命薛简到广东诏请慧能，慧能以病辞。薛简告诉慧能说："京城禅德皆云：欲得会道，必须坐禅习定；若不因禅定而得解脱者，未之有也。"由此可见，这种误解大乘佛教的思想在当时相当普遍。这种不见自性、只在第六识妄心上用功夫的禅定被后世禅宗讥为"磨砖成镜"之法。慧能指出："住心观净，是病非禅；长坐拘身，於理何益？听吾偈曰：生来坐不卧，死去卧不坐，元是臭骨头，何为立功课。"[1]

慧能本于"自性"，对于传统意义的"禅、定"加以创造性的诠释，与《维摩诘经》的论述一脉相承，《坛经定慧品第四》中，慧能还引用维摩诘居士斥责不明般若、盲目修禅定者的故事来阐明、发挥大乘佛学的精义。慧能破除当时流行的"住心观静"的教育方法，使禅宗脱离"禅定之学"的窠臼。后来，这种大乘、或说最上乘般若禅被各代禅师继承，宋代著名的禅宗大德圆悟克勤说："二六时中，不生别心，不起异见，随时饮啖衣著，万缘万境，无不虚凝，虽千万年不移一毫发许，处此'大定'，岂非不可思议大解脱耶？"这里的"大定"也是指"见诸境心不乱"的"真定"、"真禅"，实际上是定慧不二的大乘般若的境界。

五代时期的永明延寿秉承禅宗的立场，强调"定慧一体"，《宗镜录》卷

---

[1] 慧能述、法海集、元代宗宝编：《坛经》，《大正藏》，第48册。

五云:"经言:'一切凡夫,常在于定',问言:常在何定?答言:以不坏法性三昧故,此是末中含有本,法性中含有众生,即是本中含末。《大品经》言:'不可离有为说无为,不离无为说有为'。又末即是本,本即是末,义如波即是水,水即是波。"真心与妄心的关系就像水和波的关系一样,无论烦恼之波如何翻滚,而真心之水都是不生不灭、不增不减,此禅定无关乎烦恼之有无,不用息心除妄念,属于本来就具备的"法性三昧"。延寿在此直接从真心实相的角度,超越烦恼有无的表象,直接说定慧一体,无论是凡夫、还是阿罗汉、还是菩萨,其真心都平等无二,同具此心、同具此定。其另外一部著作《心赋注》云:"能观心性,名为上定,此心是真如三昧,一切三昧之根本,故心为三昧之王,名王三昧。"[1] 延寿在此说明了真心本来如如不动,定慧不二、定慧一心,把握住这一点就可以把握禅宗与大乘般若之学的基础。

(二) 定慧相资

慧能禅的风格甚至有排斥传统禅定的成分,这可能和当时的北方佛教多将传统意义的"禅定"当作修行根本有关,慧能禅风实为对机说法之一代时教。按照大乘佛教的理论,亲证自性真心之后,其六识妄心自然会逐渐转依真心之清净体性,妄想烦恼会逐渐减少,定力也会逐渐增强。但是,除非他在证悟之前已经具备了完整的禅定训练,一般的悟后起修者还是需要定慧相资的四禅九定的专门修习,这种禅定的修习也有助于大乘佛教般若智慧的提升。作为禅宗的法眼宗三祖的永明延寿对于禅定于智慧的关系展开了进一步的阐述。

佛教修行的过程就是断除各种无明烦恼的过程,外道禅定之学是暂时的压伏烦恼,而小乘佛教则可以断除烦恼的现行,大乘佛教首先证悟真心,明

---

[1] 延寿:《心赋注》卷二,《卍续藏》,第 111 册。

烦恼菩提不二，而后还要行菩萨道，不修而修，广度众生。大乘有宗则在空宗的基础上进一步强调断除真心所蕴含的烦恼种子根源，彻底断除一念无明与无始无明，转八识成四智，入究竟佛地。断除烦恼的过程必须是一个定慧相资的过程，单凭定力只能暂时降伏；单凭借慧力，只明理地的烦恼菩提不二，不能彻底对治事相上的烦恼。

永明延寿专门写作了《定慧相资歌》论述这一思想。歌云："定为父慧为母，能孕千圣之门户，增长根力养圣胎，念念出生成佛祖。定为将、慧为相，能弼心王成无上，永作群生证道门，即是古佛菩提样。定如月，光烁外道邪星灭，能挑智炬转分明，滋润道芽除爱结。慧如日，照破无明之暗室，能令邪见愚夫禅，尽成般若波罗蜜。"①延寿将定慧关系比作父母、将相、日月，说明了两者相资而且相辅相成的关系。《定慧相资歌》还进一步阐述定慧等学的必要性："劝等学，莫偏修，从来一体无二头，似禽两翼飞空界，如车二轮乘白牛，即向凡途登觉岸，便于业海泛慈舟，或事定制之一处无不竟，或理定唯当直下观心性，或事观明诸法相生筹算，或理观顿了无一无那畔。"定慧若有偏修，则不能相辅相成，妨碍菩提之道的增进，若定慧等学，则"即向凡途登觉岸，便于业海泛慈舟"，在菩提道上速至彼岸。玄奘法师精研唯识，与大乘般若慧学所证甚深，但他仍然强调定慧相资。在玄奘晚年请求退隐嵩山的奏疏《请入嵩岳表》中，玄奘说："但断伏烦恼，必定慧相资。如车二轮，阙一不可至。如研味经论，慧学也；依林宴坐，定学也。玄奘少来颇得专精教义，唯于四禅九定未暇安心。今愿托虑禅门，澄心定水。制情猿之逸躁，縶意象之奔驰，若不敛迹山中，不可成就。"②由此可见，延寿的定慧相资之说与玄奘一脉相承，此说也是大乘佛教的一贯思想和重要行门。

①　延寿：《定慧相资歌》，《大正藏》，第48册。

②　玄奘：《请入嵩岳表》，又称《请入少林寺翻译表》，引自石峻等主编《中国佛教思想资料选编》，第二卷第三册，中华书局1983年版，第19页。

（三）如来之禅

《楞伽经》是禅宗与唯识宗所重视的根本了义经典，该经卷二十六云："有四种禅，……谓愚夫所行禅、观察义禅、攀缘如禅、如来禅。云何愚夫所行禅？谓声闻、缘觉、外道修行者，观人无我性，自相共相、骨锁、无常、苦、不净相，计著为首，如是相不异观，前后转进，相不除灭，是名愚夫所行禅。云何观察义禅？谓人无我、自相共相、外道、自他俱无性已，观法无我彼地相义，渐次增进，是名观察义禅。云何攀缘如禅？谓妄想二无我妄想，如实处不生妄想，是名攀缘如禅。云何如来禅？谓入如来地，行自觉圣智相三种乐住，成办众生不思议事，是名如来禅。"①

《楞伽经》分列了四种禅，第一种是指声闻、缘觉以及外道等修行者，观察人无我性，于自相、共相中行白骨观，于无常、苦之中行不净观，像这样观想修行，所观之相无异能观之心，前后转进而不能除灭所观之相，若能在此愚夫禅的基础上层层转进，可为助道资粮，若误认为此是究竟之法，则入误区，终究不能实证人无我，这就是愚夫所行禅。第二种是说佛弟子于人无我之自性共相上，观察外道、自己、他人都没有真是不坏之我性之后，或依照小乘经典所论述，于五蕴、十二处、十八界以及诸法观察无我；或者依照大乘般若空宗经典所论述的空相观察诸法无我，于人无我、法无我自共相之道理，渐次增进细观，但这不是亲证真心之后的观行，而是依照经典的义理加以思维理解后的观行，这就是观察义禅。第三种是指大乘见道位以及修习位的圣人，初入见道位者明了真心之总相，体证此攀缘妄心与真心不一不异、真妄和合之理，但是对于大乘佛教全部内涵尚未通达，而于人、法无我起虚妄想；而通达位的圣者已经通达大乘佛教的所有内涵，住于如实处，所以不生妄想，这就是攀缘如禅。第四种是指十地菩萨修入如来地，证得自觉圣智相之三种乐住，第一种乐住是佛地之大般涅槃、第二种是如来独证自誓

① 求那跋陀罗译：《楞伽经》卷二，《大正藏》第16册。

三昧（或称一切种妙足三昧）、第三种是能断一切有为诸法之所知障，而悉知诸法之一切种智的诸佛无上菩提。除三种乐住之外，还具足佛地大神通、能成办一切众生所不能思议之事。

　　在《楞伽》四种禅之中，第三种攀缘妄心与真心和合不二的"攀缘如禅"与前文所述的"大乘般若禅"、"中国禅宗之禅"相通，早期禅宗的"一悟成佛"是方便说法，永明延寿等后世宗门巨匠更加强调悟后起修，将禅宗推向深化。

第 十 章

程朱理学：体仁穷理之学

北宋初期，社会上出现了一股儒学复兴的思潮，这一思潮的基础是唐代韩愈以来的古文运动。钱穆先生在《中国近三百年学术史》中说，研究宋代的学术思想应该从哪儿开始呢？"必始于唐，而昌黎韩氏为之率"。当时唐代的学者，要不就是追求科举进士，痴迷诗赋，要不就是隐遁山林，栖心玄寂，而只有韩愈进不愿为富贵功名，退不愿为神仙虚无，倡言古之道，兴起了古文运动，而且特别乐以师道自尊。韩愈为我们所熟知大多是因为《爱莲说》的名篇，不过他其实不仅仅是一位文学家，也是一位探索和传承文教的思想家，他所提倡的文以载道和尊师重道，正是后来宋初道学的核心精神。宋朝的大学士苏轼就对韩愈的贡献给予了高度的评价，说他是"文起八代之衰，道济天下之溺"。

为什么韩愈以及古文运动这么重要呢？这就与中晚唐的社会思想背景相关。唐代的宗教信仰非常迷狂，特别是佛教，本书前面所讲的禅宗就是在唐代兴盛起来的。在当时以儒家为典范的本土文化，面临着佛教的巨大冲击。佛教的广泛影响，使得寺院越来越多，土地被寺庙侵占，生产经济受到破坏，而且信众和出家人也越来越多，那么真正对社会责任有所担当的人自然就少了。因此，摆在韩愈等人面前的时代任务，就是如何在佛教信仰的巨大影响下对儒家思想进行重新建构，对儒家的价值进行重新确立，实质上也就是在面对异质文化的冲击时，如何能够确立自身文化和文明的主体性。

韩愈的思想主要表现为尊经排佛、崇道抑文，这为后来宋代道学的创立奠定了思想基础。因此，宋元明时期的主要学术特点就是通过吸纳佛道的超越性来重塑儒学的价值，这一时期的哲学我们统称为"宋明理学"。宋明理学中代表性的哲学家包括周敦颐、张载、邵雍、程颢、程颐、朱熹、陆九渊、王阳明等人，其中最有影响力的学派就是程朱理学和陆王心学。在本章和接下来一章，我们将分别讲述这两个学派的哲学智慧。

一、对"天理"的重新发现

经过中晚唐的古文运动以及北宋初年的儒学复兴，儒家思想的新发展已经初具规模。北宋中期的周敦颐和张载就是道学创立初期的两位重要代表，他们分别以"太极"和"气"为基础，通过哲学性的思考方式建构了一个天道性命相贯通的形上体系，体现了天人合一思想在宋代理学中的新发展。

不过，这个时候还没有形成士大夫论学的共同性话语，所以周敦颐、张载等人虽然都在探索宇宙的生生变化，探索人的价值确立，但是或者讲"诚"，或者讲"感"，用的词语都不太一样。一直到了程颢和程颐兄弟二人这里，"理"或者"天理"才成为了核心性的思想，程颢就曾说，"吾学虽有所受，天理二字却是自家体贴出来"。其实"天理"二字在先秦时期就出现过，比如《庄子》中庖丁解牛的寓言里说要"依乎天理"，《礼记》中也讲到天理和人欲之分，那么二程兄弟为什么要说"天理"是他们自己思考出来的呢？这里的关键就在于他们对"天理"的哲学内涵进行了发明。现在我们日常语言中说到一件事不正确的时候，就会讲"没天理"、"天理难容"；如果认为自己的行为是正确的，那么说话做事就会"理直气壮"；如果是以合乎道义的方式获得了一些东西，那就会觉得"心安理得"。其实，我们的文化在内涵和精神上很多都继承自宋代的理学，二程就是理学的开创者，朱熹则是集大成者。我们把二程特别是程颐的思想与朱熹的思想，合称为"程朱理学"。

二程对"天理"的阐释与其对"道"的理解有关。针对北宋初期士大夫沉溺经文训诂的风气之弊，二程认为"谈经者泥为讲师，惟知道者乃儒学也"，如果只是熟读背诵解释那些古代的经典文本，这也就是个讲经师而已，还只是在知识的层面；而只有洞察和体会到"道"的人，才是具有儒学真精神的人。因此北宋道学的时代任务，就是要重建两汉特别是隋唐以来被佛道教所冲击的儒家精神传统，体知圣人之道，而这个道就是二程所说的"理（天理）"。

那么，二程为什么要以"天理"作为根本性的存在呢？他们借用了《周易·系辞传》里的"形而上者谓之道，形而下者谓之器"这句话，认为凡是具体的、有生灭变化的东西都属于形而下的器，而那些抽象的、永恒的、不能用我们的感性经验来直接把握的，就属于形而上的道，也就是天理，或者理。比如经验生活中的一个杯子，这个具体的杯子本身属于"器"，杯子这个器物可以用来装水，而杯子之所以能够装水的道理，就属于"理"，这个道理看不见摸不着，而是需要通过理性的思维能力来反思和把握的。另一方面，虽然二程兄弟区分了形而上之道和形而下之器，但是道和器不是分离的，所以又说"道亦器，器亦道"。比如说杯子之所以能够装水的道理，本身也需要在具体的杯子用来装水时才能呈现的，也就是当我们用杯子来装水时，道理就在其中了。因此，"理"或者"天理"之所以是本原性的，就在于它是不会生灭变化的根本性存在，比如杯子会有千千万万个各式各样的，这个具体的杯子坏掉了，我们还可以买新的杯子，但杯子能够装水的道理则是在每个杯子中都呈现出来的。因此，对于道与器、形上与形下的关系，我们既要强调在思维层面上的分别，也要注意在现实层面的上不分，不能偏执一边。程颢就曾经说过，跟人讲道理有时就像扶喝醉的人，救得一边又倒向另外一边，只怕人有所偏执。

关于"天理"的特点，二程认为，"天理云者，这一个道理，更有甚穷已？不为尧存，不为桀亡。人得之者，故大行不加，穷居不损。这上头来，更怎生说得存亡加减？是它元无少欠，百理俱备。"这里对"天理"的描述，融合了孟子所讲的"君子所性，虽大行不加焉，虽穷居不损焉"以及荀子的"天行有常，不为尧存，不为桀亡"，强调"理"是不生不灭的最根本存在。具体到"天理"的内容，二程认为"物物皆有理，如火之所以热，水之所以寒，至于君臣父子间皆是理。"所以天理既包括自然世界的物理，也包括人类社会内部的伦理。宇宙自身是充满了差异和变动的，在这种时间和空间的不断变化中，二程要思考的是一种普遍的、永恒存在的东西，它能够作为贯通自然与社会的普遍性基础，这也是"天理"被重新发现的原因，这个词背后有着深刻的哲学思考。

二、程颢：以识仁定性为主旨

二程兄弟虽然年龄仅相差一岁，但两人的气象风格颇为不同。根据当时人的记载，程颢的气象比较和乐，说他平时坐如泥塑人，但是待人接物则浑是一团和气，这很像《论语》里面弟子对孔子的评价，"温而厉，威而不猛，恭而安"。一般的人如果恭敬就难免会显得局促不安，而"恭而安"则是行为合于仪节却又身心舒泰，能够从心所欲又不逾矩。所以当时人说与程颢交流问学，就好像"在春风中坐了一月"，这也就是"如坐春风"这个词的来历。程颢教学生的时候都是随处指点，严厉又不失温和。他有个学生叫谢良佐，天资聪明，记忆力很好，能记得很多东西，所以不免有些夸耀之心，程颢看到只说了句，"贤却记得许多"（哟，你这记得不少哈），其实就是提醒学生不能仅仅是背诵一些知识的东西，如果对知识背后的道理却不能真正切己躬行，那么所学所记的东西再多，到头来也都是无用的。谢良佐一听就明白老师的批评，立马脸色发红，汗流浃背，觉得很不好意思，程颢一看又说"只此便是恻隐之心"，谢良佐能够自我反省，说明内心还是懂道理的。程颢随处指点学生，如此亲切自然，又如此的合理中道。程颢的思想以及对人生修养的觉解都达到了非常高的境界，后来的理学家们都很推崇他，即便是心学一派的王阳明也对程颢的思想吸收和借鉴颇多。

（一）识仁：与物同体

"识仁"是程颢工夫修养论的主旨。"仁"本来就是《论语》中孔子和儒家思想的核心，但是程颢将"仁"从博施济众、道德修养这些具体的层面上升到"仁体"的层面，这与先秦孔孟儒家的理解不太一样，是对先秦儒学的发展。

程颢说"仁者，浑然与物同体"，认为"仁"在根本上是一种最高的精神境界，体现为与天地万物为一体。一个真正达到"仁"的人，必然是能够感受到天下万物都与自己相关，万物在感通之时都是"我"的一部分。现在我们常以"麻木不仁"来说某人对他人的冷漠，这其实就是用身体上的麻木来比喻心灵上的不仁：一个人如果身体上气血不通畅，就会出现麻木的感觉，比如胳膊或者腿被压得时间太长，就会短暂得没有感觉，要恢复一段时间才有知觉，也就是气血畅通了；同样地，人的心灵如果被利欲给遮蔽了，就会对外界他人的疾苦没有感觉，认为他人的苦难和不幸都是和自己不相关的，这就是心与外在世界和他人的不通，是一种"麻木不仁"。所以，如果说手足痿痹是身体的不醒觉状态，那么自我与他人以及万物的限隔就是心灵的不醒觉状态，这些都是不仁。古代的圣贤之所以是仁者，不仅在于他们自身有很高的道德修养，还在于他们能够时时觉知到自己对天下生民的责任，具有一种自我与他者的感通之仁。因此，能够施济生民是圣人具有仁德的具体表现，这也是为什么《论语》中孔子虽然认为管仲"不知礼"，但依然赞许他是仁人，因为"桓公九合诸侯，不以兵车，管仲之力也"（《论语·宪问》）。那么，从这个角度来说，程颢认为佛家恰恰是麻木不仁的。佛教寻求的是一个明净清澈之心（比如《坛经》中神秀的偈子说"心如明镜台"），但是却放弃了人伦，放弃了对家国天下和他人的责任承担。因此，以程颢为代表的理学家常从这一点批评佛教，认为佛教"自谓之穷神知化，而不足以开物成务。言为无不周遍，实则外于伦理"（程颐《明道先生行状》），对社会秩序以及道德伦常的破坏极大。

程颢"仁者浑然与物同体"的说法是基于"天理"观的天人一理，他说"医家以不认痛痒谓之不仁，人以不知觉不认义理为不仁"，"所以谓万物一体者，皆有此理"。人为什么对他人有感通的能力呢？这正是因为人们的心灵具有的道理是相通的。比如每个父母爱护子女的具体方式是不同的，但是爱护子女的心是一样的，当人们具有了这种爱子之心的共通性，那么看到别人家的小孩子有危险，自然也会心生恻隐，在条件允许的情况下就会上去救助，这就是"仁"。之前曾经报道过一个新闻，讲的是一个小孩被一只没有拴绳的大狗袭击了，旁边一位女子看到立马就冲上去用身体护住了小孩子，自己的胳膊都被狗咬伤了，这就是心灵的醒觉状态，女子的内心不是麻木的，这就是"仁"。这并不是因为这位女子认识这个小孩，而只是在当下的一刹那心灵受到触动而本能做出的反应，就像孟子讲的"乍见孺子将入于井，必有怵惕恻隐之心"，而平时很多人没有做出这样的行为，也并非是他们的内心完全没有恻隐，而是因为各种外界的原因而没有行动，比如担心自己会受伤，担心会有不好的结果，见老人摔倒而不敢扶正是如此，其实在犹豫要不要扶的时候，已经是心生恻隐了。所以程颢认为在体认得天理的时候，此心是与外物相感通的。

如果人的内心对道理体认得不明，在做事情就会犹豫不决，程颢认为"大凡把捉不定，皆是不仁"。他曾经在长安仓中闲坐，看见长廊的柱子很多，就在心里默默地数数。他数了一遍后不太确信，于是又默默数了一遍，然而第二遍的结果却和第一遍不一样。这时程颢觉得心里不踏实了，他又让人帮着自己数一根柱子敲一下，最后发现第三遍的结果其实与第一遍是一样的。这时，程颢说了一句，"则知此心越把捉，越不定"。这就好比我们高考做数学选择题，如果计算出来的结果跟某个选项一致，那我们自然会毫不犹豫地选那个选项，其他三个选项压根就不用看了；但麻烦的是，我们有时计算出来一个结果，发现四个选项中没有一个是相符的，那就说明我们对这道题的道理没学会，没弄懂，因此只能在 ABCD 四个选项中犹犹豫豫做个选择，比如选个 C 蒙一下，但其实填答案的时候我们心里是不踏实的，因为我们并不确定这道题自己做对了没有，这就是"把捉不定"。所以程颢说"大凡把捉不定，皆是不仁"，也就是说我们的内心对仁、对道理并没有认识得很真切，很笃定，所以才会犹豫不决，才会内心不安定。不仅仅知识上的道理如此，道德上的理也是如此。

因此，真正的仁者不会犹豫不决、把捉不定，而是能够"定"的。程颢的"识仁"思想强调"与物同体"，在个人的修养功夫上表现为物我兼照、内外两忘，这就是"定性"，其实也就是定心。

（二）定性：以理化情

程颢对"定性"的阐述缘起于张载的一封致信请教。张载想达到孟子四十岁而不动心那样的境界，却发现这一点很难，所以向程颢写信求教。张载其实是二程兄弟的表叔，是长辈，却能够虚心求教，可见当时士大夫平等论学的风气，也可见程颢通过修养达到内心的安宁，这是当时人所特别推崇的。

张载在信中说"定性未能不动，犹累于外物"，内心之所以无法平静是因为外在事物的扰动牵累，比如因为自己的好恶之情而对发生的事情患得患失；但人又不可能消除与外物的交接，而是必然地要与社会以及他人发生关联，也就是人本质上都是社会中的人。那么如何能够在人生的待人接物应事之中，不让自己的心灵被纷乱的世界扰乱了平静呢？这就是张载想请教的问题。程颢给张载回了一封信，我们称之为《定性书》。回信指出，张载的困难在于对心区分了内外，"所谓定者，动亦定，静亦定；无将迎，无内外"，"定"并不是让人的内心不活动，而是要在心灵当下活泼泼的状态中获得宁静；"定"也不是对外物不做反应，而是要在应接外在纷杂的事物和事务时，心灵不为外物所牵引。所谓"无将迎"，就是对已经发生过去的事情，内心不要过于的执着，比如有时一件事没做好，心中老是挂念，放不下；也不要对还未发生的事情有过度的担忧，比如同学们如果还在读本科，就认认真真踏踏实实地读书，如果从高考报志愿或者大一刚入学就开始追求如何找个好工作，在大学里做的所有事情都希望能变成简历上浓墨重彩的一笔，那其实就是将未来的焦虑提前预支了，内心自然是无法安定的，因为时时刻刻都处在惊扰和忧虑之中。

人生的"将迎"之大者就是"生死"。人往往在生的时候对死亡有各种担忧，无论是自我的还是他人的，而在将死的时候又对人生非常留念。程颢曾批评佛教"只是以生死恐动人"，生死是人最容易恐惧和焦虑的，也最容易让内心不安定，佛教讲的苦集灭道四圣谛，讲要脱离苦海，寻求解脱，都是希望摆脱生死在内心造成的焦虑。程颢说，"圣贤以生死为本分事，无可惧，故不论死生"（《二程遗书》）。孔子说"未知生，焉知死"《论语·先进篇》，死亡是一件活着的人都没有经验的事情，对死亡真正知晓的人只能是已死之人，但那个道理他也没法和你说，对于这种在根本上人自身无法知道的事情，儒家的态度是那姑且存而不论。对待生死最朴实平正的态度，就是活着的时候好好地生活，好好地、认真地、安定地展开人生，这样在死亡将近的时候也就能坦然面对，这就是人生最大的合道理性。

"定性"能够让人的内心有所主，从而在面对外物时能够循理而动，不以情伤理、不以物累心。程颢说"圣人之喜，以物之当喜；圣人之怒，以物之当怒"，圣人能够做到内心安定而不牵累于外物，并非是圣人不去应接事物，也不是圣人如同无情之人而内心毫无喜怒之情，而是说圣人的或动、或止、或喜、或怒都合于天理之自然，合于事情之当然。程颢的定性说强调的是人在应接事情时，要以理化情，也就是对人的自然情感以合乎天理的方式来给予安顿，他称之为"廓然而大公，物来而顺应"，"廓然而大公"是说内心公而无私，顺天理之公而为，不从自我的私利出发，就能做到"情顺万物而无情"，也就是"定性"的境界了。

可见，在程颢的工夫论中，识仁与定性是贯通的。真正的仁者与天地万物为一体，故而没有内外、物我之分，也就是定性所讲的"内外两忘"。识仁定性的工夫论体现了程颢讲求的诚敬与和乐合一的境界，既不放纵，又未尝拘迫，自自然然活活泼泼，让生命在灵动之中而获得安定的秩序。也正是这样，程颢的诗文在宋明理学家中别具洒落从容的气象，充满了自由活泼的生生之意，比如他所作的《春日偶成》中写道："云淡风轻近午天，傍花随柳过前川。时人不识余心乐，将谓偷闲学少年"，另一首《秋日偶成》中也说，"闲来无事不从容，睡觉东窗日已红。万物静观皆自得，四时佳兴与人同"。这些都是程颢将道德修养、人生觉解与天地自然的大化流行相贯通而体现的心境。

三、程颐的主敬穷理思想

程颐是程颢的弟弟，不过兄弟二人的气象和风格差异比较大。程颐为人相对严肃，对学生要求也更严厉，据说当程颐在场的时候，"坐间无问尊卑长幼，莫不肃然"，大家都很紧张。这一点从二兄弟年少时就比较分明了，他们两人曾随父亲程向远行，经过一个僧寺，程颢入门右转，仆从都跟随着他；程颐入门左转，结果无一人跟随，所以程颐自己也说，这是他不如家兄的地方。

但是程颢认为，能够尊严师道的是自己的弟弟程颐。程颐第一次参加科举考试没有中，于是就不再考了，后来是以一介布衣的身份做了崇政殿说书，为皇帝讲说书史，解释经义，也就是皇帝的老师，这在当时是一件很轰动的事情。不过即便是面对小皇帝，程颐依然非常严厉，他要求改变讲官站着讲的规矩，允许讲官坐着讲，培养尊师重道之心；讲书的时候也非常庄严，还常常训教皇帝。有一次小皇帝贪玩，折了几枝柳条，结果被程颐看到，立马训斥"方春发生，不可无故摧折"，春天正是生生之时，不要随便破坏生命，小皇帝听了很不高兴。后世常说"程门立雪"的故事，就是发生在程颐与弟子杨时、游酢之间的事情，一方面可以看到弟子的尊师重道，不过侧面也能看出程颐的严肃。

程颐的思想也是基于"天理"观，他特别突出了"主敬"和"穷理"的工夫方法，提出"涵养须用敬，进学则在致知。"（《二程遗书》）涵养与进学，大致类似于先秦儒家讲的仁与知的关系，二者不可偏废。

（一）主敬：涵养用敬

与程颢的"定性"相似，程颐重视涵养主敬的修养工夫，也是针对内心容易为外物所牵引的问题，只是程颢强调的是要自然顺应，而程颐更侧重在心有所主，也就是"有主则实"。这就好比一个空的杯子放进水中，水自然容易灌进去。如果把一个杯子装满水再放进水中，那外面的水自然就不能进入了，所以程颐说"心中有主则实，实则外患不能入，自然无事"，思虑纷扰便自然进入不了心中造成扰动。有时候，人的内心无法应对外物的纷扰，就好像在一间破屋子里抵御强盗，房子四面空疏，如果盗贼的侵扰从四面八方而来，那自然应接不暇；但若是把屋子做得坚实了，那么无论多少盗贼来袭，屋中之人都不必担忧。当然，内心有主并不是说要执定在某一个具体的事物或者原则上，程颐就曾批评司马光只管心中念念一个"中"字。内心有主，是要在静中持敬，自然涵养。就好比与其天天在那儿默念"我要做一个好人"，还不如以持敬的工夫涵养自己，那么在面对道德选择时，自然能够循理而为，做出合道德的事。

"敬"的外在要求是要整齐严肃，从衣着容貌到行为举止都要合于礼仪的规范，要时时检省自己。我们常讲"表里如一"，内外是相关联的，外表的庄重严肃能够自然带动内心的恭敬。程颐的"敬"，也是要与佛道二教"静"的工夫相区别。他认为一旦说了"静"，就容易流于佛教，因此不用静字，只用敬字，"敬则自虚静，不可把虚静唤做敬。"（《二程遗书》）其实程颐对于静的工夫并不排斥，他每见人静坐，便称赞其善学。但是如果一味强调"静"，就容易导致过于关注自己内心的平静，而忘记对天下生民的担当；而敬则自然能静，能够不为私欲所惊扰或者遮蔽，从而展现出对家国天下的入世关怀，这与程颢强调仁者能"定"而与物同体是非常一致的。所以，程颐所关注的是内心的平静，这种静不只是一种身体行为上的不动，更是一种合乎道德法则和规范的内心安定，这就是程颐所讲的"敬"。

程颐自己从小就是非礼不动，后来有人问他"先生谨于礼四五十年，应甚劳苦"，程颐回答道："吾日履安地，何劳何苦？他人日践危地，此乃劳苦也。"（《二程遗书》）意思是，我的所作所为都合于礼，也就是合于道理、道义的，那么内心自然是踏实的，就像走在平地上一样安稳。什么样的人内心最忧虑呢？比如贪官，前些年有个电视剧叫《人民的名义》，第一集一开始有个叫赵德汉的人，最高人民检察院反贪总局侦缉处处长侯亮平到他家里调查，他吃着泡面，家里也没有多少钱，看着很清贫的样子。但是到了他郊区外的大房子一看，整面墙，床下，全是现金，都是贪污来的。在侯亮平面前，赵德汉一看见自己贪污的钱就哭出来了，说自己每天都吃不好，睡不安稳，贪了这么多钱，也不敢用，就这么放着。这其实就是"日践危地"，做着不合道义的事情，那日子当然就过得跟走钢丝一样，怎么可能达到像在平地上走路一样的安稳呢！

（二）穷理：进学致知

程颐的涵养须用敬重在修养自己的内心，主一在于内心合于天理。那么，人如何能够在理性上明晓"理"呢？这就是"进学在致知"所强调的。"格物"、"致知"出自《大学》文本，《大学》本来是《礼记》中的一篇，将格物、致知、诚意、正心、修身到齐家、治国、平天下的八条目作为人们修养工夫的基础。韩愈就特别表彰《大学》，认为"古之所谓正心而诚意者，将以有为也"（《原道》）。对"格物"的理解就成为了贯穿整个宋明理学的重要问题，而程颐的解释影响了后来的朱熹，成为宋代理学的主流。

程颐认为，"格，犹穷也。物，犹理也。犹曰穷其理而已也"。把"格物"解释为穷理，是程颐的重要阐释。与其兄程颢的无内外思想相似，程颐也强调物无分于内外，因此格物穷理的方法也是多样的，比如读书讲明义理，讨论古今人物的得失是非，应接事物而处理合宜，这些都是在穷理，因为事事物物上各有其理，无论是自然界的事物之物理，还是社会中的人际之伦理，都要通过"格"的方法去知晓。

由于二程的"天理"本身包涵了天道、物理、义理、性理等诸多层面，程颐的格物穷理说也兼具伦理知识和物理知识的指向，最终的目标是通过格物而体察天地之理。"格物"说继承了儒家对"学"的精神的高扬，特别是其中道德性和精神性的方面。当年宋初三先生之一的胡瑗在太学为主教导，曾以《颜子所好何学论》为题让学生们写文章，因为《论语》中孔子多次称赞颜回是最好学的弟子。程颐的文章大受赏识，他在文中指出颜回所代表的儒家之学是"学以至圣人之道"，也就是说，圣人也是可以通过"学"而达到的，这就以《大学》的文本为一般人由学而成圣提供了依据和方法。

但是我们知道，天下事物是无限的，要以格物穷理的方法来致知，是否意味着要把世界上的事物之理都格一遍呢？程颐认为不是。曾经有学生问他，"格物须物物格之，还只格一物而万理皆知？"程颐说，"若只格一物便通众理，虽颜子亦不敢如此道。须是今日格一件，明日又格一件，积习既多，然后脱然自有贯通处。"既然事物是无穷的，那么一一格物既不可能，也不必要，从格物到致知须有个"脱然贯通"的飞跃，也就是格物的过程积累得多了，就会达到对事物背后的普遍之理的认识，类似于从量变到质变的过程。这就好像做数学题，并不需要将所有的题目都练习一遍才能参加考试，因为考试中往往并不是原题；而是需要通过做题训练的过程来总结和掌握关于某个知识的一般性、普遍的解题方法，这样就能够应对考试中各种各样的题目变化了。由此可见，程颐所说的"格一物"与"物物格之"、"今日格一物，明日格一物"与"脱然贯通"之间，涉及个别与一般的辩证关系，也就是个别事物之理与普遍天理之间的"一"、"多"关系。程颐指出了这一点，但并未清晰地为这个关系做出理论解释，到南宋时的朱熹才以"理一分殊"对此进行了更深入的讨论。

"格物穷理"一思想自从程子拈出，就成为整个北宋以后理学话语的重要命题，后来的朱熹继承了程颐的穷理说，明代的王阳明对程朱理学的修正也是从格物的问题开始的。明末清初的时候，西方的利玛窦等耶稣会传教士带来了很多西方自然科学和自然哲学著作，中国传统的科学技术受到西学特别是其科学理性精神和方法的巨大冲击。后来的"李约瑟之问"，说中国古代为什么没有产生现代意义上的科学，也与这个文化交流的背景相关。其实，先秦时期的墨家以及宋明理学的格物思想，都具有科学探索的精神，明末也产生了诸如《格致草》这样的科学和博物学著作，将中国传统的格物思想与西方的科学精神相融通。只不过在中国文化的精神脉络中，所有的知识性的东西，都需要有价值性的东西作为引领，使得知识本身不会走偏。程颐的"格物穷理"也是这个道理，程朱理学的格物说虽然体现了科学性的精神，但并不完全对应于我们现代的科学，而是强调通过格物对天下的道理都有所贯通，包括自然的物理，也包括社会的伦理，特别是发展到了明代的王阳明，格物的道德伦理指向更加明显，以至于社会上出现了轻视经验知识的空虚风气，所以在明清之际西学东渐的文化交流中，"格物"的知识性一面才被重新解释出来。

四、朱熹的天理人欲之辨

朱熹是整个宋代理学的集大成者，他推尊周敦颐为道学宗主，并吸收了张载、邵雍以及二程兄弟的思想，特别是继承了程颐的思想，故而这一派被称为"程朱理学"。程颐与朱熹在学问传承上也确实是师承有自，二程四大门人之一的杨时是福建人，他把程学传到了福建，开创了道南学派，杨时一传为罗从彦，再传为李侗，三传而至朱熹，所以朱熹是二程的四传弟子。朱熹是徽州婺源人，生于福建尤溪，长期居住崇安、建阳讲学。朱熹求学的早年经历了一段"出入佛老，返于六经"的过程，据说他参加进士考试的时候，行李箱中只带了一本禅师语录《大慧语录》，可见他当时对佛教的兴趣，所以朱熹对佛教的思想教义非常熟悉，在归旨儒家之后，对佛教的批评也相当深刻。朱熹早年中进士第，后任泉州同安县主簿，还曾在江西南康、湖南长沙等地为官，颇有政绩。但他平生不喜做官，常以各种理由辞免，《宋史》记载说"仕于外者仅九考，立朝才四十日"。朱熹后来主要以著书讲学为业，兴办书院、发展教育，兴建了白鹿洞书院，还曾与张栻在湖南长沙的岳麓书院讲学，是南宋时期最有声望的学者，与当时的吕祖谦、张栻被合称为"东南三贤"。

朱熹的思想体系性和架构性宏大清晰，可以说是致广大而尽精微。他的诗文也很出众，我们所熟知的"问渠那得清如许，为有源头活水来"就出自他所作的《观书有感》，强调为学为人都要如源头活水一般有本，这样生命的价值和生意才能像清水一般源源不断地流出。朱熹也是中国传统文化和哲学思想的杰出代表。在中国文化史上，朱熹特别重要的贡献就是将《论语》、《孟子》、《大学》、《中庸》合编为"四书"，自此四书成为了实质上高于五经的经典体系，他对四书的注释也成为后来元明清朝廷科举考试的标准解释。朱熹的学说不仅深刻地影响着元代以后的中国思想界，还传播到东亚诸国。他是一位具有典范意义的文化名人。

（一）理气：理一分殊

朱熹继承了二程对"天理"的讲法，以及对道与器、形而上与形而下的区分，并对"理"做了更加细致的考辨。关于"理"的内涵和性质，朱熹认为，"至于天下之物，则必各有所以然之故与其所当然之则，所谓理也。"（《大学或问》）这是说事物都有其之所以如此的道理，也有其不得不如此的理则，对于自然的知识性之理和伦常的道德性之理都是如此。比如对于物理而言，粉笔在人松手以后会落下，这既是万有引力所决定的自然会落下之理，也是粉笔应当落下之理，二者是统一的；对于伦理而言，比如子女孝顺父母，既有子女之所以能孝顺父母之理，因为父母与子女之间的自然亲情，也有子女应该孝顺父母之理，也就是有子女孝敬父母的道德伦理规范，这二者也应该是统一的。朱熹对"天理"内涵做出的"所以然之故"与"所当然之则"的解释，意在说明人类社会的种种法则本身就是宇宙普遍原理的具体呈现。朱熹所讲的"气"则是形成具体事物的形质之源，具体事物的生灭存亡就是气的聚散变化，而理是永恒的、普遍的，无所谓生灭。朱熹认为一切事物都是由理与气构成，气是构成事物的材料，理是事物的理则，是气聚散变化的根据。理与气是形而上与形而下、道与器的关系。

朱熹关于"天理"思想最核心的表达就是"理一分殊"。"理一分殊"本来是当年程颐在回答弟子杨时关于《西铭》的疑问时提出的，杨时认为张载在《西铭》中所说的"民吾同胞，物吾与也"一句（"民胞物与"是说人与万物都是天地所生的，从这个视角来看，人和他人是同类，就像同胞兄弟一样，而人与天地间不同类的万物也如同朋友），与墨家的兼爱思想相近，可能有让儒家思想流于墨氏之弊。对此程颐回答说，"《西铭》明理一而分殊，墨氏则二本而无分。"（《程氏文集》）认为"民胞物与"的思想是既肯定万物一体，同时也强调了在一体之仁中，个体对不同的人以及物的仁爱也有不同的具体表现。比如人对邻居是关爱的，但是这种关爱的程度显然要比对自己父母的关爱弱，这种情感上亲疏远近的分别是自然而然的，这就是"天理"在具体事情上的分殊性呈现。所以朱熹特别指出"理一分殊"重在"分殊"，也就是理在不同事物上的具体表达，这一点继承自他的老师李侗，说"理不患其不一，所难者，分殊耳，此其要也。"（《朱子年谱》）不过，程颐的"理一分殊"主要是从伦常之理的角度来说，强调个体对不同对象所具有的不同关系、承担的不同责任，朱熹则发展了这一命题，将其扩展到更加普遍意义上的理。

朱熹所讲的"理一分殊"，体现了对"一"与"多"关系的理解，是宇宙本体的天理与万物具体之理的关系问题。天地万物的本原性就是"理一"，是宇宙的本体；而具体到每一个事物，又呈现为事物自身的理，也就是"分殊之理"。那么问题在于，这个万物所共同的本原性的理一与事物差异性的分殊之理是什么关系？为了说明这一点，朱熹用了"月印万川"的比喻，他说"理一"就好比天上的月亮，只有一个；这个月亮的影子投射在江湖中则随处而见，个个不同，但我们不能说具体江湖中的月亮是"分"割了天上的月亮，因为每个月影都是天上那一轮月亮的完整呈现，也就是具体事物之理中都完整地体现着天理，而不是分割了天理。朱熹还用"随器取量"的例子来讲理一分殊，比如每个人都禀有共同的天理，所以才能同样地被称为是人；但是每个人的气禀有清浊偏正的不同，有高矮胖瘦贤愚等具体差异，那么天理在每个人身上的禀受便不同，这就好比用不同的器具去盛水，用杯子和用水桶所装的水量自然是不同的，但是从装的都是水这一点来说，又是同一的，所以虽然每个具体的个体都是不同的，但是作为人来说又具有同于"天理"的普遍性。

可见，朱熹讲"理一分殊"是要在分殊之中来见理一，是差异性与同一性的关系问题。"理一"与"分殊之理"并不是具体规律的直接同一，而是分殊之理是"理一"在万物中的具体表现，也就是说同一性表现为差异性。"理一"体现的是易简之学，《周易》中说"易简而天下之理得"，但是易简自身在天地万物之间具体如何变化、在万事之间具体如何应对，才是儒家真正关心的。这就好比下围棋，在所有的棋类中，围棋的规则是最易简的，行棋的基本原则就是没有气的子不能存在于棋盘上。但正因为围棋规则的易简，在规则之下的具体行棋路线却是所有棋类中最为复杂多变的。所以下围棋的过程中，掌握基本的规则并不难，难的是在具体的下棋过程中知道如何运用，这也就是前面所讲的朱熹老师李侗所说的"理不患其不一，所难者分殊耳"。如果将天地比成一张无限大的围棋棋盘，那么其中具体的社会人事变化将是无穷无尽的，人生在世的关键就是要知道如何在具体的事情中，让理论本身能够处事合宜，这就是理一在分殊中的体现。

朱熹用"理一分殊"解释了在程颐的"格物穷理"说中为什么不能只格一物而众理皆通，但是当格物工夫做到一定的阶段时，又可以达到豁然贯通。一方面，对于理的探求所难之处在于分殊，也就是说抽象的、普遍性的天理必然会在具体事物上有不同的呈现，仅仅探究一事一物的分殊之理，还不足以把握普遍的理一。另一方面，因为分殊之理皆本于理一，因此通过今日格一件、明日格一件的格物工夫，对具体的事物之理有一定的了解之后，就能够推本到对本原性的天理的贯通。可见朱熹用"理一分殊"为程颐的格物穷理说提供了理论依据。

理一分殊讨论的其实是在多元性之中是否具有贯通的可能性，这个问题在社会实践中有很多方面的体现，一个典型的问题就是如何面对多元文明和文化的关系。比如现代新儒家的代表人物刘述先先生，就曾对朱熹的"理一分殊"思想进行了创造性阐释，以此解决中国文化与西方文化、世界文化所面临的一元主义与多元主义的紧张与冲突，为传统与现代的结合、中国与世界的会通架起一座桥梁，强调普遍性的真理需要在具体的历史进程以及文化类型中展开和呈现。如果从"理一分殊"的思想视角来看待文化的多元性问题，那么不同文明没有优劣之分，只有特色之别，因此要促进不同文明不同发展模式交流对话，在竞争比较中取长补短，在交流互鉴中共同发展。可见，在思考文化的普遍性与差异性、思考如何理解文化的多元性等问题上，朱熹的"理一分殊"思想可以为我们理解和促进当代的文明交流提供启发。天下一致而百虑，殊途而同归，小到个人修身，大到天下国家，理学思想的智慧无所不在。

（二）性理：天理人欲

"天理"作为程朱理学中贯通天人的基础，普遍地展现在各个层面。比如自然界运行的法则，可以称之为"天道"；事物的具体性质和规律，可以称之为"物理"；人伦社会的道德法则可以称之为"义理"；而具体呈现在个体之中的道德本质，可以称之为"性理"。其中，"性理"是程朱理学在"天理"架构下对先秦儒家孟子一系性善论所作的再诠释，程颐曾说"性即理也，所谓理，性是也。天下之理，原其所自，未有不善。"（《二程遗书》）这是说在"天人一理"的思想下，人性所禀赋的性理本质上是源自天道的天理，从本原上而言都是善的，因此人性从溯本而言也应该是善的。

问题在于，如果人性在本源上而言都是善的，为什么有的人是性恶或者容易为恶的呢？孔子也说"性相近，习相远"（《论语·阳货》），如果人性从禀赋于天道的角度而言都是善的，那么不同人之间的差异（所谓"习相远"）是如何产生的呢？这是孟子的"性善论"所可能遇到的挑战。程朱理学自认为是接续了孔孟之道的，因此他们需要回应对孟子人性论思想的这一挑战。对此程颐认为"性即是理，理则自尧舜至于涂人，一也。才禀于气，气有清浊，禀其清者为贤，禀其浊者为愚。"（《二程遗书》）孟子的性善论将恶的来源归结为是后天外在环境的影响，但是这并没有从根本上解释"恶"的来源，所以程颐改造了孟子"才"的概念，认为性通于理，而才禀于气，禀气的清浊就会影响人性的善恶贤愚。可以看到，程颐所讨论的"性"主要是指形而上的本然之性，也就是孟子讲的性善之性；至于孔子所说的"性相近，习相远"，荀子的性恶说等等，便已经是从后天人的具体才禀的层面上来讨论了。因此必须以形上之"性"与形下之"才"兼而论之才能全面地理解人性之善恶，"论性不论气，不备；论气不论性，不明。"（《二程遗书》）孟子性善论是"论性不论气"，问题在于讨论不够完备，只说到人性所共同的根源于天理的善，但未能说明恶的根本性来源；孔子、荀子等人则是"论气不论性"，虽然看到了人的禀赋、后天的环境对社会中人性具体差异性的影响，但却未能意识到现实人性背后的天道本原。程颢也肯定"性即理"的表述，"事有善有恶，皆天理也，天理中物须有善恶"（《二程遗书》），"谓之恶者非本恶，但或过不及便如此"（《二程遗书》），所谓的"恶"就是善的过或者不及，比如孟子所批评的杨朱和墨翟，杨、墨思想的出发点本来并不坏，但是杨朱过于利己而墨子过于利他，对于人心情感的自然之理都有所偏离，也就是或者过或者不及，所以孟子才批评甚严。总之，从"性即理"的角度来说，人性的本来状态是纯善无恶的，朱熹也继承了这一点，并且基于此特别强调"天理人欲之辩"。

前面我们说到，朱熹认为一切事物都是由理与气构成，那么心也应该是兼含理气的结构，这就有了人心、道心之别，"心之虚灵知觉，一而已矣，而以为有人心、道心之异者，则以其或生于形气之私，或原于性命之正"（《中庸章句序》）。"人心"、"道心"的说法来自伪《古文尚书·大禹谟》中的"人心惟危，道心惟微"一句，朱熹认为二者的区别是"其觉于理者，道心也；其觉于欲者，人心也"（《朱子语类》），"道心"是指心的知觉遵循义理，"人心"是指心的知觉顺从于欲望，这并不是说人有两个心，而是说知觉性的心是听命于理还是听命于欲。这种义理和欲望的区别，就是朱熹所讲的"天理"和"人欲"。宋明理学中无论是程朱一系还是陆王一系，都主张要"存天理，去人欲"，可见天理、人欲之分是理学的重要论题。

"天理"、"人欲"的范畴出自《礼记·乐记》中"人化物也者，灭天理而穷人欲者也"。朱熹认为，天理是本于心所具之理，是人生下来就先天具有的自然能力以及潜在的道德理性，而人欲则是人的耳目口鼻四肢等感官所产生的感性欲望，人循天理而为就是善，逆天理而纵人欲就是恶。不过，人欲并不是泛指一切感性欲望，而是指不合适的欲求，比如"饮食者，天理也；要求美味，人欲也。"（《朱子语类》）人饥则食，渴则饮，这都是人天生下来就具有的能力和欲求，当然都是合乎天理的；但是如果一定要过分地追求美食，那么就是人欲了。不过天理和人欲也不是截然二分的，"人欲便也是从天理里面做出来，虽是人欲，人欲中自有天理"（《朱子语类》）。因此，与其说天理与人欲相对，不如说人欲是天理的过度或者不及的状态。比如前面所说的饮食是天理，而如果有过分的欲望，比如非得吃野味，这就是过于天理，是人欲；或者非要追求那种瘦骨嶙峋的身材，节食减肥，饿出毛病来，这就是不及，其实这也是人欲。因此，朱熹强调道心和人心、天理和人欲的区分，并不是为了对立二者，而是要求人在现实的利益欲望中充分突出、自觉点醒个人心中真正决定人之为人的道德性，人的道德性就是在当下现实性中的朗现。

　　由此可见，朱熹所讲的天理人欲之辨，本意并非是要禁锢或者去除人的一切自然欲望，"寡欲"其实是先秦时候就非常重要的思想，比如老子的"见素抱朴，少私寡欲"，孟子的"养心莫善于寡欲"等等，都是意识到无节制的欲望所可能带来的危险，而且正是因为欲望是人自然具有的，所以往往是适度者少而过分追求者多。宋明理学对天理人欲之分的强调，就是希望以天理的标尺为人的自然欲望量度，一方面让欲望不至于走向无节制，另一方面也是在人的当下现实性中展现天理的价值性，而不是在彼岸或者超越之中寻求价值的确定性。朱熹说"学者须是革尽人欲，复尽天理，方始为学"（《朱子语类》），明代的王阳明要求人们"静时念念去人欲存天理，动时念念去人欲存天理"（《传习录》），用意都在于此。只是理论和思想有时如刻舟求剑，其内涵用意未能随着历史和时代的发展而适应和创新，理学的这套"存天理，灭人欲"的思想发展到晚明，也逐渐成为对人之自然情欲的禁锢，明末的一批思想家对此进行了猛烈的批评，主张达情遂欲式的人性自由的解放，比如王夫之说"饮食男女之欲，人之大共也"（《诗广传》），李贽说"穿衣吃饭，即是人伦物理"（《焚书》）。今天我们重看程朱理学的思想，自然也需要摒弃其中与时代不相适应的观点和解释，对文化思想中具有超越于时代的、普遍性的哲学智慧进行创造性的转化，这或许也是"理一分殊"思想下时代的特色性与历史的普遍性之间的多元和普遍关系的呈现。

第 十 一 章

陆王心学：内圣之学的极致

在宋明理学中，除了程朱的理学，还有一个重要的思想流派就是陆王的心学。这里的"陆"是指的陆九渊，是心学的开创者；"王"就是指的王阳明，是明代心学的旗帜性人物。陆九渊和朱熹是同时代人，理学和心学也在南宋时期成为对峙性的思想学派，并一直影响到明代中后期，成为宋明理学的主流。陆王二人都主张"心即理"。

一、心即理

（一）陆九渊的"本心即理"

陆九渊出生于江西，他曾在贵溪象山讲学，自称"象山居士"。他从小天资聪颖，三四岁的时候就思考"天地何所穷际"的问题，以至废寝忘食，十几岁的时候，写出了"宇宙便是吾心，吾心便是宇宙"的惊人之语。陆九渊思想早熟，出仕却比较晚。三十四岁那年进士及第，他参加省试时的主考官是当时的知名学者吕祖谦，虽然试卷是糊名的，但吕祖谦还是一眼就认出答卷，称赞"此卷超绝有学问者，必江西陆子静之文也"。历史上有名的鹅湖之会就是吕祖谦召集的，他想调和朱熹和陆九渊两人的思想，可惜并未成功，以朱熹为代表的理学和陆九渊为代表的心学有根本性的思想差异，当然这两派也有各自的思想价值。陆九渊的学问直承孟子，自述"读《孟子》而自得之"（《语录》）。确实，他的核心论点如"发明本心"、"先立乎其大者"等都来自孟子。陆九渊对程颐的理学颇有微词，听到有人读程颐的语录，"自觉若伤我者"（《象山先生行状》），觉得程颐的讲法和孔子、孟子的思想并不一致。与朱熹专注经典注疏不同，陆九渊从不著书，他的学问主要是以讲学的形式传播和产生影响。他善于辩说，演讲极富感染力，展现了高伟宏阔的人格气象，他说"宇宙不曾限隔人，人自限隔宇宙"，具有对宇宙与本心贯通浑融的深度觉解。

陆九渊思想的基本命题是"心即理"。他继承了孟子所说的"圣人与我同类者"，强调人的普遍共性，认为圣人与我所共同具有的是此心之理。据说有一天陆九渊读到了《尸子》中"天地四方曰宇，往古来今曰宙"一句时，忽然大省，说"宇宙内事乃己分内事，己分内事乃宇宙内事"，又说"东海有圣人出焉，此心同也，此理同也；西海有圣人出焉，此心同也，此理同也；南海、北海有圣人出焉，此心同也，此理同也。千百世之上有圣人出焉，此心同也，此理同也；千百世之下有圣人出焉，此心同也，此理同也。"（《象山先生行状》）东、西、南、北海意味着空间，千百世之上、千百世之下意味着时间，陆九渊的意思是，此心此理并不因时空的转换而有所增减生灭，"心同理同"说突出了理的永恒性和普遍性。

因此，"心即理"这一表述主要包含两层意思，一是每个人具有的本心是相同的，也就是"心同理同"。"心同理同"说在后来的中西文化交流史上也发挥了重要作用，明代中期欧洲的耶稣会传教士进入中国，所传入的自然科学知识以及文化和哲学与中国本土的传统学术不同，中西文化产生碰撞和冲突，晚明一部分士大夫对西方文化采取了开放的态度，认为东西方都有圣人，不存在华夷高下之分，这就是文化观的"心同理同"，体现了中西方不同文化背后具有沟通的可能性。第二层意思是说，这个相同的"本心"就是人的道德原则的根源，本心之理与宇宙之理是同一的，也就是"本心即理"。从陆九渊对"宇宙"的理解来看，他也认为天理是具有普遍性、恒常性的，这一点与朱熹其实没有差别，他承认"此理乃宇宙之所固有"、"此理在宇宙间，固不以人之明不明、行不行而加损"（《与朱元晦》），不因人的意志或看法的改变而改变。他所说的"吾心即宇宙",并不是说天地之理是由人心所生,或者理是由人的主观意愿所决定和影响的,理就是宇宙中普遍的、客观的存在,任何人都不能违背这种宇宙之理,只不过在"心即理"这个命题中,陆九渊更强调的是人心先验具有的道德理性,是内心的道德准则与宇宙普遍之理的同一性,这种此心的道德性如果不受遮蔽,就可以在现实中直接呈现出来,而不是像程朱理学所理解的,还需要格物穷理、涵养用敬的工夫方法才能达到。

"本心"是陆九渊学说中最核心的概念,他的学生就曾说"先生之道,精一匪二,揭本心以示人,此学门之大致。""本心"一词来自《孟子》,陆九渊对"本心"的讨论也主要从《孟子》的文本出发,他以孟子的"良知良能"说解释本心,说明任何人都先天具有道德理性,本心是不假安排、不待穷索的本有之知,在本心未受遮蔽的情况下,能够自然地产生道德情感。只不过愚者或者不肖之人的内心容易被物欲蒙蔽,失去了本有的道德之心,如孟子说的"失其本心",但并不是说这些人没有本心。而且,这种道德理性也意味着本心是至善的,是具有生生能力的道德根本,就如同树木有根,继而能由此树根生长出枝叶;同样地,人都具有这个本心,只要"养而无害",就自然能够具有道德意识,产生道德情感,并继而做出相应的道德行为。对于圣人和普通人来说,区别不在于有没有本心,而在于是存养本心还是放失了本心。

陆九渊的"本心"的具体内容就是孟子的四端之心。孟子以"今人乍见孺子将入于井,必有怵惕恻隐之心"来讲恻隐之心,但是对人为什么自然具有羞恶、辞让、是非之心,并没有直接给出例证。陆九渊常以四端之心指点学生,以此来显明本心的天理,让学生体会这些都是人的心灵当下具有的道德理性。陆九渊有个叫杨简的学生就曾追问到底什么是"本心",当时杨简任富阳主簿,正巧一桩卖扇子的纠纷告到县衙,杨简当即断其是非曲直,陆九渊在旁边看到就说,"是者知其为是,非者知其为非,此即是本心",人之所以能够在断案子中明辨是非,说明人具有一种知是知非的能力,这就是以

"是非之心"说本心。还有一次弟子詹阜民请教"本心"是什么，陆九渊什么也没回答，只是突然就站了起来，结果詹阜民想也没想就跟着站起来了，陆九渊很满意地说"还用安排否"，意思是说詹阜民有尊师重道的本心，因而能够自然而然、不假思索地做出这样的反应，这就是以"恭敬之心"说本心。可以看到，陆九渊认为本心是人先天本有的道德善性，是一切具体的道德情感和道德行为的生发点和原动力。同时我们也能感受到，陆九渊指点学生的方式不是从经书文字上讲求，不是仅仅做知识上的训解，而是让人在现实生活和当下境遇之中体证天理。

（二）王阳明的"心外无理"

程朱理学经过南宋到元代，逐渐成为官方哲学，元代的许衡致力普及儒学，定朱子学于一尊，使得《四书章句集注》成为科举考试的主要内容。与此同时，陆九渊的心学也逐渐受到重视，王守仁就是明代心学的旗帜性人物。

王阳明是中国古代在立德、立功、立言三方面都卓有成绩的人物，称得上是"真三不朽"，与程颐、朱熹这样的书斋型学者不同，阳明在军事上非常有见识和才华，特别是平定了宁王朱宸濠的叛乱，屡建军功，政绩斐然。王阳明的思想经历过数次变化和发展，他早年有五溺，"初溺于任侠之习，再溺于骑射之习，三溺于辞章之习，四溺于神仙之习，五溺于佛氏之习"（《阳明先生墓志铭》），尤其对佛道教有兴趣，三十五岁才归正于圣贤之学。不过因为阳明思想中有浪漫主义的神秘色彩，在对心体的理解以及工夫方法上对禅学也有吸收，当时学者常"讥阳明为禅"。其实阳明的学说与禅学在追求境界上还是有着根本区别的，他曾说佛老之学"其妙与圣人只有毫厘之间"，但是这毫厘之差使得佛老与儒家的归旨谬以千里：禅学通过明心见性所要达到的是自性清净心，而儒学是通过修身而齐家治国平天下，建构和安顿社会的伦常秩序。

王阳明与陆九渊一样，也不喜注疏典籍，他的思想主要保留在语录和书信中，最主要的就是《传习录》。阳明的语录具有一种直指人心的力量，当时慕名从其问学的人很多，讲学时盛况空前，以至于"夜无卧处，更相就席，歌声彻昏旦"（《传习录》）。阳明的诗文也有一种洒落的豪情，在天泉桥与弟子吟诵的《月夜》诗很能见得他的心志，诗中写道："处处中秋此月明，不知何处亦群英。须怜绝学经千载，莫负男儿过一生。影响尚疑朱仲晦，支离羞作郑康成。铿然舍瑟春风里，点也虽狂得我情。"

王阳明也主张"心即理"，不过他并不是直接继承陆九渊的学说，而是通过对朱熹"格物"思想的反动而展开的。阳明少时便有成圣之心，曾问他的塾师"何为第一等事"，塾师说是读书考取功名，但阳明觉得不对，说"登第恐未为第一等事，或读书学圣贤耳。"（《王文成公年谱》）然而如何才能成圣贤，这条路他探索得颇为曲折。阳明早年笃信程朱的格物穷理说，既然理学家说"一草一木皆有至理"，便与朋友去格庭前的竹子，不想对坐七日后，竹子之理没有格通，反以劳思致疾，由此感叹圣贤不是人人可做的，遂放弃了通过格物穷理而成圣贤的渐进之路。这次"庭前格竹"是阳明心学问题意识的开启。到阳明三十四岁时，因反对宦官刘瑾，被贬贵州龙场驿。居夷处困三年，对人的身心都是极大的考验，阳明开始思考圣人处此境地应当如何应对。他某天突然醒悟到，"圣人之道，吾性自足，不假外求"（《姚江学案》），格物并不是向外去格事物之理，而是向内在自己的身心上做功夫，若按照这个方式圣人便是人人可做，这才是古人说"人皆可以为尧舜"的用意所在。可见，阳明对"心即理"的理解是本于自身的道德实践，龙场悟道这件事是他的"心即理"思想的形成。

阳明为什么要反对朱熹的格物穷理呢？他认为如果按照朱熹的说法去事事物物上格物穷理，也就意味着"天理"是在事事物物上，如此就好像说孝亲之理在亲人身上，那么难道亲人去世之后就没有孝亲之理了么？显然不是，对去世亲人的祭奠恰恰就是孝亲之心的体现。阳明以此证明孝亲之理是在自己的心上，也就是"心外无理"。要指出的是，阳明对"理"的讨论主要是针对道德性的伦理，而不是讲客观的自然事物之理，他认为善的选择源于完善的心灵，而不仅仅是对客观规律的把握。

不过，虽然阳明理解的"心即理"主要是指道德性理，但他也确实讨论过心与外在客观事物的关系，最著名的就是"南镇观花"。当时阳明的一个朋友质疑心外无物的说法，认为诸如深山中的花树自开自落，和人的思维意识以及主体行为都没有关系。对此阳明说，"你未看此花时，此花与汝心同归于寂；你来看此花时，则此花颜色一时明白起来。便知此花不在你的心外。"（《传习录》）其实，阳明并不否认外在事物的独立存在，所以"心外无物"并不是在讨论客观事物的存在问题，也不是讨论人心对自然事物的认识问题。阳明所说的"与汝心同归于寂"以及"此花颜色一时明白起来"，讲的其实是中国哲学思想中的"寂"与"感"，而不是"无"与"有"，强调的是人心的明觉感应，而不是心的思维认知。"物"主要是指有心灵参与的事情，与己心不相感应的客观事物并不构成"格物"的对象。在南镇观花这个事例中，花树不是阳明所理解的物，人观花树这件事才是一物，那么这件事自然与人的心灵感应状态相关。

所以，陆九渊和王阳明的"心即理"思想，强调了天理在本心中的直接呈现，成为道德发动的动力之源。心学与程朱理学所讲的"性即理"不同，心学更加注重将个体生命的道德主体性充分地彰显出来，是反求诸己、自我挺立的生命学问。

二、陆九渊："发明本心"之智慧

基于"本心即理"的思想，陆九渊提出了"发明本心"的道德修养方法，这种易简工夫是对孟子"此天之所与我者，先立乎其大者，则其小者弗能夺也"（《孟子·告子上》）一语的发挥。曾有人批评陆九渊的工夫过于粗疏，说他"除了'先立乎其大者'一句，全无伎俩"（《象山语录》），谁知他听后并不生气，反而说"诚然"，确实如此。"先立乎其大"强调的是在修养身心时要重本，也就是要发明本心，这里的"大"就是指此心之理，一个人能够知晓自己本心之天理，那么心就能成为身体的主宰，外在的物欲就不能改变心志，各种淫邪的学说也就不会扰乱心思，所谓"小者弗能夺也"。发明本心的工夫主要表现为剥落物欲、自作主宰。

（一）自作主宰

剥落物欲是一种做减法的工夫。陆九渊常说，别人是给人增担子，而他是给人减担子，他要真正点醒人们心灵最高的道德主动性。陆九渊认为人心有病，须是剥落，"剥落得一番，即一番清明，后随起来，又剥落，又清明"（《象山语录》）。"剥落"就是要去除遮蔽本心的私意和物欲，类似孟子所讲的"养心莫善于寡欲"，剥落物欲并不是让人没有任何欲望，而是在心灵与外界事物交接的时候不要为外物所牵引，以至于失其本心，因为人们往往容易陷于物欲而失去自我。

"发明本心"更重要的是要"自作主宰"。陆九渊非常强调"自"，认为从根本上来说人的道德行为都出自于自身，"汝耳自聪，目自明，事父自能孝，事兄自能弟，本无欠阙，不必他求，在自立而已"（《象山语录》）。《中庸》讲"诚者，自成也"，《孟子》讲"自暴自弃"，都是认为成德在己而不在人，善恶福祸都是人自己所求、所致的，发明本心也是要求人对自己的本心有充分的觉知。所以当学生问陆九渊如何立志时，他说："立是你立，却问我如何立？"（《象山语录》）可见，陆九渊特别强调人的道德自觉，通过"自作主宰"使得本心成为个人道德意识的主宰。

发明本心所包含的"剥落物欲，自作主宰"，强调人不是仅仅克制自己的欲望不去做违反道德的事，还要将道德行为变成行为主体的自觉行动，从强制变成自觉。从陆九渊到王阳明，心学一派都特别强调要充分建立主体的道德主动性和自觉性，这一工夫方法不仅对于道德修养重要，对个体的心知扩充也大有帮助。比如，对事情的当下决断不能仅仅依赖于外在的知识，历史上有的事情从来没有遇到过或者发生过，那人是依据什么做出判断和应对的呢？依据的就是自身的主体性和主动性，在陆九渊这里是"本心"，在王阳明那里是"良知"。当然，王阳明的"良知"说比陆九渊的易简工夫要更加精细，阳明认为先天具有的道德理性还需要在后天的道德实践中不断纯化和精熟。不过，陆九渊先立其大、发明本心的工夫方法，已经将心学对道德主体的主动性和自觉性提点得非常清楚。

陆九渊的易简工夫虽然粗疏，但在道德践行上确实有其优势，这种重"本"的工夫论能够为人的道德行动提供源源不断的内在动力，如果要像程朱理学那样格物穷理、不能躐等，一般人可能不易有耐心践行。不过易简的功夫也容易导致空疏虚浮的流弊，陆九渊有个学生叫傅子渊，象山称赞他"人品甚高，非余子比"，但朱熹曾批评傅子渊的为学功夫过于空泛，据说此人后来果然"以丧心而死"（《宋元学案》）。此事的真实性虽有待考证，但"自作主宰"确实容易在具体的修养过程中变成随一己之心的"自作主张"，这是特别要注意的。

（二）义利之辨

陆九渊的思想中特别强调"义利之辨"。"义利之辨"是儒学的重要话题，孔子说"君子喻于义，小人喻于利"（《论语·里仁》），《孟子》开篇就指出"先义而后利"，汉代董仲舒讲"正其义不谋其利，明其道不计其功"（《汉书·董仲舒传》），儒家一直强调"义"相对于"利"的优先性，也就是道德相对于物质利益的优先性。"义利之辨"在南宋成为思想界争论的热点，当时功利学派的代表人物陈亮和叶适，就主张要义、利并重，但是陆九渊以及朱熹等理学家则延续了先秦和汉代的儒学传统，以"义"为第一位的。

陆九渊认为"义利之辨"是为学的基本，是确立人生和学问大方向的问题。学生傅子渊从他问学以后回家，另一个学生陈正己就问傅子渊："陆先生教人何先？"子渊回答"辨志。"正己又问："何辨？"子渊说是"义利之辨。"陆九渊听说之后评价道："若子渊之对，可谓切要。"（《象山语录》）理学家认为"志"是心之所向，立志决定了一个人内心的动机，所谓"辨志"就是要看一个人的思想和活动是由什么原则决定的：以义立志，则人的行动以道德理则为第一原则；以利立志，则人的行为容易在理、欲冲突之时倒向欲望的一边。

陆九渊对"义利之辨"最深入的阐发，是在白鹿洞书院的一次讲学中。当时朱熹在知南康军时修复了庐山白鹿洞书院，请陆九渊登书院讲席。陆九渊的演讲很有感染力，对义利之辨的看法直指人心，切中了当时学者特别是科举之士追名逐利以至于"汩没于此而不能自拔"的隐微深痼之病，令在场听众颇受感动。当时天气还比较冷，但是朱熹听了都非常受感染，汗流浃背，不停地扇扇子。演讲结束后，朱熹担心时间久了会忘记，请陆九渊写成"白鹿洞书院《论语》讲义"，并说"凡我同志，于此反身而深察之，则庶乎其可不迷于入德之方矣。"虽然今天我们所见的文字版已经无法完全还原现场讲演的真切生动，但陆九渊对义利之辨的道理还是讲解得非常切要。

陆九渊从《论语》的"君子喻于义，小人喻于利"一句说开，认为人的思想取决于日常所习，而人之所习又取决于心之所志，也就是人的内在动机，"志乎义，则所习者必在于义，志乎利，则所习者必在于利"。但是当时的学者往往终日埋头苦读圣贤之书，心中却并没有成圣贤之志，只是为了考取科举，以获得功名利禄，这就是没有真正在辨志上区别义利之辨，也就不能称之为君子。人生的所行所为，根本上取决于心志之所向，心灵的方向决定了人生的走向。因此，要判断一个人的追求和志趣，不是看他的外在行为，而是看他的内在动机，如果内心不是真正向学，不是志于"义"，那么即便读尽圣贤之书，心中也不过一个"利"字而已。进一步说，若是为了名利而考功名为官，那也只会谋取私利，贪污腐败，而不会真正为国事民生操劳。陆九渊所说的这一点，可谓是切中要害，正点出在场不少学者的心病，所以"听者莫不悚然动心"。由此也可以看出心学的力量，陆九渊曾说"某观人不在言行上，不在功过上，直截是雕出心肝"（《象山语录》），对一个人的判断不仅仅是通过他做的具体行为，也不仅仅是他的行为产生的具体功绩，而是要追本溯源地考察这个人的行为动机，是出于"义"的道德动机，还是出于"利"的功利动机。

可以说，儒家特别是理学家所提倡的"义利之辨"，是一个具有超越时代的、具有普遍价值的问题。在当今中国建立市场经济体制的新形势下，义利之辨的问题又一次摆在了人们面前。市场经济的一个基本原理，就是要利用人们追求物质利益的个人欲望来推动整个社会经济的发展；但与此同时，人们也看到私欲泛滥、唯利是图、损人利己等等道德沦丧的行为反而会影响市场经济运行，损害社会公共秩序。无论古今中西，道德相对于利益的优先性，不可不辨。当然，"义"优先于"利"，并不是说陆九渊反对建功立业，只是更强调行为的动机应该是合道德的，这也是他重视"本心"的原因。

三、王阳明的知行合一思想

王阳明思想中的一个重要命题就是"知行合一"，这一学说后来成为了中国哲学智慧中宝贵的思想资源。当然，王阳明提出知行合一有着具体的历史背景，他所生处的明代中期，朱熹思想的知识化倾向愈加明显，格物穷理与成圣的道德实践之间逐渐脱离，特别是朱熹的思想经过元代被定为正统以后，理学工夫论本来的道德实践维度越来越被忽视，所以阳明才经过龙场悟道指出"圣人之道，吾性自足"。那么成圣所要做的，就是让本心之理呈现在日常生活之中，这是一个道德实践问题（也即"行"的问题），不是一个纯粹知识问题（也即"知"的问题）。

（一）知行合一

在龙场悟道的第二年，王阳明开始讲知行合一，他说"外心以求理，此知行所以二也；求理于吾心，此圣门知行合一之教"（《答顾东桥书》）。不过这个学说刚提出来的时候受到了普遍质疑，因为现实中知而不行的情况比比皆是，知与行似乎并不内在地统一，而是往往有所割裂。于是阳明以《大学》中的"如恶恶臭，如好好色"一句来说明知行本体：比如一个人闻到恶臭的味道是人的自觉意识，这属于知；闻到的时候自然就会产生对臭味的厌恶之心，这就是行。闻到臭味和厌恶臭味，这二者是自然而然、同时发生的，并不是说闻到以后还要经过思虑的判断才会产生厌恶的感受，也就是内心的知与外在的行不可分割。同样地，一个人看到帅哥美女，这是人的自觉意识，属于知；看到帅哥美女的时候自然就会产生对美色的喜好之情，这就是行。看到帅哥美女和喜好帅哥美女，这二者也是自然而然、同时发生的，并不是说看到美色以后还要在心里分析一下，帅哥美女的身材是不是符合黄金分割，或者这是不是自己喜欢的那一款，而是看到的当下就自然产生喜好的情感，这也说明内心的知与外在的行是不可分割的。这就是阳明说的"知行本体"。阳明认为，人的道德之知与道德行为也是如此，对善的喜好之情就如同对帅哥美女的喜好之情一般自然，对恶的厌恶之心就如同对臭味的厌恶一般自然，所谓"好善如好好色，恶恶如恶恶臭"；只是人心往往容易为私欲遮蔽而失了知行的本体，就好比一个人鼻子堵塞，虽然能闻到臭味，却并不真正知道是臭味，也就不会产生厌恶之心，这就是知行的分离，所谓"失了知行的本体"。

因此，阳明认为"知"必须通过"行"来获得实现，脱离了行，知识的获得与形成是不可能的。就比如学习游泳，不管在岸上对于游泳的理论学习得多么深入，如果不真正下水去游，那么永远都不可能真正地知道如何游泳；而一旦下水会游泳了，这个行为本身就已经意味着获得了对于游泳这件事的知。当然，阳明对知行本体的理解，更多的是指道德性的知，也就是强调道德本心在道德实践中的实现。不过这里可能会有一个疑问：如果不知，是不是就一定不能行？相反地，如果能行，是不是就一定意味着真的知道呢？现实中似乎存在这种情况，内心并没有自觉的道德意识，但是外在的行为却表现出善。当时有人质疑阳明的知行合一，认为还是应该先知而后行，就比如孝顺父母这件事，首先应该知道如何是孝顺父母，温清定省之类的仪节应该怎么去做，如何是处理得当，然后才能真正地做到孝顺父母。但是阳明指出，这些道理其实很容易就讲明白了，而在孝顺父母这件事中最重要的不是明白这些道理，甚至也不是仅仅做到温清定省这些仪节，而是要有孝顺父母之心。如果一个人仅仅是做了一些孝顺父母的事情，却没有孝敬之心的话，那其实就像一个演员，并不是真正的知行合一，因为那只是一种知识性的知，而不是知行合一意义上的"真知"。王阳明的这一思想可以说是继承了孔子，《论语》中孔子就曾说，"今之孝者，是谓能养，至于犬马，皆能有养，不敬，何以别乎"（《论语·为政》），认为孝中最重要的是敬亲之心而产生的孝亲之行，强调在道德行为中本心之理的呈现。

阳明认为，在知行本体自然发用的情况下，人心的道德觉知自然能够表现为道德行为，对这个思想的典型表达就是"一念发动即是行"，知行二者不能割裂，而是一个事情的首尾，"知是行之始，行是知之成"。阳明之所以特别强调一念发动即是行，就是要防止有一类人有恶的念头却不去纠正，心的发动处有不善的念头，就应该将不善的念头从心中去除。此处的"一念"与禅宗有相似之处，惠能在《坛经》中讲"一念悟，众生是佛，一念迷，佛是众生"，就是一种易简直接的工夫方法，重在人的意念对于行为的决定性影响。比如一个人抬脚准备走路，虽然还没有开始走，但已经有了向前的趋势，只要没有别的东西挡住，那么在自然状态下一定会迈出步子，正如心体在未受遮蔽的本然状态之下具有的真知，一定会落实为行动。不过"一念发动即是行"并不是说只要有了善的念头，就等于做出善的行为，这显然可能会导致前面说的"知而不行"的问题。阳明这一表述的意思是，善念发出则存此善念，在知行本体合一的情况下，真知这个想法是善的，就必然能够做出善的行为；恶念发出则去此恶念，真知这个想法是恶的，就必然不会做出恶的行为。这才是"一念发动即是行"的意思，也正是阳明所说的立言宗旨。不过我们也要注意，这种对于内心动机在善恶判断中作用的过分强调，在具体的道德实践和价值判断上可能走向一种诛心之论的苛刻之弊，甚至出现假借道德善恶之名的原心定罪，所以知行合一和一念发动即是行等说法，更多是从对自我的道德修养而言，而不是从对他人的道德评价来说的。

（二）致良知说

"知行合一"的思想后来发展为阳明的致良知学说，所谓"良知是知，致良知是行"。阳明晚年专提致良知，说自己平生讲学只是"致良知"三字，"致良知是学问大头脑，是圣人教人第一义"（《传习录》）。并且强调良知说并不是来自理性思辨，而是来自道德实践，"某于此良知之说，从百死千难中得来，非是容易见得到此"（《传习录拾遗》）。

"良知"和"天理"一样也是我们现代生活中常用的词，比如人们遇到一些不合道义的事情就会质问"有没有良知啊"，如果一个罪犯或者恶人突然闪现出一些人性的光辉，就会说他是"良知未泯"。"良知"一词来自孟子所说的"不虑而知，良知也"，在阳明这里主要是指人的至善之性自然知是知非，"见父自然知孝，见兄自然知弟，见孺子入井自然知恻隐，此便是良知，不假外求"（《传习录》）。阳明的"良知"与陆九渊的"本心"内涵相似，但是良知更强调至善之性自然发用于知觉是非，突出了孟子所讲的"是非之心"。也就是说良知既是道德理性，又能发动道德情感，从而带动道德行为。

致良知强调工夫上的知行合一。如果仅仅讲知行合一，可能会在具体的道德实践中遇到一个困难：那就是我们的心是如何识别私欲的？是否可能出现"认欲为理"，把一己的私欲当成了天下的公理，将心灵所产生的一切知觉的具体发动都当作是本心的呈现，并基于这种所谓的本心之理而行动。这种意义上的知行合一自然无法保证我们的道德行为。因此，阳明对于"知行合一"中的"知"必须给予善的保证，这样才能使得"行"成为具体的道德实践。由此，"良知"就成为了阳明对"知"的界定。

良知虽然是每个人本来具有的，"随你如何不能泯灭"（《传习录》），但却容易受到私欲的遮蔽，因此阳明提出了"致良知"的工夫，只有通过致良知，良知才能真正地知是知非。他说："所谓致知格物者，致吾心之良知于事事物物也。吾心之良知，即所谓天理也。致吾心良知之天理于事事物物，则事事物物皆得其理矣。致吾心之良知者，致知也。"（《答顾东桥书》）这里"致"有三层含义：一是扩充，将人心本有的良知不断扩大；二是至极，使得良知的知是知非充分展现，没有丝毫私欲的蒙蔽；三是实行，这是在知行合一的意义上来说的。同时，"致"表现为两个方面：一是推致，将己心本有的良知推致到事事物物上去，使得事事物物皆得其理，也就是运用自己本有的良知来应接事情，从而使得事情的处理能够合宜；二是招致，良知虽然是先天本有，但是自然知是知非的能力却是在道德实践中逐渐获得的，这是一个不断扩充以至其极的过程，也就是阳明强调的要"在事上磨炼"，良知须要在具体的事情中来具体呈现明觉精察的判断力，所以阳明才特别说自己的良知说是"从百死千难中得来"。可以看到，"致良知"说包含了道德理性和知识理性两个方面，随着致良知的工夫不断精熟，道德和知识逐渐统一，心的主体性将知识性的内容包纳在自身之内，从而在外物之中不断展现自己。因此，阳明的思想是以道德为知识的统领。

阳明晚年特别以"四句教"来总结自己的思想，其中也特别提到了"良知"。阳明去世前一年，他被任命赴广西平息少数民族暴乱，临行前与弟子钱德洪和王畿在天泉桥上阐发了四句教的宗旨，这一事件被称为"天泉证道"。这四句话是：

> 无善无恶心之体，有善有恶意之动。
> 知善知恶是良知，为善去恶是格物。

四句教所阐释的问题分别对应于《大学》的四个条目，即正心、诚意、致知、格物，所以"致良知"说也就是对《大学》格物致知中"致知"的解释，显然与程朱理学以格物穷理来解释大为不同。阳明所说的"知善知恶是良知"，强调的并不是良知能够知道外物是善还是恶，而是指良知能够自然地判断内心发出的念头是善还是恶。阳明认为，人心里发出一念是善的还是恶的，自己的良知最清楚，比如做慈善当然是一件善行，但是这件善行是出于乐于助人的善良本心还是出于博得舆论名利的一己私心，只有行为者自己最清楚，其他人只能看到外在的行为。那么，发了一念善的就奉行，发了一念恶的就克制，这就是"为善去恶是格物"。所以阳明是用良知来框定主体的道德意识，其次才是知道和判断外界事物的善恶。

宋明理学中，王阳明是与朱熹同等重要的思想家。他的心学以道德实践的方式将致良知的工夫落实为每个人都可以践行的方法，给予了每个人以道德自觉的内在动力。阳明的学说以德性为知识的统领，具有易简直接的力量。不过阳明学对于道德良知的过度收摄，可能会导致忽视外在客观的物理世界，从而走向对知识性的背离。阳明的弟子将这种本体性、主体化的思想发展到极端，也容易流入空虚无所忌惮的风气。明末学者在总结明代灭亡的教训时，便归罪于阳明后学的流弊，这也是我们在学习和思考阳明哲学时需要反思的。

四、宋明理学的整体脉络与意义评析

我们在上一章和这一章中分别介绍了宋明理学（道学）中的两大主要学派：程朱理学和陆王心学。自北宋初期的周敦颐开始，整个道学的发展有一个共同性的努力方向，就是如何为这种使得人能够自我挺立的道德性和价值性赋予根源性的保证，区别只是在于不同的道学家对如何给予保证的哲学回答不同而已。自从二程兄弟对"天理"的内涵进行了重新诠释，无论是程朱理学还是陆王心学，无论是理学所主张的"性即理"还是心学所主张的"心即理"，"天理"都成为了共同的话语，也正因如此我们将这一时期的学术主流称之为"宋明理学"。直到今天，我们的日常生活语言中依然是以"理"或者"天理"来作为道德法则的代名词，由此也可以看到宋明理学对后来的中国社会和文化所产生的影响。可以说，后世中国文化中的许多宝贵的思想资源都来自理学，而元代特别是晚明以后社会和思想界所产生的问题很多也是因为理学。及至近现代对整个儒学包括理学的传统进行了再反思、再发现，我们认识到可以在当今时代通过创造性的转化来合理地扬弃和纳取宋明理学的哲学智慧。

程朱理学与陆王心学之间的思想具有很大的分歧。陆九渊与朱熹在南宋当时就辩论不少，比如历史上著名的"朱陆鹅湖之会"，就是发生在朱熹与陆九渊、陆九龄兄弟间的一场论辩。根据目前所见材料来看，朱、陆两派所表现出的主要分歧围绕在"为学功夫"，也就是理学与心学之间在道问学与尊德性、穷理与尽性上的区别。朱熹继承和发展了程颐的格物穷理说，为学更接近于道问学的进路；而陆九渊以"尧舜以前人何书可读"的发问，强调尊德性相对于道问学更为根本，也就是说人心先天本有的道德理性相对于后天通过读书为学获得的知识要更加根本。王阳明的思想也有这种倾向，如我们在前面所讲的，致良知说就是要以道德为知识的统领，要用良知来框定主题的道德意识，然后带动对具体事物或者知识的判断。因此，陆王心学认为程朱理学的为学方法是缺少了统领（所谓"少个头脑"）；换言之，知识应该由道德来把方向，就像科学技术的发展也需要由道德价值来对其引导和约束，否则知识越发展，社会的快车一旦运行到错误的方向上，后果也就越严重。但另一方面，程朱理学格物穷理的为学方法重视积累，循序渐进，不容易产生蹈虚走空、认欲为理的流弊，特别是朱熹的格物说将"理"的内涵从伦理推扩为普遍性的天理，体现了科学理性的精神。从这一点来说，心学过于强调尊德性很容易在具体的实践中导致轻视知识的社会风气，王阳明的致良知说也是希望纠正陆九渊"先立其大"的单薄之病，以知识理性参与到道德理性对人的规范中，但是即便如此，阳明后学依然产生了蹈虚甚至无忌惮之风。因此，理学与心学的为学方法不可偏废，道德与知识要并向互为促进。

理学与心学差异的另一个方面，就是在建构道德心灵时对"心"的理解不同。程朱理学主张"性即理"，也就是说"理"或者"天理"所代表的道德法则或者道德理性不能自然地在心中呈现；而陆王心学主张"心即理"，具有知觉意义的"心"能够直接呈现形上的性理。在现代中国哲学界有一段有名的公案，就是熊十力先生和冯友兰先生关于如何理解"良知"而展开的，冯先生说良知是个"假设"，熊先生说良知是个"呈现"，这段公案说的其实就是以朱熹为代表的理学与以王阳明为代表的心学之间的差异。冯先生是继承朱熹的理学而讲《新理学》的，他认为良知性体在心里面，心不能直接呈现这种道德性，我们无法凭借经验和理性来判断良知的有无，而是需要涵养用敬、格物穷理的工夫使得道德天理的性体转变为现实道德性的心体，所以良知只是个"假设"；熊先生则认为在阳明这里，心自然会知，这就是说这种道德理性直接转换为心，在人心里面呈现，被主体所觉知，所以是个"呈现"。从确立人的心灵的最高主动性和现实性来说，陆王的心学思想不仅体现了易简之理，而且是以具体的道德活动的呈现来印证心灵当下的知觉呈现；而程朱理学以形上形下的区分来理解性以及心的关系，实际上是以更加细腻清晰且具有分析性的风格来回应了人性善恶的问题。

当然，程朱理学与陆王心学也有相通的地方。一个根本性的特点，就是二者对"天理"的强调。宋明时期并不是所有的学者都是理学家或者道学家，比如在与朱熹和陆九渊同时期还有以陈亮和叶适为代表的"事功学派"，这一学派就不认同以义优先于利，而是主张义利并重，并不突出道德的优先性。宋明理学对先秦儒家的发展和重新诠释，其实是探索了一条面对隋唐以来佛老思想特别是禅学思想对儒家价值的冲击，如何吸纳异质的思想文化并重新确立自身文化主体性的道路。无论是理学还是心学，都确立了儒家的由学而致的成圣道路与理想人格，都意识到道德修养是"我欲仁，斯仁至矣"

的自我诉求，是个体自身主动性的充分发挥，只要内心真正有这样的追求，就有充分的能力去做。正因如此，无论是程朱的"性即理"还是陆王的"心即理"，"天理"都是人心道德法则和道德理性的内在根源性依据，而且这种人心中普遍具有的"天理"也意味着根源性上的平等，而不再是圣凡之别。

　　不过宋明理学发展到了明末，在思想内部和社会现实中的弊端越来越明显，晚明清初出现了如李贽、王夫之、黄宗羲等一批思想家，对理学进行了批判与反思，清代的戴震更是以"酷吏以法杀人，后儒以理杀人"、"人死于法，犹有怜之者；死于理，其谁怜之"批评理学对思想和人的自由的禁锢。虽然其中部分原因是针对当时的社会现实而非理学的理论本身，但是以先行的"天理"来限定现实的事物或者事件，确实是理学思想存在的问题。正因如此，后来明清哲学以"即器见道"、"事上见理"来重新审思了理与气、理与事的关系。

第 十 二 章

新文化的曙光：明清启蒙思潮

明清更替之际，中国历史再一次进入被黄宗羲形容为"天崩地解"的大变迁时期。一方面，资本主义的萌芽在江南逐渐生发，随之而起的新兴市民阶层开始萌生出新的价值诉求和政治要求；另一方面，以儒家文化为主导的华夏传统特别是政治文化传统则日益显露出负面效应。作为异族的清朝顺利入主中原，九州再次为异族主宰，这一巨变将传统文化的弊端和困局进一步凸显出来。以明晚期的李贽，明清之际的顾炎武、黄宗羲、王夫之，以及清中期的戴震等为代表的思想家们，顺应时代的潮流，响应民众的心声，在对传统哲学和文化展开深刻反省的基础上，对传统的专制政治文化及其危害予以揭露和抨击，提出了一系列新的思想主张。这种批判和所提出的思想主张，与近代西方启蒙运动的理念、宗旨和表现形式，多有内在契合相通之处，因此被学者们称之为明清启蒙思潮。

最先对这些思想家及其思想给出如此定性和定位的，是著名历史学家侯外庐。他运用唯物史观，采用思想史与社会史相结合的研究方法，从经济、政治、阶级分析等多重角度，对明清之际三百年的思想变化之过程及新思想之性质做出了系统、新颖的分析与判定，在现代性的宏大叙事背景下考察明清三百年哲学思想的特征及其与现代思想的关系，对其性质、地位和意义，给出了全新的阐释和评判，形成了这一独特的解释范式。

侯外庐之后，作为其思想的有力继承者与发扬者，萧萐父坚持并深化了侯外庐的"中国早期启蒙说"，并在有关"启蒙哲学"的概念界定、阶段划分，中国早期"启蒙哲学"所要批判的对象及其演进历程与规律等多方面，都作出了度越前人的新论述，更明确系统地阐发了明清之际"中国早期启蒙说"的理论，并由此引发出关于中国传统文化向现代转化的"历史性根芽"及其与西方优秀文化相融合的历史"接合点"等一系列问题的更深入的思考。

一、李贽与中国早期启蒙思想

（一）"童心"说与"人必有私"论

李贽（1527—1602 年），字宏甫，号卓吾，又自号温陵居士，初名载贽，福建泉州人，其一生著作宏富，主要有《焚书》、《藏书》、《初潭集》等。李贽祖上经商，父亲是一名私塾老师，他自幼随父读书，于少年便作《老农老圃论》，初步展现出其聪明才智。嘉靖三十一年（1552 年），李贽参加福建乡试中举人。万历五年（1577 年），51 岁的李贽出任云南姚安府知府。三年期满，李贽坚决辞官，从此从事著述和讲学活动。李贽辞官后定居于湖北黄安耿定理家（号楚倥，1534—1584 年），耿定理死后又移居于麻城龙潭湖芝佛院。在此期间，李贽公开以"异端"自居，列堂堂之阵，举正正之旗，向压迫他的传统势力和道学家们给予了强势的回应。李贽这种不苟于世俗庸人暖暖姝姝的反抗精神，使得当时的统治者将他视为"洪水猛兽"，屡次加以迫害。万历三十年（1602 年），明朝廷以"敢倡乱道，惑世诬民"的罪名将其逮捕。入狱不久，李贽便于狱中取剃刀自刭而死。思想上觉醒后的李贽，是向传统陋俗进行宣战的一位战士，其人生的结束充满悲剧色彩。在一定程度上也预示了万历以后中传统中国自我更新的失败命运。

"童心说"是李贽晚年的思想。这是他有感于友人焦竑（号澹园，1540—1620）"知者勿谓我尚有童心可也"一语而发出的感慨，同时亦是针对当时以宗道、宗经、宗圣为准则的明代文学创作现实。在《童心说》中，李贽反对焦竑轻视童心的观点，认为"夫童心者，真心也"。他说：

夫童心者，绝假纯真，最初一念之本心也。若失却童心，便失却真心；失却真心，便失却真人。人而非真，全不复有初矣。

李贽这段话的意思着重在于阐发人的先验纯洁性本质。他认为，童心即是人先验具有的纯洁本质，是人之所以为人的关键所在；而真心，即道德上的真诚，人若缺乏真诚的道德属性，就成为非人。这一说法与僧肇"不真故空"的论说理路颇为接近。李贽的"童心说"一方面无条件地歌颂了道德上先验的"真诚"；另一方面，李贽在这里营造了真心、真人与假心、假人的对立。在此基础上，李贽还进一步否认了"闻见之知"的价值。他说：

童子者，人之初也；童心者，心之初也。夫心之初曷可失也？然童心胡然而遽失也？盖方其始也，有闻见从耳目而入，而以为主于其内，而童心失。其长也，有道理从闻见而入，而以为主于其内，而童心失。

由上可知，李贽认为"童心"与"道理闻见"是绝不相容的。此处所说的"道理闻见"，乃是指流行于日常生活中的假道学思想和世俗社会趋之若鹜的功名利禄思想。在李贽看来，"道理闻见"愈多，则"童心"也丧失得越多，"失却童心，便失却真心"，因而这种人也就成为了"假人"。"其人既假，无所不假"，假人非人，故其人所作所为皆非人道之事。

从"童心说"出发，李贽将人的先验纯洁性和在社会生活中形成的"私心"看作是人之为人的本质。它是活泼泼的，自然生动，流行无际。这种理论的现实意义就在于，其能打破旧有的思想框架，为人性潜能的释放提供理论上的支持。在《藏书》卷二十四《德业儒臣后论》一文中，李贽明确地说人的"私心"是人性的"自然之理"，这一"自然之理"与"最初一念之本心"在一定意义上是意同辞异而已：

夫私者，人之心也。人必有私，而后其心乃见；若无私，则无心矣。如服田者私有秋之获，而后治田必力；居家者私有积仓之获，而后治家必力；为学者私有进取之获，而后举业之治也必力。故官人而不私以禄，则虽召之必不来矣；苟无高爵，则虽劝之必不至矣。虽有孔子之圣，苟无司寇之任，相事之摄，必不能一日安其身于鲁也，决矣。此自然之理，必至之符，非可以架空而臆说也。然则为无私之说者，皆画饼之谈，观场之见，但令隔壁好听，不管脚跟虚实，无益于事，只乱聪耳，不足采也。

因此，"童心"在生活的经验层面的意义即是私心；而不失童心的真人也并不是道德上完美的"大人"，而是一个有欲有情，且其行为又能自然合乎礼俗的活生生的人。换言之，李贽的"人必有私"论尝试在圣人与凡人之间寻找到一个人性的共同起点，以此来反对宋明理学"存理灭欲"的无私无欲观和"谈性命而辟功利"的非功利倾向。一方面，李贽以近乎独断论的方式宣布了"私"所具有的神圣意义；另一方面，他将"私"的概念外延泛化，把人们所有的自为的行为和动机都纳入"私"的范畴，以此揭露旧道德所提出的以"公"为目的的虚伪性。

要而言之，李贽以"童心说"的方式所表达的"真人"理想，在精神实质上已经蕴涵着背离传统道德价值取向的意向。而李贽的"人必有私"论则进一步地为现实社会中普通市民阶层的谋利行为，进行强有力的道德合理性与合法性的论证。

（二）穿衣吃饭即是人伦物理

在传统社会中，宋明理学的"理欲之辩"，往往只承认人的最为原始的自然欲求，而忽视了人的社会存在的特征。这也就意味着，当人的欲求与既定伦理规范发生矛盾冲突时，旧有的伦理准则并不会得到调整，反而将继续限制、阉割发展了的人欲。故传统哲学中的"理欲"矛盾可以从两个层面加以理解：一是代表大地主、大官僚的统治者的骄奢之欲与广大民众的基本物质欲求之间的关系；二是广大民众因社会发展而产生的新的社会性欲求与旧有道德伦理规范的关系。正是从后一层面的意义上说，李贽提出了带有根本颠覆性的新伦理观——"穿衣吃饭即是人伦物理"。

依李贽之见，要想理清伦理与实际生活之间的先后、本末关系，必须要从具体的物质生活入手，也即"有物上辨无物"，而不能预设一个超越于生活之上的伦理规则来限制生活本身。所以，李贽以非常激进的方式说道：

> 穿衣吃饭，即是人伦物理；除却穿衣吃饭，无伦物矣。世间种种皆衣与饭类耳，故举衣与饭而世间种种自然在其中，非衣饭之外更有所谓种种绝与百姓不相同者也。（《焚书》卷一，《答邓石阳》）

在此处，李贽想要表达的意思是：穿衣吃饭就是人与人之间的道德伦理规则，不存在穿衣吃饭活动之外的道德规则。换言之，人伦物理包含在具体的物质生活的行为之中，不存在一种超越于具体物质生活之外的人伦规则，亦不能从抽象的道德法则上来辨识道德伦理规则。出世的佛教所要追求的真空境界，尚且不能离开生活的大本，儒家的伦理更是如此。既然伦理来自人们的日常生活，那么就不能让民众的生活为少数人所虚构出来的所谓"条理"所束缚。"人即道也，道即人也；人外无道，而道外亦无人。"（《李贽文集》第七卷，《道古录》卷下）李贽将《中庸》的"道不远人"思想赋予了极为普遍的现实内容，并以之作为普通民众追求自己好的物质生活的哲学根据。

李贽这一带有朴素唯物论倾向的伦理学思想，面对现实的礼制制度时就愈发具有强烈的批判色彩。针对当时迂腐的儒生们执一僵化之"礼"，以非人道的方式对待民众的行为，李贽强烈批评他们是墨守成规，不知通权达变，将一"千变万化活泼泼之理"变为了"一定不可易之物"，进而会导致滥用刑法施祸于民。与旧有的礼制制度为统治者服务的道德正当性相反，李贽提出了"以百姓之迩言为善"的政治伦理标准。他假借远古圣人大舜的行为作为自己的新伦理标准，说道：

> 唯是街谈巷议，俚言野语，至鄙至俗，极浅极近，上人所不道，君子所不乐闻者，而舜独好察之。以故民隐无不闻，情伪无不烛，民之所好，民之所恶，皆晓然洞彻，是民之中，所谓善也。夫善言即在乎迩言之中，则迩言安可以不察乎？……夫唯以迩言为善，则凡非迩者必不善。何者？以其非民之中，非民情之所欲，故以为不善，故以为恶耳。（《李贽文集》第七卷，《道古录》卷下）

上述李贽主张的"迩言"与"百姓日用"息息相关。他要求统治者要注重"迩言"，就是要求君王要尊重和顺从民欲，体察民情，只有这样才能实现圣王之治。李贽的这一"新民本"思想，虽然可以看作是传统民本思想的延伸，然而就后期君主专制意识形态而言，实际上是对当时社会"是非"观念的极大颠倒，具有极强的人民性。

（三）"各从所好，各骋所长"的早期自由主义的思想

作为时代的思想急先锋，李贽改造了传统的"德性"内涵，打破了旧有的伦理原则。从形式上看，他是借助古老的经学语言来表达自己的新思想，要求人们在生活中按照"童心"、"真心"的原则行事，主张每个人都是"一乾元"。实际上是用经学的语言表达了个性解放的意蕴。他说：

> 一物各具一乾元，是性命之各正也，不可得而同也，万物统体一乾元，是太和之保合也，不可得而异也。……然则人人各正一乾元也，各具有是首出庶物之资也。"（《九正易因》卷上，《乾为天》）
>
> 夫道者路也，不止一途，性者，心所生也，亦非止一种已也。（《焚书》卷三，《论政篇》）

在李贽看来，天生一人自有一人之用，人人都各具有其独特的"首出庶物之资"，且"道"亦不止一途，性亦非止一种。理想的世界状态应该是人人得以各从所好，各骋所长，怡然自得。这就与必欲天下之人"皆欲如吾之条理"的所谓"君子之治"完全是对立的。李贽提倡"恒顺于民"的至人之治，他认为只有在"至人之治"的政治局面下，每个人才能充分发挥自己的个性，个体的爱好和倾向才能得以淋漓尽致的呈现：

> 夫天下之民物众矣，若必欲其皆如吾之条理，则天地亦且不能。……是故圣人顺之，顺之则安之矣。是故贪财者与之以禄，趋势者与之以爵，强有力者与之以权，能者称事而官，懦者夹持而使。有德者隆之虚位，但取具瞻；高才者处以重任，不问出入。各从所好，各骋所长，无一人之不中用。"（《焚书》卷一，《答耿中丞》）

基于对"君子之治"与"至人之治"的区分，李贽主张"一切条教禁约，皆不必用"。其理由是："君子以人治人，更不敢以己治人者，以人本自治。人能自治，不待禁而止之也。"（《李贽文集》第七卷，《道古录》卷下）李贽天真地认为，只要实现人皆自治的局面，就可以坐致太平。他说："是非真能明明德于天下，而坐致太平者欤！"（《焚书》卷一，《答耿中丞》）

从今天的观点来看，李贽这一新型的道德理想主义过于乐观了。因为，如果完全让人们按照各自的本性去行事，就一定会产生新的冲突。不过，新思想的产生总有其现实的历史情境。在一个高度一体化的思想专制时代，除了用极端的自由思想来反对它，还能用什么其他方法呢？因此，李贽这一激进的自由思想，在破除极端的专制意识形态方面自有其历史的价值。

（四）圣凡的同一性：初步的平等思想

在传统儒家价值观念体系里，圣人是指那些在道德、精神境界上超越了

"小我"，具有广泛的同情心和无限能力，充分体现了人的德性之善的完人。但随着儒家思想逐渐成为社会统治的意识形态，"圣人"也就成为了集政治权威与道德权威为一体的最高人伦标准。实际上，这种理想的人伦标准蕴含着与现实层面的冲突与矛盾。这是因为，圣人人格所包含的价值理想与其所使用的价值尺度，是排斥现实个人的个性与具体的精神特质的，甚至是对普通个人个性与创造性的扼杀。李贽清醒地认识到了这一点，并大胆地提出"圣人亦私"、"圣凡同质"、"圣凡价值平等"的新观念，重估圣人与凡人的价值，敢于推倒传统"圣人"偶像的权威地位，试图打破这一偶像的神圣性。

首先，他借鉴了佛教"众生平等"的观念与禅宗的泛灵论思想，将传统儒家只属于圣人的"生知"泛化，说道："天下无一人不生知，无一物不生知，亦无一刻不生知。……虽牛马驴驼等，当其深愁痛苦之时，无不可告以生知，语以佛乘也。"(《焚书》卷一，《答周西岩书》)"生知"是一个传统的道德范畴，《论语》与《中庸》皆有类似的说法。《论语》中，孔子谦称自己并非"生而知之者"，只是一个"好古敏求"的好学之人。批评"困而不学者"是下愚之人。《中庸》从知的角度，将人分成三种："或生而知之，或学而知之，或困而知之。"上述李贽这一说法，显然打破了传统专制社会对人所作的森严等级划分，从"生知"的角度为人在德性上的平等提供了论据。李贽进一步说道：

> 故圣人之意若曰：尔勿以尊德性之人为异人也，彼其所为亦不过众人之所能为而已。人但率性而为，勿以过高视圣人所为可也。尧舜与途人一，圣人与凡人一。(《李贽文集》第七卷，《道古录》卷上)
>
> 盖人人各具有是大圆镜智，所谓我之明德是也。是明德也，上与天同，下与地同，中与千圣万贤同，彼无加而我无损者也。(《续焚书》卷一《与马历山书》)

更进一步，李贽又对《中庸》中的"圣人之所能"与"凡人之所不能"的关系进行了新的阐释：

> 盖世人但知百姓与夫妇之不肖不能，而岂知圣人之亦不能也哉？……自我言之，圣人所能者，夫妇之不肖可以与能，勿下视世间之夫妇为也。……若说夫妇所不能者，则虽圣人亦必不能，勿高视一切圣人为也。（《李贽文集》第七卷，《道古录》卷上）

李贽认为，在道德上，圣人与凡人是相同的。与宋明理学不同，李贽不贬低人性的自然性，而是在人性的自然性起点上寻找普遍人性的共同基础；同时也不像宋明理学那样把人的道德理性神圣化，而是通过世俗理性的还原，把道德看作是"圣凡"所共有的人性特质。也正是从这一角度出发，他创造性地将《大学》中的"自天子以至于庶人，壹是皆以修身为本"的古典的道德型政治哲学命题，转化为具有现代启蒙意义的新道德的平等观。他认为，人皆是"有物"之身，这一"有物"之身乃是人分为彼此的客观原因。"圣人"之所以要"格物"，正是要超越这种有形的自然存在，而上升到无形的社会存在，进入"人我对立泯灭"的新型伦理关系之中。这正是他所说的"圣人知天下之人之身，即吾一人之身，我亦人也，是上自天子，下至庶人，通为一身矣。"（《李贽文集》第七卷，《道古录》卷上）基于这种认知，李贽反对现实社会的一切尊卑贵贱等级，提出了"致一之理"：

> 侯王不知致一之道与庶人同等，故不免以贵自高。高者必蹶，下其基也；贵者必蹶，贱其本也；何也？致一之理，庶人非下，侯王非高，在庶人可言贵，在侯王可言贱，特未之知耳。（《李贽文集》第七卷，《老子解》下篇）

李贽的"致一之理"，实际蕴含着初步的平等思想，他从内在德性平等的前提出发，最后落脚于现实生活中的人人平等，具有否定传统社会的等级制度的历史进步意义。

（五）为女性学习哲学的能力辩护

在漫长的君主专制社会里，男尊女卑的观念一直盛行，偶尔一些主张"女子才德不亚于男子"的"异端"的思想，由于缺乏理论的论证，便迅速湮灭在时代的洪流中，悄然无息。

首先从理论上提倡男女价值平等思想的是明末进步思想家李贽。李贽以《周易》哲学的阴阳二气为基础，对宋儒的执"一"执"理"思想进行批判，他认为妇女在德行、能力上并不一定就比男子差，从而为女子在社会中争得一席地位。他说：

> 夫厥初生人，惟是阴阳二气，男女二命耳，初无所谓"一"与"理"也，而何"太极"之有！……故吾究物始，而但见夫妇之为造端也，更不言"一"，亦不言"理"。……何也？恐天下惑也……但与天地人物共造端于夫妇之间，于焉食息，于焉言语，斯已矣。（《初潭集》，《夫妇篇总论》）

在这里，李贽把天地拟人化为夫妇："极而言之，天地一夫妇也，是故有天地然后万物。"他将夫妇看作是人伦之始，并进而将夫妇平等的新思想奠定在古老的自然哲学基础上，在自然哲学的理论高度论证了男女价值平等的道理，从经学的旧传统中开出了新思想。

回向到经验事实层面，李贽认为，女子与男子同有"学道"的权利，所谓"大道不分男女。"（《李贽研究参考资料》，第一辑 28 页）在《焚书》中，李贽再一次明确地批驳了当时人否定女性有抽象理智能力的观点，写下了《答以女子学道为见短书》的战斗檄文。在这篇文章中，李贽对"妇人见短，不堪学道"的谬道，进行了无情批驳。李贽说：

> 故谓人有男女则可，谓见有男女岂可乎？谓见有长短则可，谓男子

之见尽长，女子之见尽短，又岂可乎？设使女人其身而男子其见，未闻正论而知俗语之不足听，乐学出世而知浮世之不足恋，则知当世男子视之，皆当羞愧流汗，不敢出声矣。

李贽承认，人确有男女之分，然而"见识"却不存在男女之分；见识实有长短，然而并非都是男人见识长，女人见识短。女人之所以见识短浅，是因为不合理的社会将其束缚在一隅之地，实际上，真正具有见识的女人，可以使男人都感到羞惭。由此可见，李贽通过设问与自答，有力批驳了传统的世俗社会轻视女性智力的历史偏见，为女性具有学习能力和学习的资格，做了非常明快的辩护。从女性主义的角度看，李贽可以说是中国传统社会里第一位女性主义者。

二、中国的早期民主思想

（一）"公天下"与"合私成公"的新公天下理想

"公"与"私"的矛盾贯穿了整个中国传统社会。在传统的价值观中，尽管有不同学派的价值理论，有不同阶层的价值观，但他们在"崇公抑私"的价值取向上基本是一致的。然而，从君主专制社会的现实层面来看，"公"在很大程度上是指君主专制国家的利益。这种君主专制国家就其本质而言乃是一家之私的"国家大私有"。

在思想观念上，中国的不少先贤们却并不认同这种"国家大私有"，他们从不曾放弃过对公天下理想的追求。早在先秦时期，儒家、杂家甚至道家等学派就已经从不同的角度对公天下思想进行了相应的阐释。如《礼记·礼运》篇说："大道之行也，天下为公。"道家的"公"则指向某种意义上的自然共有，老子讲："容乃公，公乃王，王乃天，天乃道。"杂家著作《吕氏春秋·贵公》有言："昔先圣王之治天下也，必先公。公则天下平矣。平得于公。"又说："天下非一人之天下也，天下之天下也。"这些观念均表明，天下绝非一人之天下，而是天下（人）之天下。到了宋代，邓牧（字牧心，1247—1306）的《伯牙琴》更是指出天下不是"一夫"的私产，严厉抨击自秦以来的君主"夺人之所好，聚人之所争"，进而提出了"勿怪盗贼之争天下"的主张：

> 古之有天下者，以为大不得已；而后世以为乐。此天下所以难有也。生民之初，固无乐乎为君；不幸为天下所归，不可得拒者，天下有求于我，我无求于天下也。
>
> 不幸而天下为秦，坏古封建，六合为一。头会箕敛，竭天下之财以自奉，而君益贵；焚《诗》、《书》，任法律，筑长城万里，凡所以固位而养尊者，无所不至，而君益孤。惴惴然若匹夫怀一金，惧人之夺其后，亦已危矣！
>
> 天生民而立之君，非为君也；奈何以四海之广，足一夫之用邪？故凡为饮食之侈、衣服之备、宫室之美者，非尧舜也，秦也。为分而严、为位而尊者，非尧舜也，亦秦也。

古典社会的"公天下"思想虽然十分丰富，却始终缺乏与之相一致的政治制度设计。一直到明清之际，这种情况才有所改变。明清时期，"公私"观的内涵有所变化。此时的"公"，主要是指万民所具有的私利与私欲；"私"则是指任何一个人或少数人所特有的个人利益与要求，其实质是指以皇帝为首的大官僚、大地主阶层的特权者的利益。同时，由于以清代明的政治变故的影响，民族危亡成为当时的第一主题，因而这一时期的"公私"观也就既肯定了"以天下之大公"面貌出现的"万民之私"的利益，又反对以"天下之公"名义出现的"一人之大私"的利益。解决"公私"矛盾的原则是：

"公不废私"，"合私成公"。这一主张的代表人物有黄宗羲、顾炎武、王夫之等人。

黄宗羲（1610—1695年），字太冲，号南雷，别号梨洲，浙江余姚人。其父黄尊素为"东林七君子"之一，为阉党所害。青年时代的黄宗羲继承父志，积极投身于复社活动，坚持同阉党余孽继续斗争。他师从于明末大儒刘宗周。清军入关后，黄宗羲组织"世忠营"，积极谋划抗清活动。抗清失败后，他归隐从事著述讲学，以死力拒清廷征召。作为清代前期的文化遗民，黄宗羲把自己的主要精力放在著书立说上面，其主要著作有《明夷待访录》、《明儒学案》、《宋元学案》（未完成，后人补充完成）等。

在明王朝灭亡九年（1653年）之后，黄宗羲写出了《留书》。十年之后，他将《留书》扩充改写成《明夷待访录》。《明夷待访录》的核心理念是"公天下"。在此书中，他托古言志，认为作为政治实体的国家，其目标在于"万民之忧乐"而不在"一姓之兴亡"。为了使这一"公天下"的政治理想在现实层面具有可操作性，黄宗羲提出了几项措施。

首先，他以托古的形式提出了"公法"的理想，指出要以"天下之法"代替并无合法性的"一家之法"。依他之见，真正的法律是"藏天下于天下"，"贵不在朝廷，贱不在草莽也。"（《原法》），只有这样的法律，才可能实现"天下为主，君为客"的古典政治理想。

其次，黄宗羲否定了旧有的君臣之道，在他看来，政治权力不应只由皇帝一人掌握，皇帝、大臣皆为治天下的共同伙伴，管理天下的事物必然要通过分工协作的方式才能完成。"夫治天下犹曳大木然；前者唱邪，后者唱许。君与臣，共曳木之人也。"（《原臣》）由于为臣身份的变化和为臣目的的转化，君与臣之间就不再是主仆的关系，而是一种平等的关系。同时，黄宗羲强调，君王的这种权力不能传子，而只能传贤，因为"天子之子不皆贤"。（《置相》）

最后，他认为要改造旧有的学校功能，使之成为反映民意的"议政"场所。他认为，社会生活的真理标准，并不能以天子一人的是非观为标准，而应该由这个社会中的知识精英的公共讨论来决定。正因为"天下为公"，则是非之论不必皆出于天子。"天子之所是未必是，而公其是非于学校。"（《学校》）这便是他在《学校》篇所阐发的具有现代民主议政性质的新思想。

顾炎武（字宁人，1613—1682 年）对黄宗羲的《明夷待访录》十分赞赏。他在给黄宗羲的信中说："炎武以管见为《日知录》一书，窃自信其中所论，同于先生者十之六七。"（《顾亭林诗文集》，《与黄太冲书》）他对专制政治的批判，在很多地方与黄宗羲的观点颇为接近，表现了这个时代进步知识分子"同声相应，同气相求"的特征。

在人性论方面，顾炎武亦以人性自私论作为其理论的逻辑起点，他说：

> 人之有私，固情之所不能免矣。故先王弗为之禁，非惟弗禁，且从而恤之。……合天下之私，以成天下之公，此所以为王政也。……世之君子必日有公而无私，此后代之美言，非先王之至训矣。（《日知录》卷三，《言私其豵》）
>
> 天下之人各怀其家，各私其子，其常情也。为天子、为百姓之心，必不如其自为……圣人者，因而用之，用天下之私，以成一人之公而天下治。（《顾亭林诗文集》卷一，《郡县论》五）

顾炎武批评了后世君主以一己之私，而妨碍天下人之私的专制行为。他认为，有"私"是人之常情，古圣贤王都不曾禁止过人的私心，而是任其自然发展，从而达到王政。后世君王想要老百姓破除其"私"而实现治世，是不现实的。真正可行的办法是按照人皆有的"私心"、"私情"，让百姓"自为"。"天下之公"，不过是"天下之私"的集合；使天下人各得自私、各得自利，各得因其私心而自为，这就是"公"。

王夫之（号船山，1619—1692 年）的政治哲学亦颇有创见。针对"私天下"之弊病，王夫之提出了"以天下论者，必循天下之公。天下非一姓之私也"的"公天下"理想。在此新的理想原则指导下，他对历史上所谓"一统"说提出了新见解："故天子之令不行于郡，州牧刺史之令不行于县、郡守之令不行于民，此之谓一统。"（《读通鉴论》卷十六）反对天下之权尽归于天子一人的专制政治。

王夫之还从人的自然权利出发，论证了人民天生就拥有其土地的所有权，并不需要王者来给予其权利的合法性，这颇类似 17 世纪洛克的天赋财产权的思想。他说："若土，则非王者之所得私也。天地之间，有土而人生其上，因资以养焉。有其力者治其地，故改姓受命而民自有恒畴，不待王者之授之。"（《恶梦》）也就是说，人生存的自然权利不依赖于"王者"，亦不会因为"改姓受命"而转移。不同于西方近代自然法学派的学说，由于明清之交的时代背景，王夫之所侧重的是人的族类生存的自然权利。在他看来，民族大义要高于君臣之义，这一见解将以往被看作是至高无上的君臣之义退居次要的地位，是对传统公私观的一种解构。

（二）政治上的分权与权力制约的思想观念

1. 顾炎武的"众治"观

顾炎武青年时代便潜心经世之学。清军下江南，他联合仁人志士积极组织反清复明活动。眼见复明无望，弃家出游，一生辗转，行遍天下山川，广结天下豪杰。其学问涉及范围极广，经学、史学、子学皆有研究，重视考证，开创了清代学术研究与哲学思考的新范式。著有《日知录》、《天下郡国利病书》等。

像黄宗羲一样，顾炎武亦以托古的方式批评了后世君主以一己之私，而妨碍天下人之私的专制行为："古之圣人，以公心待天下之人，胙之土而分之国；今之君人者，尽四海之内为我郡县犹不足也，人人而疑之，事事而制之。"（《顾亭林诗文集》，《郡县论五》）顾炎武称此为"独治"。如果要改变此"独治"，必须"以天下之权，寄天下之人"，实行"众治"。

何谓"众治"呢？概而言之，共有三种方法：其一，实行分权，也即分天子之权。顾氏说："所谓天子者，执天下之大权者也。其执大权奈何？以天下之权寄天下之人，而权乃归之天子。自公卿大夫至于百里之宰，一命之官莫不分天子之权，以各治其事、而天子之权乃益尊。"（《日知录》卷九，《守令》）他主张通过"寓封建于郡县之中"的方式，扩大地方政府的自治权，使"利尽山泽而不取诸民"，政治是以国民致富为目的，而不是以皇室致富为目的。

其二，主张废除科举取士制度，采用按照各郡县人口比例来推举人才的办法，使"天下之人皆得举而荐之"。顾炎武统计了当时天下的生员约五十万，皆致力于场屋之文。其实能文者十人不得一；通经知古今，数千人不得一，而嚣讼逋顽，以病有司者，比比皆是。有鉴于此，顾炎武略仿唐人之制"小县三人，等而上之，大县二十人而止"（《顾亭林诗文集》，《生员论下》）。由此，他提出了"废天下之生员"的主张，认为应当采用辟举之法，使天下之人皆得举而荐之，反对当时取士"而仅出一途"的单一方式。

其三，要允许人民有"不治而议论"的言论自由。顾炎武认为，通过"清议"，可以使地方政治清明，避免社会的动荡。在他看来，孔子讲"天下有道，则庶人不议"，但政教风俗如果并非尽善，则庶人亦可以议政。"天下有道，则庶人不议，然则政教风俗苟非尽善，即许庶人之议矣。"（《日知录集释》卷十九，《直言》）

从现代民主政治的思想体系来看，顾炎武的许多观念、方法并未超出传统的政治哲学范畴，但其所表达的思想已逸出了旧有的思想规范，是属于"旧瓶装新酒"之类的新思想。

2. 王夫之的权力制约思想与唐甄的言论自由主张

青年时代的王夫之十分关心动荡的时局，立志改革社会。抗清失败后，投奔南明永历政权，曾任行人司小官，却因弹劾权奸，险遭残害，后经人营救脱险，回到湖南，过了近四年的流亡生活。中年以后，隐居故乡衡阳石船山麓，在极其艰苦的情况下潜心治学。在 51 岁时，他自题观生堂联道："六经责我开生面，七尺从天乞活埋"。在政治哲学方面，王夫之提出了一系列改进传统专制政治的主张。在政治制度的设计方面，王夫之提出了"君、相、谏官"三者"环相为治"的权力制衡的思想。王夫之认为，在政治体制内，天子的职责就是选择好宰相，如果天子没有样的能力，就不配做天子。而宰相的职责是帮助天子安社稷，司生民之生死。如果再加谏官制度对皇权产生制约，一个相对理性、能较大程度地容纳社会不同利益群体、阶层意见的政治局面是可以达成的。

王夫之的政治哲学思考始终依托中国传统政治的经验事实展开。基于政治制度的历史发展状况，王夫之在传统的政治体制内提出了一个理想的权力制衡的制度。他说：

> 宰相之用舍听之天子，谏官之予夺听之宰相，天子之得失则举而听之谏官；环相为治，而言乃为功。谏官者，以绳纠天子，而非以绳纠宰相也。天子之职，止此一二日侍密勿心膂之大臣，弗能决择而委之谏官，则天子旷矣。天子旷而繁言兴，如是而不乱者，未之或有。(《宋论》卷四)

"国君、宰相、谏官"三者环相制约的政治制度，在传统的政治框架里，不失为一种相对好的制度设计。虽然这还只是一种理论性的设想，并未付诸政治实践，因而也难以考察实际的功效如何。但是，这一"环相制约"的权力理论，包含了可贵的政治权力制约的思想因素，蕴涵着突破儒家传统圣贤政治理念的新因素，与现代民主政治的权力制约思想有诸多的可沟通性。

像黄宗羲、顾炎武一样，主要生活在清初的唐甄（号圃亭，1630—1704），亦主张言论自由，提倡直言，并且认为这种言论自由不只是属于谏官的，亦是属于百姓的："六卿六贰进讲陈戒，师箴、矇诵，百工谏，士议于学，庶人谤于道，皆谏官也。"(《潜书》下篇上，《省官》) 这虽然有点"大民主"的味道，缺乏黄宗羲的制度化设想，与现代程序法和法律化的言论自由亦相去甚远。但他提出言论自由的理想，则是那个时代追求言论自由的新思想在不同认知层面的反映。

（三）制度改革的理想——寓封建之意于郡县之中

顾炎武在《郡县论》（共九篇）中，提纲挈领地论述了政治改革的理想，其著名的改制纲领是："寓封建之意于郡县之中"。他说：

> 知封建之所以变而为郡县，则知郡县之敝而将复变。然则将复变而为封建乎？曰：不能。有圣人起，寓封建之意于郡县之中，而天下治矣。（《顾亭林诗文集》，《郡县论一》）

顾炎武的这一主张是针对明王朝"将天下之权收之一人"的绝对君权而言的。他认为通过扩大地方政府权力，可以拯救郡县制专制政治之过失。至于为什么将土地分给县令，使县令拥有更大的自治权，就可以起到治理天下的作用，顾炎武给出的理由是：由于"天下之人各怀其家，各私其子"，所以人们"为天子为百姓之心，必不如其自为"。"夫使县令得私其百里之地，则县之人民皆其子姓"，"自令言之，私也，自天子言之，所求乎治天下者，如是焉止矣"。"故天下之私，天子之公也。公则说，信则人任焉"（《顾亭林诗文集》，《郡县论五》）。

然而，如果真的按照顾炎武所设想的那样去"分天子之权"，会不会出现唐代后期藩镇割据的现象呢？在顾炎武看来，是不会的。因为他只是要适当地增加县令的权力而已，对这些地方官实行任免、赏罚的绝对权力还是掌握在天子手中。之所以要求权力适当下放，只不过是因为后期郡县制的君主专制高度集权的弊病暴露出来，使得地方政府无法行使自己的行政权力。顾炎武明确地说："自公卿大夫至于百里之宰，一命之官，莫不分天子之权，以各治其事，而天子之权乃益尊。"（《日知录》卷九，《守令》）这种"分权"思想是以尊重王权的大一统、维护绝对的王权为其立论前提的。顾氏的这些论述，无疑从不同的层面讨论了君臣之间如何分权的问题，这一"分权"问题其实也是分担责任的新政治理想借助古典的语言形式表达出来的。

三、明清之际新的哲学方法论

（一）"即事以穷理"的经验主义思维方式

不同于宋明诸儒，特别是程朱一系思想家们"立理以限事"的思维方式，明清之际的带有早期启蒙性质的思想家们，在思维方式上发生了新的转向，开始逐渐重视起对经验世界万事万物之理进行探究，并使得重实践、重实际、重实证的学术取向形成了一种较为普遍的新学风。这一"即事以穷理"的经验主义思维方式自明清之交的王夫之、黄宗羲、顾炎武始，一直延续到清代的戴震、章学诚等人，对后代的中国社会产生了深远的影响。

从现代哲学的认识论来看，王夫之在心物、心理、能所等问题的认识方面虽然没有完全摆脱传统儒家，特别是宋明以来心性哲学思想框架的束缚，保留了人心与天理有内在的同构性，通过尽性可以知人心中之理的观点。但是他还是提出了具有一定创新性的哲学思考。他认为，人的主观能力无法改变存在于对象世界之中的事物之理与秩序，也无法使对象之理服从于人的主观营构的法则。在《续春秋左氏传博议》卷下，他这样说道：

> 有即事以穷理，无立理以限事。故所恶于异端者，非恶其无能为理也，同然仅有得于理，因立之以概天下也。而为君子之言者，学不及而先言之，与彼同归，不已诬乎！异端之言曰："万变而不出吾宗。"宗者，同然之仅得者也，而抑曰"吾之宗"矣。吾其能为万变乎？如其不能为

万变，则吾不出吾之宗，而非万变之不出也。无他，学未及之，不足以言而迫欲言，则同然亦报以仿佛之推测也。

王夫之的观点十分明确，人的正确认识只能来自对经验世界具体事实、事件的研究，并在此基础上来探索事物之中的理则，从来没有人能够凭借主观想象设立一种理则来规定万事万物依照这种主观之理而行事。佛、老"异端"正是仅以主观狭隘的认识设定一种理则而牢笼天下。在实际的知识探究过程中，儒学当中的所谓君子们，却在还未正确地把握事物之中的理则时，就事先宣布一个所谓的理则。这种思维方式与佛、老异端的思维方式又有何不同呢？

黄宗羲是清初浙东史学的开创者，他要求学术史以深刻的哲学眼光洞察人类生活世界的丰富性，对学术史上诸多能揭示人类生活世界某一个侧面的真理性认识给予恰当的肯定，而不是从自己所坚持的学术门户出发，忽视学术的独创性。他说："心无本体，工夫所至，即其本体。"（《明儒学案序》）他的意思是，人心没有预设的本体，充分发挥每个个体心量的过程，就是每个个体的工夫，而每个个体工夫的极致之处也就是每个个体之心的"本体"。因此，要穷究气化世界里的万殊之理，只需要研究现实世界中万殊的人心就可以了。黄宗羲提出的"一本万殊"学术史观，同时也可以说是哲学史观，突出地彰显了学者的学术个性与思想的独特性，包含了近现代哲学中个体性原则的思想因素。

为了扭转空疏学风，推倒道学玄谈，顾炎武在古韵研究的过程中，确立了"考文知音"的经学研究新路径。在《答李子德书》一文中，顾炎武针对历代学者的"改经之病"，明确提出了"读九经自考文始"的经学研究主张。将"考文"作为"读经"的起点。所谓"考文"，首先是要纠正后人擅改古书的错误，恢复古代文本文字的"原貌"，在此基础上，通过"历史还原"的方法，进一步弄清楚古经中文字的"原意"。

章学诚（1738—1801年），字实斋，号少岩，浙江会稽人。他是乾嘉时代颇具学术独立性的历史学家。其最重要的历史学著作是《文史通义》。他处于乾嘉考据学鼎盛的时代而能抗拒考据学的时代压力，致力于文史通义的历史文化哲学的理论思考，在"六经皆器"的道器关系论的前提下，重新阐述了"六经皆史"的历史哲学命题，以"言性命必究于史"的实证哲学思想作为"渐东学术"的精神纲领，建构了"渐东学派"的史学理论流派。

实际上，"言性命必究于史"这一学术与思想的命题其实包含了三个方面的内容：第一，浙东学术是以探讨抽象的"性命"问题为自己学术宗旨的；第二，其探讨"性命"问题的方法是史学而非时流的考据学；第三，这一"性命之学"与"离事言理"、"离器言道"的空疏宋学的"性命之学"不同。

在我们看来，章氏的"言性命必究于史"的命题，其实是"道不离器"论的哲学思想在学术史领域的具体化表现而已，其所体现的思想倾向仍然是"即事以穷理"的经验主义思维方式。

（二）"由字通词，由词通道"与"人文实证主义"

戴震（1723—1777 年），字慎修，又字东原，安徽休宁人。35 岁以前的戴震基本上是靠自学成才，当然也曾向同乡先贤江永等人问学。晚年被人推荐入四库馆任纂校，赐同进士出身，授翰林院庶吉士。入四库馆五年，积劳成疾，最终因病而终。其主要哲学著作有《原善》、《孟子字义疏证》等。

戴震哲学思考的根本特点在于，他能将文字、名物制度的考订这一广义的语言学研究方法与考究古代圣贤的思想精神联系起来，并从此角度公开批评宋儒在学术方法上的缺失。以戴震为代表的乾嘉考据学并不反对人们追求形而上的"道"，而只是强调人们应当通过广义的语言工具，以实证的方式去求道。这与西方 20 世纪语言哲学拒斥形而上学的思路非常不同。因此，我们可以说，戴震只是反对宋儒凿空而言道的方法，强调必须依赖文字、语言的工具以达到对存留于"六经"中的"道"（类似今日之真理）的把握。戴震的这一思路在他 30 岁以前作《与是仲明论学书》时，就已经非常明白地表达出来了。

仆自少时家贫，不获亲师，闻圣人之中有孔子者，定六经示后之
人，求其一经，启而读之，茫茫然无觉。寻思之久，计于心曰："经之
至者道也，所以明道者其词也，所以成词者字也。由字以通其词，由词
以通其道，必有渐。"求所谓字，考诸篆书，得许氏《说文解字》，三年
知其节目，渐睹古圣人制作本始。又疑许氏于故训未能尽，从友人假
《十三经注疏》读之，则知一字之义，当贯群经、本六书，然后为定。

以戴震为代表的皖派考据学，不仅不反对哲学的义理之学，还特别强调
了通过文字、语言的正确途径通达哲学义理方法的重要性。他将文字、词
汇、语言看作是通向古经中圣人之道的必经台阶。舍此台阶，我们无由达到
古经中的圣人之道。这样，戴震就明确地将文字、词汇、文化制度、语言研
究的价值和意义与追求圣人之道的崇高的价值理想联系起来了。这种方法既
使清代学人对古代圣人之道的认识获得了坚实的方法论的基础，也在价值理
想方面指明了文字、词汇、文化制度、语言学研究的方向与目标，避免文
字、语言学研究重新陷入支离破碎之中。

简而言之，清代中期的哲学思想，其主流的方法是通过考据学的方式展
开他们的哲学论述，其代表人物是戴震及其所影响的皖派学术共同体——扬
州学派的一些中坚人物。而与戴震同时稍年轻一点的章学诚，则是通过史学
的方式展开哲学论述，在思维方式上也表现出即器言道，即事说理的思维特
征。实际上，清代经学家共享的这种由训诂而通经义的思想方式与学术道
路，用现代的哲学短语来说，可以称之为是一种"人文实证主义"的方法。

四、总结与评析

思想观念的演变从来都离不开客观社会因素。在经济上，明清时期的社
会出现了资本主义经济萌芽，与之对应，在思想上，明清哲学则开启了中国

内在的现代性思想萌芽。具体说来，这一现代性思想萌芽体现在三个方面：

首先，在社会思潮方面，明清哲学开创了个性解放、早期民主政治、解放女性等思想先河。李贽张大自然人性论的旗帜，提出了抒发真性情的"童心说"，反对"以孔子之是非为是非"，拒斥偶像崇拜，标志着近代人文主义的觉醒。其对几千年来被压迫的女性的同情与赞美，对女性地位与价值的关注，亦成为了后期解放妇女思想运动的"活水源头"。以黄宗羲、顾炎武、王夫之为代表的明清之交的哲学家们，身处"天崩地解"、"海徙山移"的政治变故之中。提出了政治改革的系列构想，颇具有早期民主政治色彩，他们用"旧瓶装新酒"的方式对旧有的公私观、君臣观、君民观进行了颇具新意的哲学阐释。

其次，在哲学思维方法论方面，明清哲学开创了"即事以穷理"的经验主义的思想道路与"由字通词，由词通道"，"言性命必究于史"的人文实证主义方法。乾嘉时代不仅有属于他们自己时代的哲学，而且开启了中国传统哲学的新方向，这种新方向即是：通过人文实证的方法，如语言、文字训诂法，典章制度史研究法或曰知识考古法，"言性命必究于史"的历史学方法、"大其心以体古贤圣与天地之心相协"的哲学诠释法等，展开对道、天道、心、性、命、才、情、欲、理、气、器、仁、礼、一贯、权等传统哲学概念的重新解释，从而形成了乾嘉时代特有的哲学精神。

最后，在文化哲学方面，徐光启（号玄扈，1562—1633 年）的"欲求超胜，必先会通"，方以智（号愚者，1611—1671 年）的"坐集千古之智而折衷其间"的文化创造理想，体现了中国哲学的开放精神。晚明时期，中国已经开始了学习西方文化的历程，徐光启等先进的中国人大体上都坚持一条"欲求超胜，必先会通"的文化主张。中国传统文化中的儒、释、道（道家与道教）三大传统，再加上耶稣会士传来的少量西学知识，均在方以智的思想体系中有所体现。他早年提出的"坐集千古之智而折衷其间"的宏伟学术理想，就在试图建立一个无所不包、无所不容的哲学体系。

要而言之，明清时期的中国社会在朦胧的意识中开始了自己的世界史的过程，明清哲学也"已显然区别于封建传统思想，具有了对封建专制主义和封建蒙昧主义实行自我批判的性质。"（萧萐父语，《吹沙集》，《中国哲学启蒙的坎坷道路》）但是，由于中国近代社会的民族苦难延缓了历史进程，明清早期启蒙哲学的思想沉寂了一百多年。但纵观中国的"启蒙思想历程"，或曰近代化历程，从明中叶开始（16 世纪中叶）到 20 世纪中叶告一段落，大约经历了四百年历史，其间从未停止过，只不过是在不同的外部历史环境中不断地变化自身的批判形式，针对不同历史时期任务而提出自己批判命题形式而已。

后 记

本书是武汉大学核心通识课"中国哲学智慧"的配套教材。

随着弘扬传统文化热潮的不断高涨，类似的课程和教材已越来越多，相近主题的读物，更是令人目不暇接。在这种态势下，编写此类教材，如何体现出一定的特色？编者们曾为此进行过多次认真的讨论。开始时曾设想做一点新的探索，即以中国哲学所特有的范畴、命题和问题为主线，在比较视域下凸显中国哲学智慧的独特魅力。但最终还是回归到通常的教材模式。既然是教材，最重要的无疑是要顺应课程本身的要求，满足课程教学的需要。

基于该课程的理念、目标，同时考虑到选课的学生来自文、理、工、医等各个不同学科，知识储备参差不齐，且总共只有 32 学时的教学时数，本书紧扣哲学智慧这一核心主题，与之相应地，选择中国哲学发展演变过程中较有代表性的哲学流派和哲学家，着重对其最有特色——对前人的最重要发展，对后世产生深刻影响——的哲学思想和方法加以介绍，不求面面俱到。在此基础上，着力揭示中国哲学智慧发展的内在脉络和规律，总结各家的理论得失，发掘其对现代的启示意义，使学生和读者在增进对中国哲学的认识的同时，理论思维能力得到一定的培养和提高，从中获得智慧的启迪。

本教材是整个团队集体合作的成果。各章的撰写者分别是：

绪　论　中国哲学智慧的独特魅力　　　　　　储昭华

第一章　儒家开创者：孔子的仁学　　　　　　储昭华

第二章　心性之学奠基者：孟子哲学　　　　　储昭华

第三章　外王之道的代表：荀子哲学　　　　　储昭华

第四章　玄妙之道：老子哲学　　　　　　　　沈　庭

第五章　超越性的追求：庄子哲学　　　　　沈　庭

第六章　兼爱天下的墨家智慧　　　　　　　秦　平

第七章　兴国强兵之道：韩非子与法家　　　肖　航

第八章　魏晋玄学：自然与人伦之思　　　　秦　平

第九章　唯识与禅学：破执超脱之智慧　　　孙劲松

第十章　程朱理学：体仁穷理之学　　　　　廖璨璨

第十一章　陆王心学：内圣之学的极致　　　廖璨璨

第十二章　新文化的曙光：明清启蒙思潮　　吴根友

储昭华最后对全书进行了统稿，按照预先的构想进行了协调、统一，并对部分内容进行了适当的修改、润饰。

由于水平和时间所限，加之集体合作撰写，全书风格难以完全一致，可能多有不尽如人意之处，还望方家不吝批评指正。

主编　储昭华

2021 年 12 月

责任编辑：崔继新

封面设计：汪　莹

版式设计：东昌文化

图书在版编目（CIP）数据

中国哲学智慧/储昭华主编；秦平副主编 . — 北京：人民出版社，2023.10

ISBN 978 - 7 - 01 - 025007 - 6

I.①中…　II.①储…②秦…　III.①哲学史 – 中国 – 高等学校 – 教材

　IV.① B2

中国版本图书馆 CIP 数据核字（2022）第 153198 号

中国哲学智慧

ZHONGGUO ZHEXUE ZHIHUI

储昭华　主　编

秦　平　副主编

人 民 出 版 社 出版发行

（100706　北京市东城区隆福寺街 99 号）

北京盛通印刷股份有限公司印刷　新华书店经销

2023 年 10 月第 1 版　2023 年 10 月北京第 1 次印刷

开本：710 毫米 ×1000 毫米 1/16　印张：18.5

字数：273 千字

ISBN 978 - 7 - 01 - 025007 - 6　定价：88.00 元

邮购地址 100706　北京市东城区隆福寺街 99 号

人民东方图书销售中心　电话（010）65250042　65289539